CARTE de VISITE

Français des relations professionnelles

Jacques Delcos

Bernard Leclercq

Merja Suvanto

Didier

Rédaction : Elina Saksala

Maquette et conception graphique : Cheri Tamminen

Références iconographiques

Kari Delcos : p. 11 b, 23, 32, 46, 61, 77, 101, 103, 108 h, 130 d,
141 h, 164, 169

Mika Launis : p. 18, 23, 31, 34, 48, 64, 82, 91, 98, 100, 111, 114,
119, 132, 134, 152

Serguei : p. 9, 29, 42, 44, 50, 59, 74, 95, 105, 108 b, 122, 139,
141 b, 149, 158, 171

Références photographiques

Citroën Communication : p. 11 h

Kuvatoimisto Gorilla : Kari Hakli p. 142 ; Sonja Iskor p. 45 ;
Nina Korhonen p. 70, 155 ; Oscar Mattsson p. 76, 78, 131 ;
Matti Niemi, p. 12 d, 17, 104 g, 130 g ; Markku Nyytäjä p. 94 ;
Tore Sandahl p. 52, 85 ; Marjukka Vainio p. 72

Lehtikuva Oy : p. 157

©YLE/Les Éditions Didier, Paris, 2000

ISBN 2-278-04910-0   Imprimé en France par I.M.E.

CARTE BLANCHE

CARTE de VISITE s'adresse à des adultes qui ont un niveau intermédiaire en français, et qui sont impliqués dans le monde professionnel — personnels des administrations, représentants officiels, fonctionnaires internationaux, domaine culturel, techniciens, cadres, femmes et hommes d'affaires — mais aussi à des étudiants qui auront à utiliser le français comme langue de travail ou comme outil de communication.

CARTE de VISITE se compose de 9 unités divisées chacune en trois dossiers "carte du jour" fournissant à l'apprenant de nombreux documents en situations authentiques — réunions, conversations téléphoniques, recrutement — et exercices qui sont une invitation constante à la production orale ou écrite.
De nombreux actes de la vie professionnelle ont été abordés, ainsi que les aspects sociolinguistiques et la connaissance des usages dans les relations professionnelles.
Une attention particulière a été accordée au choix du vocabulaire, actuel et diversifié.

CARTE de VISITE offre une grande souplesse d'utilisation. En effet, l'autonomie de chaque unité permet à l'utilisateur de naviguer entre les différents dossiers en fonction de ses besoins immédiats, et de plonger dans un océan linguistique et interculturel.

CARTE de VISITE propose aussi, outre le présent manuel unilingue, un ensemble pédagogique comprenant :
- 9 émissions télévisées de 15 mn, filmées en situations réelles, en France et en Belgique
- 2 cassettes audio (exercices et textes contenus dans le manuel)
- 1 Guide de conversation : répertoire de phrases et d'expressions-clés.

CARTE de VISITE
est un jeu de plusieurs "cartes"

Les dialogues de l'émission de télévision divisés en
3 "CARTES DU JOUR" qui présentent des situations concrètes des
relations professionnelles. Chaque partie est introduite par des
expressions clés.

La carte "ÇA SE DIT" composée d'un large choix d'expressions
utilisables dans une situation ou un enchaînement de situations.
À chaque "ÇA SE DIT" correspond une série d'activités d'expression
orale, en situation, sous forme de jeux de rôle et de simulations.
Des exercices de compréhension écrite ou orale — enregistrés sur
cassette — ainsi que quelques exercices de réflexion sur la langue
permettent de préparer ou de prolonger les activités orales.

Le "PETIT DICO" apporte un complément de vocabulaire.

Par ailleurs, "CARTE-MÉMOIRE" est une source de références
supplémentaires.

Une place particulière a été réservée, dans chaque unité, à la pratique
du téléphone par des expressions types et des exercices variés ; c'est la
carte "ÂLLO !" Des activités de rédaction de fax, de mél (e.mail), de
lettres sont aussi proposées.

Pour "revoir" le contenu de chaque unité, un feuilleton en 9
épisodes reprend les situations précédemment développées.
"ÉTABLISSEMENTS DESCHELOT-FILS" : les affaires et les
relations humaines dans une entreprise lyonnaise de multimédia
qui s'associe à une entreprise finlandaise.

Enfin, "DESSOUS-DE-CARTE" élargit le thème de chaque unité,
apporte quelques éléments pour mieux connaître les différences
culturelles et propose des sujets de discussion.

Sans oublier "CARTES SUR TABLE" qui donne la solution des
exercices.

Les symboles des exercices :

Exercice d'écoute   Exercice écrit   Jeu de rôle   À discuter   Exercice oral

À LA CARTE

ENTRÉES

PLATS

DESSERTS

CARTE-MÉMOIRE

CARTES SUR TABLE

Petite histoire de la carte de visite

L'usage de la carte de visite s'est généralisé au XIXe siècle.
Quand on se présentait chez quelqu'un pour lui rendre visite
et que la personne visitée était absente, on laissait une carte
pour montrer qu'on était passé. On cornait la carte (on
pliait un coin de la carte) pour indiquer qu'on était venu
en personne et qu'il s'agissait donc d'une "vraie" visite.
Aujourd'hui, la carte de visite, en dehors de son usage
professionnel, sert à envoyer des vœux, des
félicitations, des remerciements, des excuses, des
invitations.

Les dialogues de ce manuel proviennent de la série télévisée **Carte de visite**, qui a
été filmée dans plusieurs lieux en France et en Belgique. En outre, dans chaque
unité on fait la connaissance du personnel des "Établissements Deschelot-fils",
une entreprise lyonnaise…

ÉTABLISSEMENTS DESCHELOT- FILS

Vieille entreprise familiale lyonnaise fondée en 1895, les "ÉTABLISSEMENTS
DESCHELOT- FILS" ont su évoluer au cours des années. C'est maintenant au
marché du multimédia qu'ils s'attaquent et pour cela, ils se sont associés à une
entreprise finlandaise, recrutent du personnel, quittent le centre de Lyon pour
s'installer dans le quartier d'affaires, participent à de nombreux salons et foires
et, même, changent de nom pour s'appeler ETHELMÉDIA.

À la tête de l'entreprise, **Édouard Deschelot**, plutôt conservateur, fidèle aux
traditions mais ouvert sur l'avenir ;
À ses côtés, **Dominique Granger**, le cadre commercial très très compétent qui ne
compte pas ses heures de travail ;
Vanessa Augé, la secrétaire… oh pardon, l'assistante idéale, jeune, active,
ambitieuse, spontanée ;
et **Kévin Bergerin**, le dernier recruté, jeune ingénieur, multicompétent,
multicréatif, qui n'ignore rien de la "Silicon Valley" mais qui lui préfère la vallée
du Rhône ;
et surtout **Anne Vatanen**, la partenaire finlandaise qui vient régulièrement à
Lyon apporter son efficacité, son expérience et sa rigueur nordique à cette
équipe parfois un peu… fantaisiste ;
sans oublier **Thomas Dugoin**, l'homme à tout faire de la maison, le champion
du système D, comme débrouillard et dévoué…

On bosse !

par André-Noël Chaker / Les Frogs

Je trouve que l'on m'dit souvent
Que peut-être ça dépend
Ça ne m'aide pas toujours à comprendre

Tout ce que l'on entend
Au cours de visites et du temps
C'est si beau de se faire surprendre

Écouter parler les gens
Apprendre en écoutant
Une si belle manière d'apprendre

Parler juste pour parler
Parler pour se raconter
Parler et se faire comprendre

Parler pour discuter
Parler et se faire aimer
Ou parler juste pour se détendre

Parler de rien du tout
Ou parler pour changer tout
Commencer par se faire comprendre

Ça ne coûte pas un sou[1]
Répéter en paix chez nous
La télé est là pour nous apprendre

Découvrez un autre vous
Une bosse[2] des langues à nous
Bosser[3] pour le plaisir d'apprendre

Boire un tout petit coup
Un pastis qui plaît beaucoup
Voir nos bons amis se détendre

Un express, un crème[4] au café
Savoir commander
On sait pas toujours comment s'y prendre

Bosser et écouter
Bosser pour mieux parler
Bosser sur notre bosse des langues

Refrain:
Parler fort bosser doux
Parler de tout
On bosse on jaze[5] on joue
Lâcher[6] son fou
Lâcher son fou
Parler fort bosser doux
Apprendre malgré nous
On bosse on jaze on joue
Lâcher son fou

[1]Ça ne coûte pas un sou = Ça ne coûte rien
[2]une bosse des langues = un don en langues étrangères
[3]bosser = travailler
[4]un crème = un café avec un peu de lait
[5]jazer / jaser = discuter
[6]lâcher son fou = se laisser aller, s'amuser

UNITÉ 1 : RENCONTRES

CARTE DU JOUR 1

Bienvenue
Nous nous présentons
Je vous en prie

Clés

• **Monsieur Llacer ?**
• **Bienvenue en France !**
• **Comment allez vous, M. Golden ?**
• **Vous avez fait bon voyage ?**
• **Vous êtes déjà venue dans la région ?**

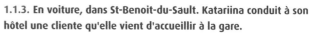

1.1.1. En gare de Lyon-Perrache, sur un quai : Élodie attend. Son visiteur, M. Llacer, arrive.
Élodie : Monsieur Llacer ? *Il serre la main que lui tend Élodie.*
M. Llacer : Oui, Gérard Llacer, bonjour !
Élodie : Bonjour Monsieur, je m'appelle Élodie Lichtenberger, je travaille avec M. Holzer, de la firme Cediver. Comment allez-vous ? Vous avez fait un bon voyage ?
M. Llacer : Excellent, merci...
Élodie : Très bien, suivez-moi s'il vous plaît, la voiture n'est pas loin. *(Elle passe devant.)*
M. Llacer : Je vous en prie.

1.1.2. En gare de Vichy. Laurence, chargée de l'accueil au Cavilam attend les stagiaires étrangers. Susan et Marie-Hélène arrivent.
Susan : Bonjour Madame, vous êtes du CAVILAM ?
Laurence : Oui. Bonjour, je m'appelle Laurence et je travaille au service accueil du CAVILAM. Vous parlez un peu français ?
Susan : ...un peu.
Marie-Hélène : ...un petit peu.
Laurence : D'accord. Vous venez de quel pays ?
Marie-Hélène : Je m'appelle Marie-Hélène et j'habite Caracas, je suis vénézuélienne.
Laurence : D'accord.
Susan : Et moi, je m'appelle Susan Hodra, je suis danoise et je viens du Danemark.
Laurence : D'accord. Vous avez fait bon voyage ?
Marie-Hélène : Oui, je suis un peu fatiguée mais ça va...
Laurence : D'accord. Je vais vous faire patienter un instant à côté car nous attendons deux autres personnes et nous irons au CAVILAM.
Susan : Merci.
Laurence : Je vous en prie.
Marie-Hélène : Merci, merci.

1.1.3. En voiture, dans St-Benoît-du-Sault. Katariina conduit à son hôtel une cliente qu'elle vient d'accueillir à la gare.
Katariina : Je vous conduis à votre hôtel – c'est à cinq minutes de la gare et très près de la "Sitram". Mais, vous avez eu le temps de dîner ? Vous voulez prendre quelque chose avant d'aller à l'hôtel ?
Mme Gayard : Non, non merci. J'ai pris un repas dans le train.
Katariina : Vous êtes déjà venue dans la région ?
Mme Gayard : Non, c'est la première fois... Et aussi la première fois que je viens en France...
Katariina : Vous parlez très bien français !
Mme Gayard : J'ai travaillé en Suisse...
Katariina : Ah d'accord... Voilà, nous sommes arrivées.

1.1.4. Bruxelles. À la réception de l'Hôtel Métropole. Mike Roykens a un rendez-vous avec Jean François Golden.
Le réceptionniste : Monsieur bonjour.
M. Roykens : J'ai rendez-vous avec Monsieur Golden.
Le réceptionniste : Je crois qu'il vous attend par là justement.
M. Roykens : Merci.
Le réceptionniste : Au revoir !
Monsieur Golden est assis, il regarde sa montre.
M. Roykens : Monsieur Golden ? *Monsieur Golden se lève.*
M. Golden : Lui-même. *(poignée de mains)* Enchanté de vous rencontrer.
M. Roykens : Mike Roykens, Directeur de marketing à la SNCB. Comment allez-vous ?
M. Golden : Très très bien
M. Roykens : Le voyage s'est bien passé ?
M. Golden : Très très bien. J'ai été très bien accueilli à l'aéroport.
M. Roykens : Eh bien, j'en suis fort aise. Et l'hôtel est confortable ?
M. Golden : Tout à fait parfait.
M. Roykens : Vous avez un document à prendre, encore ?
M. Golden : Non. Je pense qu'on peut y aller.
M. Roykens : Bon alors allons-y.
M. Golden : Ben oui, très bien. Je vais prendre mon manteau...
M. Roykens : Après vous. Je vous en prie.
M. Golden : Merci.

8

VOUS ALLEZ ACCUEILLIR UN / UNE COLLÈGUE QUE VOUS NE CONNAISSEZ PAS :

Est-ce que c'est lui ? Est-ce que c'est elle ?
- Pardon,
- Excusez-moi, | vous êtes Monsieur Braun ?
- Veuillez-m'excuser,
- Monsieur / Madame Braun ?   - Oui, c'est moi. Bonjour Madame / Monsieur...

- Je suis Camille Maury.   - Enchanté(e).
- Je m'appelle ...   - Très heureux / heureuse de vous rencontrer.

Bienvenue
- Bienvenue à Lyon !
- Soyez le/la bienvenu(e) à Lyon !
- Je suis très heureux/heureuse de vous accueillir...

Remerciements
- Merci beaucoup.
- Je suis très heureux / heureuse d'être à Lyon.
- Je vous remercie de vous être dérangé(e) / d'être venu(e).

NB
On peut donner un sens passif en utilisant la forme pronominale / réfléchie (se + verbe) comme dans :
"les ordinateurs portables se vendent bien"
"ça se dit..."
"les présentations se font debout"
"ces verres sont fragiles, ils se cassent facilement"

À PROPOS DE...
du voyage, des bagages, de boire ou de manger quelque chose, de l'hôtel...
- **Vous avez fait bon voyage ?**
    - Très bon / excellent, merci.
    - Un peu fatigant, mais ça va.
- **Vous n'êtes pas trop fatigué(e) ?**
    - Un peu fatigué(e), mais ça ira mieux demain...
    - Non, ça va très bien, merci.
- **Vous avez des bagages ?**
- **Vous permettez... / Je peux prendre votre sac ?**
    - Seulement ce sac de voyage et cette valise.
    - Ça va, je peux les porter.
    - Merci, vous êtes très aimable.
- **Vous voulez boire ou manger quelque chose avant d'aller à l'hôtel ?**
    - Avec plaisir.
    - Un café, si ça ne vous dérange pas...
    - Non merci. Je viens de prendre quelque chose dans l'avion.
- **J'ai ma voiture, l'hôtel n'est pas loin... je vous emmène à votre hôtel...**
- **Nous allons prendre un taxi, je vous accompagne à l'hôtel...**
    - Merci, c'est très aimable à vous.

CONVERSATION EN VOITURE...
Pour passer le temps entre l'aéroport et l'hôtel ou parler de la pluie et du beau temps...

sujets de conversation :
- sur sa visite dans votre pays, votre ville, votre région
- est-ce que c'est la première fois qu'il y vient... ?
- sur son français (ou une autre langue étrangère) qui est excellent, bien sûr...
- sur le temps qu'il fait ; ici, dans son pays (la pluie, le beau temps)
- sur la circulation/le trafic
- sur ce qui se passe en ce moment dans votre ville : festivals, manifestations publiques, grèves...
- sur ce qui se passe dans son pays

- sur l'hôtel : comment il est, où il est situé...
- sur le programme de la journée : à quelle heure vous passez le prendre...

- sur des collègues que vous connaissez tous les deux

et
- sur son travail
- sur sa famille, peut-être (si vous le connaissez suffisamment)
- sur ses goûts...

C d V 1.1

A (l'hôte) va accueillir B (le visiteur) qu'il rencontre pour la première fois. Écoutez !

A

Il s'appelle Henri Martin

Il est Français

Il travaille chez ABS

Il est venu en voiture

Il emmène son visiteur à l'hôtel du Chat blanc

B

Il s'appelle Charles Échanson

Il est Argentin

Il a fait un excellent voyage

Il a deux valises et un sac

Il aimerait prendre un café

Il parle bien français

Il vient en France pour la première fois

C d V 1.2

A À vous
- vérifiez que c'est bien M. Échanson et présentez-vous
- souhaitez-lui la bienvenue
- demandez-lui comment s'est passé le voyage
- demandez-lui s'il a des bagages
- proposez-lui de porter une valise
- demandez-lui s'il veut prendre quelque chose
- expliquez-lui comment vous allez à l'hôtel
- félicitez-le pour son français
- demandez-lui s'il est déjà venu en France

B répondez à A

Puis, imaginez de nouveaux personnages et jouez leur rôle.

C d V 1.3 À propos de... Cherchez la réplique !

1. C'est la première fois que vous venez en Champagne ?
2. Félicitations. Vous parlez très bien notre langue !
3. Aujourd'hui il ne fait pas très beau ; mais hier, le temps était splendide. Et chez vous, quel temps fait-il ?
4. Quelle circulation ! C'est l'heure de pointe.
5. Cette semaine nous avons un festival de musique de jazz dans toute la ville...
6. Vous aimez le jazz ?
7. Ah, j'y pense ! Demain, il y a grève des bus et du métro...
8. Votre hôtel est au centre ville historique. Il n'est pas très grand mais il est très confortable.
9. Vous travaillez avec Paul Schwartz, n'est-ce pas ? Comment va-t-il ?
10. Je passe vous prendre vers 11 heures, je vous présente à mes collègues et nous allons déjeuner ensemble... Ça vous convient ?

a. Parfait, je préfère les petits hôtels. C'est plus sympathique.
b. Chez nous, il fait froid, c'est l'hiver.
c. Ah, ne m'en parlez pas !
   Chez nous, on ne peut pas circuler...
d. Ah, très intéressant, j'adore cette musique...
e. Non, j'y suis déjà venu, mais il y a longtemps.
f. Tout à fait. Donc, à 11 heures, à l'hôtel.
g. C'est bon à savoir. Je prendrai le taxi.
h. Oh non ! Disons que je me débrouille...
i. Il va très bien. Il a changé de travail, maintenant il est responsable de la communication.
j. Oui, beaucoup. Spécialement le style Nouvelle-Orléans.

Des gestes qui parlent...

Je ne veux pas dire que tout est facile.

Vous allez à l'hôtel :
A commence... trouvez la réplique. Refaites la conversation.

A - ......
B - Merci, vous êtes aimable. Je le parle seulement un peu.
A - ......
B - J'ai seulement ce sac et cette petite valise.
A - ......
B - Merci beaucoup, mais je peux les porter moi-même.
A - ......
B - Avec plaisir. Je n'ai pas eu le temps de manger dans le train.
A - ......
B - Non, c'est la première fois que je viens à Bordeaux.
A - ......
B - Merci, c'est très aimable à vous de m'emmener à mon hôtel.
A - ......
B - D'accord, ça me convient très bien. Donc demain, à 8 heures, à mon hôtel.

C d V 1.5

De l'arrivée de l'avion / de la gare – jusqu'à l'hôtel...

A **l'hôte :** accueillez votre invité, vous l'emmenez à l'hôtel ; posez des questions à votre invité ; utilisez les "sujets de conversation" de "Ça se dit".

B **l'invité :** vous répondez à **A**.
Ensuite changez de rôle et de partenaire.

C d V 1.6

Échanges de télécopie

A Vous confirmez à un collègue étranger que vous viendrez le chercher à l'aéroport, mais que vous serez légèrement en retard (à cause de...). Vous convenez d'un point de rendez-vous.

B Vous répondez à votre collègue qui vous accueillera à l'aéroport. Vous lui demandez s'il désire que vous lui apportiez une spécialité de votre pays.

**Je me présente...
Votre profession ?**

Clés
- **Permettez-moi de me présenter,
  Vincent Radermecker.**
- **Je suis traductrice.**
- **Je travaille à l'Union Européenne.**

1.2.1. Hôtel Métropole, Bruxelles
Annonce d'un congrès sur les Chemins de fer en Europe. Au café, Mike Roykens est en train de lire des documents. M. Vincent Radermecker, participant au congrès, cherche une place...
M. Radermecker : Pardon, c'est libre ? Je peux m'asseoir ici ?
M. Roykens : Je vous en prie.
M. Radermecker : Ça ne vous dérange pas ?
M. Roykens : Non, pas du tout...
M. Radermecker : Permettez-moi de me présenter : Vincent Radermecker, je suis chercheur dans le domaine ferroviaire.
M. Roykens : Enchanté, Mike Roykens. Je suis directeur de marketing à la SNCB. Je suis spécialisé dans les relations avec la presse, les relations humaines, tout ce qui concerne le personnel.

1.2.2. Vichy, dans une agence de location de voitures. Céline Chevallay vient de donner tous les renseignements sur une location de voiture à Kirsti Rantalainen.
Céline : Alors, votre nom s'il vous plaît...
Kirsti : Oui, Rantalainen, R.A.N.T. comme téléphone, A.L.A.I.N.E.N. Mon prénom c'est Kirsti avec K.
Céline : Voilà. Votre nationalité, s'il vous plaît ?
Kirsti : Finlandaise.
Céline : Votre date de naissance... ?
Kirsti : C'est le 24.04.1951.
Céline : Quelle est votre profession ?
Kirsti : Je suis traductrice.

Céline : Et vous travaillez où ?
Kirsti : Je travaille à l'Union Européenne.
Céline : Vous avez une adresse en France ?
Kirsti : Oui, Hôtel "Agnès" ici, Place Ampère.
Céline : Très bien, puis-je avoir votre passeport et votre permis de conduire pour pouvoir faire le contrat, s'il vous plaît ?
Kirsti : D'accord, je vous le donne. Voilà.
Céline : Merci.

1.2.3. Bruxelles, Hôtel Métropole, au bar Mike Roykens et Viviane. Viviane arrive, elle porte un badge de congressiste... Mike Roykens se lève et se dirige vers elle.
Viviane : Hé ! Mike !
M. Roykens : Ah ! Viviane !
Viviane : Bonjour.
Ils s'embrassent trois fois.
M. Roykens : Comment vas-tu ?
Viviane : Mais ça va bien et toi ?
M. Roykens : Bien. Très bien, très bien...
Viviane : Et tes enfants ?
M. Roykens : Bien, bien, bien. À l'école, ça se passe bien.
Viviane : Ah, c'est chouette ça !
M. Roykens : Et le bébé ?
Viviane : Ben, ça va... mais enfin, il fait ses dents ; c'est dur les nuits... mais ça va, ça va...
M. Roykens : Mais j'ai appris que tu as changé de travail.
Viviane : Mais oui, oui. J'ai quitté la "SNCF" et maintenant, je travaille chez TRANSFER, je suis responsable de la communication.
M. Roykens : Bien, félicitations.
Viviane : Non, c'est bien...
M. Roykens : Tu es contente ?
Viviane : Oui, je suis contente, c'est un chouette job.

ON SE PRÉSENTE

Je me présente :

- Bonjour. Jean Dumas / Ève Bardot. Responsable de la communication ventes à la SNQ.

- Bonjour, je me présente.
Je suis / Mon nom est / Je m'appelle Jean Dumas / Ève Bardot.
Je suis responsable de la communication...

◆◆◆ - Permettez-moi de me présenter.
Je m'appelle Jean Dumas / Ève Bardot.
Je travaille à la Commission européenne.
Je m'occupe des relations avec la presse.

- Nous n'avons pas été présenté, je pense.
Je m'appelle Gérard Gougeard, je suis l'assistant de Madame Bardot.

On se salue :
- Bonjour, Madame / Monsieur.

◆◆◆ - Mes hommages, Madame (à une femme mariée)
◆◆◆ - Mes respects Monsieur le Président.

On prend congé :
- Je suis très heureux / heureuse de vous avoir rencontré(e), mais...
- Excusez-moi, je dois vous quitter, on m'attend...
◆◆◆- Veuillez m'excuser, je vois Madame Wang Li ;
     il faut que je lui parle.
- Je vous laisse avec Monsieur Wanel.

Il / elle me répond :

- Moi, je suis Michel / Michèle Montand,
 je suis chargé(e) de mission à la DATAR.

- (Je suis) enchanté(e) | de vous rencontrer
             très heureux/heureuse | de faire votre connaissance
             ravi(e) *(exprime un réel plaisir)*

On continue :
(pas de questions trop directes mais plutôt des sujets généraux)

- Vous parlez très bien grec !
- Vous venez souvent en Hongrie ?
- Vous devez connaître Paul Schwartz ?
- ...

En réponse :
- Au revoir, Monsieur / Madame.
- Et moi de même.
- À bientôt, j'espère.
- Au plaisir.

- (Je vous souhaite une) bonne fin de journée / soirée.

CdV 1.7 En voyage à Genève.

Édouard Deschelot a oublié ses lunettes à l'hôtel et il doit
remplir un bon de réservation pour louer une voiture. Il vous
demande de l'aider :
- Excusez-moi, j'ai oublié mes lunettes à l'hôtel. Pourriez-vous
  m'aider à remplir ce bon de réservation, s'il vous plaît.
- Mais avec plaisir. Alors : Votre nom et votre prénom ?
- Mon nom et mon prénom ? DESCHELOT, D.E.S.C.H.E.L.O.T., Édouard
- Bien... **à vous !**

Londres, le 15 mai 20..

Messieurs,

Je vous prie de m'envoyer votre liste de
prix de voitures à louer. J'arriverai à Caen
début juillet, et je voudrais une petite
voiture, de préférence française, pour
deux semaines.

Avec mes remerciements anticipés,
Veuillez agréer, Messieurs, mes salutations
distinguées.

Ken Carless

Caen, le 20 mai 20..

Monsieur,

En réponse à votre demande du 15 mai, nous
avons le plaisir de vous envoyer notre liste de
prix et modèles de voitures pour l'année en
cours. Vous trouverez sur la liste plusieurs
petites voitures françaises. Nous sommes à
votre disposition pour plus de renseignements. Nous vous souhaitons la bienvenue en
France.

Recevez, Monsieur, nos meilleures
salutations.

Michel Motorisé

"COURT SÉJOUR"
BON DE RESERVATION
Véhicules en plaques françaises normales

Nom et Prénom : ....

Nationalité : .... Profession : ....

Date et lieu de naissance : ....

Adresse à l'étranger : ....

....

N° Tél. ou fax : ....

Résidence (en Europe) : ....

Passeport N° : ....

Date et lieu de délivrance : ....

Permis de conduire N° : ....

Voiture

Marque et Modèle : .... Catégorie : ....

Date de livraison : ....

Lieu de livraison : ....

N° vol : .... Heure d'arrivée : ....

Date de retour : .... Heure de retour : ....

Lieu de retour : ....

Durée d'utilisation : .... jours

Acompte (ci-joint)   Chèque ☐   C.B. ☐   A.EX ☐

Carte : numéro complet

Date : ....

Date de validité

Signature : ....

Allô...
C'est pour un rendez-vous
Je confirme...

Clés

- **Allô, Daniel Soil à l'appareil.**
- **Est-ce que je pourrais parler à Mme Moutteau, s'il vous plaît ?**
- **Est-ce qu'on peut se voir ... ?**
- **Qu'est-ce qui vous arrangerait le mieux ?**
- **À la semaine prochaine !**

1.3.1 St-Benoit-du-Sault. Dans les bureaux de la Sitram, Katariina Wilen est au téléphone. Mme Gayard appelle.
Mme Wilen : Allô…
Mme Gayard : Allô, vous êtes bien Mme Wilen ?
Mme Wilen : Oui, c'est elle-même.
Mme Gayard : Mme Gayard à l'appareil.
Mme Wilen : Bonjour Madame, comment allez-vous ?
Mme Gayard : Ça va, je vous remercie…
Mme Wilen : Qu'est-ce que je peux faire pour vous ?

1.3.2. Bruxelles. À la société Van Haegen. M. Golden téléphone de l'hôtel Metropole.
La secrétaire : Direction générale Van Haegen, bonjour !
M. Golden : Bonjour. C'est Jean François Golden de la SNCF au téléphone. Est-ce que je pourrais parler à Madame Moutteau s'il vous plaît ?
La secrétaire : Ah, je suis désolée, Madame Moutteau est en réunion jusqu'à midi… mais attendez, je crois que la réunion est finie. Un instant, je vérifie.
M. Golden : Oui ?
La secrétaire : Est-ce que vous pouvez me rappeler votre nom s'il vous plaît ?
M. Golden : Oui, c'est Monsieur Golden. J'épelle : G. comme Georges, O.L.D. comme Denis, E. N. comme Nestor…
La secrétaire : Ne quittez pas. (à Mme Moutteau) Allô, Mme Moutteau. Monsieur Golden voudrait vous parler…
Mme Moutteau : Oui, vous pouvez me le passer.
La secrétaire : …Allô, Madame Moutteau est dans son bureau, je vous la passe.
M. Golden : Je vous remercie beaucoup…

1.3.3. Bruxelles. Mireille Dumas téléphone au bureau de Daniel Soil.
M. Soil : Allô, Daniel Soil à l'appareil.
Mme Dumas : Oui, bonjour Monsieur Soil, je suis Mme Dumas et je vous téléphone pour vous confirmer que le rendez-vous de ce jeudi, 9 heures trente, me convient…
M. Soil : Bien, écoutez, c'est parfait ; alors je vous attends jeudi prochain à 9 heures et demie, au 65 avenue Louise, au cinquième étage. Une hôtesse vous accueillera et vous conduira à mon bureau…
Mme Dumas : D'accord. Donc, 65 avenue Louise, au cinquième étage. Eh bien, à jeudi et au revoir Monsieur.

1.3.4. Lyon. Dans la rue, devant son atelier-magasin de soieries, M. de la Calle discute avec une de ses clientes, Mme Catherine Perroy.
Mme Perroy : Bon, écoutez, c'était sympathique de se voir …
M. de la Calle : Oui, c'était important aussi…
Mme Perroy : Voilà, écoutez, je serai à Lyon mercredi, prochain. Est-ce qu'on peut se voir parce que vraiment votre collection m'intéresse.
M. de la Calle : Qu'est-ce qui vous arrangerait le mieux ?
Mme Perroy : Le matin, ce serait parfait.
de la Calle : Ah, j'ai une réunion entre 10 heures 30 et 11 heures. C'est dommage…
Mme Perroy : Attendez, je réfléchis. Écoutez, je peux m'arranger mercredi après midi, disons 15 heures…
M. de la Calle : Écoutez, c'est parfait.
Mme Perroy : C'est parfait.
M. de la Calle : C'est entendu.
Mme Perroy : À la semaine prochaine.
M. de la Calle : Au plaisir.
Mme Perroy : Oui, au revoir.
M. de la Calle : Au revoir.

1

 C d V 1.8 **A et B se téléphonent pour fixer un rendez-vous.**

A   **B**

Mercredi   25

Dominante
prendre contact avec B !

7 heures
8) *petit déjeuner de travail*
9) *avec M. Boisrond*
10)
11) *libre*
midi
13) *accueil de Mme Veyrun*
14) *et repas*
15
16) *Bureau*
17)
18
19 *chercher la voiture*
20 *au garage*
21
Notes

Mercredi   25

Dominante

7 heures
8
9) *réunion de service*
10)
11) *projet Vacances - rêve*
12) *(réunion)*
13) *déjeuner avec Pierre*
14)
15
16
17) *Rendez - vous*
18) *chez le coiffeur*
19
20
21 *cinéma avec*
Notes   *Brigitte*

rencontre avec A ?

A préfère le matin entre 10 h et midi. Mais ça ne le dérange pas l'après-midi vers 16 h 30.
B peut s'arranger pour changer le jour de son rendez-vous chez le coiffeur.

 **C d V 1.9**

A doit partir rapidement ; il laisse sur le répondeur de son collègue l'emploi du temps de sa journée du mercredi 25. Écoutez et remplissez son agenda.

Vous faites le numéro de la Franco-Europe **ALLÔ !**
LE STANDARD RÉPOND

Vous

- Je voudrais
- Puis-je
- Est-ce que je peux | parler à Monsieur Roux, poste 45, s'il vous plaît ?
- Pourriez-vous me passer Monsieur Roux ?
- Je suis Pierre Dupont, de (la part de) Vacances-Rêve.
- C'est au sujet du projet 'Deauville'.

- Oh, excusez-moi.
- Merci, Madame.

Le standard
- (Allô !) Société Franco-Europe, bonjour / j'écoute.

- C'est de la part de qui ?
- Qui est à l'appareil ?
- C'est à quel sujet ?
- Je crois que | vous vous trompez
                  vous faites erreur...
                  il y a erreur...
                  vous avez fait un mauvais numéro...
...il n'y a personne de ce nom dans notre société.
...ce n'est pas le bon service.
- Ne quittez pas, je vous le/la passe.

C d V 1.10

A Pensez à des personnalités – célèbres, de préférence – le Président de la République, un ministre, le directeur d'une grande multinationale, une vedette de cinéma... Pensez à quel sujet vous leur téléphonez. Appelez cette personnalité.

B vous êtes le/la secrétaire de la personnalité ; vous répondez. Selon les circonstances, les réponses varient. Dans un groupe, changez de partenaires.

C d V 1.11

Vous êtes au standard. Le téléphone sonne. Répondez.

- ...   - Je peux parler à Monsieur Gris, s'il vous plaît ?
- Je regrette, mais...   - Oh ! Excusez-moi. Je me suis trompé ; je veux dire Monsieur Noir.
- ... ?   - Je suis Monsieur Janot.
- ... ?   - Je voudrais lui parler de mon contrat de travail.
- ... .   - Merci beaucoup.

FAMILIÈREMENT VÔTRE

- C'est qui ton boss ?
- C'est l'type avec la chemise verte là , près de la photocopieuse.
- Tu crois qu'il a un boulot à m'donner ?
- Ça m'étonnerait, mais avec un peu d'bol, peut-être qu'il aura quéqu'chose.
- Tu sais, j'suis prêt à faire n'importe quoi, et même à bosser gratis.

> boss *m* : patron
> type *m* : homme
> boulot *m* : travail
> bol *m* : chance
> bosser : travailler
> gratis : gratuitement

S'IL Y A UN PROBLÈME, THOMAS EST LÀ

Thomas arrive. Vanessa se dirige rapidement vers lui.

Vanessa : Ah ! Thomas. J'ai un petit service à te demander…

Thomas : Vas-y je t'écoute.

Vanessa : Est-ce que tu pourrais aller chercher Madame Vatanen à l'aéroport ?

Thomas : Oui, pourquoi pas ?

Vanessa : Je devais aller l'accueillir et puis…

Thomas : …Tu n'as pas le temps, tu as trois réunions en même temps… c'est ça ?

Vanessa : Oui, presque…

Thomas : D'accord ! Où et à quelle heure ?

Vanessa : Elle arrive de Genève à Lyon-Satolas par Swissair à… attends, j'ai oublié l'heure exacte… oui, à 13 heures 50, par le vol 957…

Thomas : Bon, justement, j'ai deux ou trois choses à faire vers l'aéroport, je vais en profiter… Et je peux aussi porter le matériel de M. Deschelot, et…. Bon. Et comment elle est cette dame ? Elle parle français ?

Vanessa : Parfaitement, ne t'inquiète pas. Fais un écriteau avec son nom ou le nom de notre boîte.

Thomas : D'accord. Et qu'est-ce que je fais après ?

Vanessa : Après ? Eh bien, vois ça avec elle. On lui a retenu une chambre à l'hôtel Royal, place Bellecour, et Monsieur Deschelot peut la recevoir tout l'après-midi.

Thomas : Très bien, c'est clair, ça marche.

Vanessa : Merci Thomas, tu es un ange… Et puis surtout, n'oublie pas de m'excuser auprès d'elle.

À Lyon-Satolas, Anne attend... mais il n'y a personne pour l'accueillir. Au bout de quelques minutes elle entend un jeune homme ...

Thomas : Euh. Pardon Madame, vous êtes Madame Vatanen… ?

Dame : Non Monsieur, c'est pas moi.

Thomas : Excusez-moi…

Anne se dirige vers le jeune homme qui n'est autre que Thomas.

Anne : Monsieur, Monsieur, je suis Anne Vatanen !

Thomas : (essoufflé) Ah ! Bonjour Madame Vatanen. Je suis… mon nom est Thomas, Thomas Dugoin. *Il tend la main.*

Anne : Enchantée…

Thomas : Je suis désolé de vous avoir fait attendre mais la circulation est épouvantable. J'espère que vous n'avez pas attendu trop longtemps ?

Anne : Non, non, à peine dix minutes…

Thomas : J'avais des courses urgentes à faire et j'ai pensé que les avions arrivent toujours en retard et…

Anne : Mais mon avion était à l'heure. Un avion suisse !

Thomas : Tout d'abord, Vanessa Augé vous prie de l'excuser ; elle a eu un empêchement…

Anne : Je comprends…

Thomas : Qu'est-ce que vous préférez, Madame Vatanen : aller d'abord à votre hôtel ou directement au bureau ? Monsieur Deschelot peut vous recevoir quand vous le voulez.

Anne : Je peux, peut-être, laisser mes affaires personnelles à l'hôtel, me changer et puis rencontrer Monsieur Deschelot ? Ça vous va ?

Thomas : Tout à fait, tout à fait. La voiture n'est pas très loin. Laissez, je m'occupe du chariot à bagages…

Dans la voiture, vers l'hôtel

Thomas : C'est la première fois que vous venez à Lyon ?

Anne : Non ! La deuxième. Je suis déjà venue il y a trois mois.

Thomas : Vous restez longtemps à Lyon ?

Anne : Une semaine et je retourne à Genève. Je crois que je ne vais pas avoir le temps de faire du tourisme.

Thomas : C'est bien dommage. Lyon est une ville vraiment superbe.

Anne : Je n'en doute pas. Mais sans être indiscrète, Monsieur Ducoin…

Thomas : DuGoin, G.O.I.N.

Anne : DuGoin, pardon, disons Thomas… quelles sont vos fonctions chez DESCHELOT ?

Thomas : Je fais un peu de tout, coursier, technicien et aujourd'hui chauffeur, pour vous servir.

Anne : Merci…

Thomas : Si vous avez le temps, je peux être aussi un excellent guide pour visiter Lyon. Voilà nous arrivons à votre hôtel…

Anne : Ça été très rapide. Merci Thomas. Nous avons le temps de prendre quelque chose ? Vous venez ?

CdV 1.12 Vrai ou faux, justifiez votre choix.

1. Thomas n'est pas d'accord pour aller à l'aéroport.
2. Il était prévu que Vanessa aille chercher Mme Vatanen à l'aéroport.
3. Thomas doit laisser tout son travail pour aller accueillir Anne Vatanen.
4. Vanessa ne connaît pas l'heure d'arrivée de l'avion.
5. Thomas a déjà rencontré Anne Vatanen.
6. Anne Vatanen ne parle pas bien français.
7. Thomas doit ramener directement Mme Vatanen au bureau de M. Deschelot.
8. Vanessa doit réserver une chambre pour Anne Vatanen.
9. Thomas arrive en avance à l'aéroport.
10. L'avion de Genève est en retard.
11. Thomas pensait qu'il avait le temps de faire des courses avant l'arrivée de l'avion.
12. Anne a attendu plus de dix minutes.
13. Anne préfère d'abord aller poser ses affaires personnelles à l'hôtel.
14. Anne a bien l'intention de visiter Lyon.
15. Thomas a l'intention de faire visiter Lyon à Anne.
16. Il y a des embouteillages pour aller à l'hôtel.

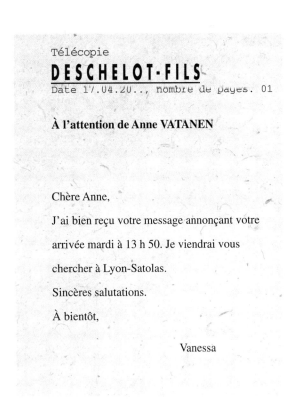

Télécopie

DESCHELOT-FILS

Date 17.04.20.., nombre de pages. 01

À l'attention de Anne VATANEN

Chère Anne,

J'ai bien reçu votre message annonçant votre arrivée mardi à 13 h 50. Je viendrai vous chercher à Lyon-Satolas.

Sincères salutations.

À bientôt,

Vanessa

DESSOUS-DE-CARTE

SONDAGE SOFRES / MADAME FIGARO (10.95)
LE GRAND RETOUR DE LA POLITESSE

La politesse et le savoir-vivre demeurent des valeurs essentielles pour les Français.

Les trois quarts des Français et des Françaises pensent que la politesse est une valeur sociale indispensable :

· il faut être poli dans toutes les circonstances car c'est une règle de vie en société	73 %
· il faut savoir parfois être impoli pour se faire respecter et obtenir ce qu'on veut	25 %
· sans opinion	2 %

 C d V 1.13

Regardez les résultats du sondage dans le tableau de la page 21:
· Êtes-vous d'accord avec ce classement ?
· Est-ce que les signes extérieurs de politesse sont les même chez vous / dans votre pays ?
· Est-ce que les comportements ont changé depuis vingt ou trente ans ?

 C d V 1.14

Vrai ? Faux ? Ça se discute ?
Écoutez l'extrait d'interview et répondez aux questions.

A. S'embrasser : Une fois ? Deux fois ? Trois fois ?
D'après Catherine...
1. En France, le bon usage recommande un baiser sur chaque joue et une seule fois.
2. Les jeunes s'embrassent moins, une fois ou pas du tout.
3. La coutume de s'embrasser disparaît même entre amis.
4. On n'embrasse que des personnes qu'on connaît bien.
5. Si une personne est âgée, on lui serre la main.

B. Une bonne poignée de main...
1. La façon de serrer la main révèle la personnalité.
2. Une poignée de main énergique montre qu'on manque de personnalité.
3. Tendre une main molle fait bonne impression.

- Mouche ton nez et dis **bonjour** à la dame !
- Qu'est-ce qu'on dit quand on vous donne un gâteau / bonbon / verre d'eau / cadeau ?
On dit **merci**.
- Merci qui ? Merci **papa** / **maman** / **mamie** / **Monsieur** etc.
- On ne dit pas **merde** devant ses parents.

Voici ce que les enfants entendent depuis leur plus jeune âge. En effet, encore beaucoup de parents français jugent que l'éducation aux "bonnes manières" est très importante.

Au quotidien : moins de conventions, plus de relations.
C'est dans le monde du travail que la politesse se maintient le mieux, tant parmi les actifs (37 % des 35–49 ans) que parmi les jeunes (43 % des 18–24 ans). Les relations de travail et les relations entre hommes et femmes s'améliorent.
En revanche, le climat de la rue se détériore.

Échantillon de 1000 personnes représentatif de l'ensemble de la population âgée de 18 ans et plus, selon la méthode des quotas.

très impoli en %	assez impoli en %	pas vraiment impoli en %	pas impoli du tout en %	sans opinion en %
1. cracher dans la rue				
77	16	5	1	1
2. entrer dans une pièce sans dire bonjour				
67	29	4	0	0
3. utiliser des mots grossiers en public				
66	25	7	1	1
4. ne pas dire merci quand on vous donne quelque chose				
66	29	5	0	0
5. ne pas céder sa place à une personne âgée dans un transport en commun				
65	28	5	1	1
6. doubler les gens dans une queue				
64	27	6	2	1
7. couper la parole à quelqu'un				
60	33	6	1	0
8. fumer sans demander si cela dérange				
57	35	6	1	1
9. arriver en retard d'une demi-heure à un rendez-vous				
54	34	11	1	0
10. prendre de vitesse un autre automobiliste pour occuper une place au parking				
53	34	10	2	1
11. tutoyer quelqu'un qu'on vient de vous présenter				
52	32	12	3	1
12. téléphoner après 10 h du soir chez quelqu'un qu'on ne connaît pas très bien				
51	37	10	1	1
13. bâiller sans mettre sa main devant la bouche				
34	46	18	1	1

CARTE DU JOUR 1

Je souhaiterais rencontrer...
Si vous voulez bien...

Clés
- **J'ai rendez-vous avec M. Holzer**
  pour un entretien à 16 heures.
- **Je dois rencontrer M. Daniel Soil.**
- **Vous êtes Monsieur...?**
- **Que puis-je faire pour vous ?**

2.1.1. Bruxelles. M. Dotto se présente à la réception de la Commission Européenne.

M. Dotto : Oui, bonjour Monsieur. Je souhaite rencontrer monsieur Colasanti.
Le réceptionniste : Oui. Vous avez rendez-vous, s'il vous plaît ?
M. Dotto : Oui, j'ai rendez-vous maintenant à 15 h 30.
Le réc. : Vous pouvez remplir ça, s'il vous plaît ?
M. Dotto : Oui, merci.
Le réc. : S'il vous plaît.
M. Dotto : Vous avez besoin d'un document ?
Le réc. : Le passeport, la carte d'identité.
M. Dotto : ... Carte d'identité, c'est bon.
Le réc. : Oui.
M. Dotto : Voilà, je vous en prie.
Le réc. : Merci.
M. Dotto : Le prénom, le nom. L'adresse, ici en Belgique ?
Le réc. : L'adresse de Belgique, oui !
M. Dotto : Voilà.
Le réc. : Merci.
M. Dotto : Merci beaucoup.

2.1.2. Au Cavilam de Vichy, centre d'enseignement du français.
Susan : Bonjour, Madame.
La réc. : Bonjour, Madame. Que puis-je faire pour vous ?
Susan : Je m'appelle Susan Hodra et j'ai rendez-vous avec

Jacqueline Navarro à 14 h 30.
La réc. : Un moment s'il vous plaît. Je vais voir si elle est là.
Susan : Merci.
La réc. : *(à Mme Navarro)* Madame Hodra est arrivée.
(à Susan) Madame Navarro vous attend. Si vous voulez bien me suivre.
Susan : Merci.
La réc. : Je vous en prie.
Susan : Merci.

2.1.3. Au Commissariat général aux relations internationales de la communauté française de Belgique à Bruxelles.
Mme Dumas : Bonjour, Madame.
La réc. : Bonjour, Madame.
Mme Dumas : Je dois rencontrer monsieur Daniel Soil à 9 heures. Nous avons une réunion avec les lecteurs. Il est 9 h 20 et il n'est toujours pas là.
La réc. : Oui, un petit instant, je vais voir.
Oui, Monsieur Soil, madame Dumas est arrivée. Oui, ça va. Vous devez vous asseoir quelques instants, Madame. Monsieur Soil va vous recevoir.
Mme Dumas : Merci, Madame. Merci

2.1.4. À l'usine d'eau minérale de St. Yorre.
M. Llacer : Bonjour, Madame.
La réc. : Bonjour, Monsieur.
M. Llacer : Voilà, je suis Monsieur Llacer, Entreprise Rosanna. J'ai rendez-vous avec monsieur Holzer pour un entretien à 16 heures.
La réc. : Oui, alors je suis au courant, il vous fait dire d'attendre quelques instants, il est occupé.
M. Llacer : D'accord, parfait.
La réc. : Vous voulez vous asseoir ?
M. Llacer : Oui.
La réc. : Vous voulez boire quelque chose en attendant ?
M. Llacer : Oui, je veux bien.
La réc. : Une boisson fraîche ?
M. Llacer : De l'eau.
La réc. : De l'eau. Bon, d'accord.

SE PRÉSENTER AU SECRÉTARIAT

Visiteur	**Secrétaire**
- Bonjour, Mademoiselle. J'ai rendez-vous avec monsieur Roux à 10 h.	- Bonjour Monsieur.
- Monsieur Vert.	- Vous êtes Monsieur... ?
- Je suis un peu en avance.	- Entrez. Monsieur Roux vous attend.
	- Je vais vous annoncer.
	- Si vous voulez bien me suivre...
- Est-ce que je peux fumer ?	- Monsieur Roux n'est pas encore là. Je pense qu'il va bientôt arriver.
- Ce serait possible de faire une photocopie ?	- Veuillez vous asseoir en attendant.
- Vous pouvez me dire où sont les toilettes s'il vous plaît ?	- Je suis désolée... il y a un fumoir au fond, à gauche.
	- Vous voulez un café, un thé... ?
	...
	- Il vient d'arriver. Vous pouvez entrer.

C d V 2.1

Jouez les rôles du visiteur A et de la secrétaire B.

Pour faire les présentations (suite)

En faisant les présentations, attention au sexe, à l'âge, à la position hiérarchique ou sociale. D'une façon générale on présente :
- un homme à une femme
- la personne la plus jeune à la personne la moins jeune
- le moins élevé dans la hiérarchie au plus élevé.
Bien sûr, il y a des exceptions ; on présente :
- une femme à une haute personnalité (chef d'État, ministre, ambassadeur), à une autorité religieuse, à un supérieur hiérarchique...
- une jeune femme à un homme âgé
- un membre de sa famille aux autres.

En principe, sur le lieu de travail, la différence entre les sexes ne devrait plus exister. Mais la réalité peut être différente. Dans l'entreprise, l'administration, le niveau hiérarchique est important.

Intéressant n'est-ce pas ?
- Un homme qui se présente donne son prénom, son nom de famille sans utiliser "Monsieur"; une femme peut se présenter en disant "Madame" et son nom de famille (c'est assez mondain).
- Il faut appeler "Madame" une femme mariée ou une femme adulte (mariée ou non) et "Mademoiselle" une jeune fille ou une femme adulte non-mariée – si elle désire être appelée ainsi.
Mais complexe, non ?

Des gestes qui parlent...

Je sais, certains d'entre vous n'ont pas totalement confiance...

Les présentations se font debout. Mais une femme ou une personne âgée peut rester assise. C'est la femme, la personne la plus âgée ou de rang plus élevé qui tend la main la première et qui engage la conversation.
Si elle incline seulement la tête, on ne tend pas la main.
La poignée de main ne doit être ni trop molle ni trop énergique mais franche et dynamique. Elle dure 1/4 de seconde et on regarde l'interlocuteur dans les yeux.
On ne pratique pas le baisemain sur le lieu de travail.

Je présente quelqu'un...
- Madame Loiret, vous connaissez | Monsieur / Madame Garonne ?
  | ma femme / mon mari ?

- Vous vous connaissez ?
- Vous ne vous connaissez pas ?
- Non ? Eh bien, je vais vous présenter.

- Madame, je vous présente Monsieur Jonard – Madame Bonnot.

- Je vous présente Christian Jonard, architecte urbaniste... (+ quelques détails).
  Il revient du Mexique...
- Sylvie Bonnot, déléguée à l'urbanisme à la ville de Toulouse.

En groupe:
- Monsieur et Madame Dubois
- Pierre Grimaud et sa compagne Roseline Lupin
- Maître Leflandrin, avocat à Versailles

- Je voudrais vous présenter ma femme / mon mari.
  (On présente un membre de sa famille à l'autre personne)

À un supérieur:
- (Madame / Monsieur...) Permettez-moi de vous présenter Monsieur Loïc Dubois qui est notre directeur des ventes au Québec.
- J'aimerais / Je voudrais vous présenter Monsieur Loïc Dubois...
  (pour Loïc Dubois :)
- Voici Monsieur Despardieu, notre président.

Voici ma carte : on échange les cartes de visite
- J'ai été très heureux de vous rencontrer. (◆◆◆Si vous permettez), voici ma carte.
- Je vous remercie. Je vous donne la mienne.
- À bientôt, j'espère.
- Au plaisir (de vous revoir).

 C d V 2.2

Vérifiez d'abord s'ils se connaissent puis présentez ces personnes ; faites attention aux règles de politesse :
1. Mme Garonne – Monsieur Husson
2. Votre conjoint (femme / compagne ou mari / compagnon) – M. Fanfou, votre directeur
3. Mlle Cécile Lalande, 17 ans – M. Mamadou, 70 ans
4. M. Huron, Président-directeur-général de Multicommerce – M. Jovin représentant de Plurimédia
5. Mme Monique Bouchener, Présidente de l'association "Forêts sans frontières" – M. Vincent Maurin, député européen

24

C d V 2.3

GROUPE CQFD

ANNETTE VAN DEN BRANDE
RESPONSABLE EXPORT

RUE D'ANDRIMONT, 34
B-6031 CHARLEROI
TÉL. 32-71/32.24.40
FAX 32-71/32.32.26

Créez une carte de visite ou utilisez la vôtre...
1. **A**, contactez **B** et présentez-vous
2. **B**, répondez et présentez-vous
3. **A** et **B**, discutez un peu
4. **B**, prenez congé et donnez votre carte
5. **A**, répondez, donnez votre carte, saluez

...puis changez de partenaire / de carte... Présentez votre partenaire aux autres groupes, discutez un peu.

Établissements Deschelot – Fils

Édouard DESCHELOT
Directeur Général

17, rue Auguste-Comte • F-69000 LYON
tél. 33-04-55723834
fax 33-04-55714267
Mél. eddeschelot@deschelot.org

ASSOCIATION FRANCO-EUROPÉENNE
52, rue Amelot 75011 PARIS

Pierre VALOIS
Secrétaire général

tél: (33)-0156787915
fax: (33)-0156783421
E-mail: afe@afe.org

Agnes Kurián
Interprète de Conférence
Chef de Section

INSTITUT D'INTERPRÈTES ET DE TRADUCTEURS
Courriel : akurian@elte.hu

NB
E-mail n'est pas accepté par l'Académie française qui lui préfère Mél. On utilise aussi Courriel.

C d V 2.4

Pendant une réception au salon du tourisme de Genève
Vous êtes M. / Mme Claude Castelli.
Écoutez et répondez.

Ministère du tourisme
Claude CASTELLI

Conseiller / conseillère technique
- Il / elle vient très souvent en Suisse.

- Il / elle part ce soir, il/elle a un avion à 8 heures.

- Il / elle est très heureux / heureuse d'avoir fait la connaissance de M. Lasseine mais doit le quitter.

PETIT DICO

Quelques expressions pour marquer le temps

Demain
Demain matin je pars en vacances.
Après-demain je vais partir en vacances.
Lundi (prochain) je partirai en vacances.

Aujourd'hui
Ce matin
Cet après-midi /
Dans l'après-midi (présent ou passé, selon le contexte)
Ce soir
Cette semaine
Cette année
Lundi / Lundi matin
En fin de semaine / Ce week-end
La semaine prochaine
L'été prochain
L'an prochain, L'année prochaine

Hier
Avant-hier
Lundi (dernier)
La semaine dernière je suis allé(e) à une exposition d'art.
Le mois dernier
L'été dernier
L'année dernière

Comparez :
Le samedi / le soir / le weekend je ne travaille pas. (répétition)
Le lundi 12, c'est mon anniversaire. (date précise)
Lundi, je vais au cinéma. (= lundi prochain)
Lundi, je suis allé au cinéma. (= lundi dernier)

25

CdV 2.5

Posez-vous des questions à tour de rôle et répondez-y. Commencez par...

Qu'est-ce que vous faites... ?
Qu'est-ce que vous allez faire... ?
Qu'est-ce que vous ferez... ?
Qu'est-ce que vous avez fait... ?

...et ajoutez à chaque fois une expression de temps.

NB

assister (être présent) est plus passif que participer (= prendre part à).

PETIT DICO

Les engagements
Dans votre agenda vous pouvez avoir par exemple les engagements suivants :

accueil *m* de Monsieur Braun et	(accueillir)
tour *m* des locaux (le tour de quelque chose)	(faire)
discours *m* à la Chambre de commerce	(faire)
exposé *m*	(faire)
négociations *f* avec les Anglais	(avoir)
réunion *f* de travail	(avoir)
réunion du conseil d'administration	(avoir)
entretien *m* d'embauche avec deux candidats	(avoir)
rendez-vous *m* (d'affaires) avec...	(avoir)
déjeuner *m* d'affaires avec...	(avoir)
conférence *f* de presse	(avoir)
cours *m* d'anglais	(avoir)
stage *m* d'informatique	(avoir)
départ *m* pour Athènes	(partir pour)
dentiste *m/f* / médecin *m* / coiffeur (-euse)	(aller chez / avoir rendez-vous chez)
Paris nocturne avec des clients espagnols	(sortir avec)
tennis *m* avec .../ golf *m* avec...	(jouer à)
inauguration *f* de la nouvelle annexe	(assister à)
vernissage *m* de l'exposition Art 3000	(assister à)
séminaire *m* annuel	(assister à)
conférence *f* sur la paix (participer à)	(assister à)
congrès international sur l'avenir de l'Europe	(assister à)

NB

Souvent il est utile de diviser la journée en quatre :

Lundi | en début de matinée
en fin de matinée
en début d'après-midi
en fin d'après-midi

Ensuite, on se met d'accord sur l'heure précise.

CdV 2.6

Complétez avec les verbes du Petit Dico :

Monsieur le Directeur est très pressé.

Lundi, il _____ des négociations toute la journée. Mardi à 9 h, il _____ Athènes pour _____ une réunion internationale.

Mercredi il _____ son cours d'espagnol à 9 h. À 10 h 30 il _____ tennis avec Monsieur Hulot. À 12 h 30, il _____ un déjeuner d'affaires à la Bourse.

Dans l'après-midi, il _____ l'inauguration du nouveau centre culturel.

Jeudi à 9 h, il _____ un exposé à la Chambre de commerce. À 10 h, il _____ chez le médecin.

Vendredi, il _____ des visiteurs importants et _____ le tour de l'usine avec eux.

lundi	7	mardi	8	mercredi	9	dimanche
7		7		7		7
8		8		8		8
9		9		9		9
10		10		10		10
11		11		11		11
12		12		12		12
13		13		13		13
14		14		14		14
15		15		15		15
16		16		16		16
17		17		17		17
18		18		18		18
19		19		19		19
20		20		20		20
21		21		21		21

jeudi	10	vendredi	11	samedi	12	notes
7		7		7		
8		8		8		
9		9		9		
10		10		10		
11		11		11		
12		12		12		
13		13		13		
14		14		14		
15		15		15		
16		16		16		
17		17		17		
18		18		18		
19		19		19		
20		20		20		
21		21		21		

Fixer un rendez-vous

- Je pourrais vous rencontrer | la semaine prochaine ?
- Je souhaiterais vous rencontrer
  Il faut qu'on parle de notre projet "Deauville".

Je suis désolé(e), mais je ne suis pas libre, | j'ai une réunion / un engagement antérieur*
  | je suis déjà pris(e) toute la matinée.

En fin d'après-midi, ça me conviendrait mieux.
- C'est parfait.

- Merci, Monsieur Roux, et à bientôt.

- Attendez voir (regarde dans son agenda) ...
  Est-ce que mardi prochain en début de matinée
  vous conviendrait ?

- Alors, disons mardi à 3 h. Ça vous va ?
- Pouvons-nous dire mardi à 3 h ?

- À mardi, alors. Merci de votre appel.

> **NB**
> * Si vous allez chez le coiffeur, par exemple, vous pouvez dire :
> "J'ai un engagement antérieur...", ce qui fait plus "sérieux".

C d V 2.7

En vous servant du Petit Dico de la page 26, notez sur votre agenda dix activités et rendez-vous sur une semaine tout en les variant et complétant selon vos besoins.
Ne vous surmenez pas – quatre activités au maximum par jour (selon la division ci-dessus).

Ensuite, téléphonez à chacun de vos partenaires pour prendre rendez-vous avec lui / elle. Trouvez un jour et une heure qui vous conviennent. À chaque fois que vous trouvez une heure convenable, écrivez le nom de la personne et l'heure du rendez-vous dans votre agenda. Gardez votre page d'agenda remplie, vous en aurez encore besoin !

Fixer rendez-vous par l'intermédiaire de la secrétaire

Est-ce que je peux avoir | rendez-vous avec Mme X / le docteur Y ?
Pourrais-je prendre
Je souhaiterais avoir

Annuler / reporter un rendez-vous

Monsieur Dupont et la secrétaire de Monsieur Lemaire :

- Bonjour Madame. Ici Monsieur Dupont. J'avais rendez-vous avec M. Lemaire demain à 3 heures, mais je suis désolé(e), | je dois partir pour l'étranger.
  | j'ai été retardé(e).
  | j'ai un empêchement.
Est-ce que je peux | annuler le rendez-vous ?
  | reporter le rendez-vous à plus tard ?
- À la semaine prochaine, si cela convient à Monsieur Lemaire.
- Très bien, Madame. Je note : le mardi 16, à 10 h 30.
- Je vous remercie, Madame.

C d V 2.8   Téléphoner pour fixer rendez-vous.

A **1.** Vous avez mal à la tête.
Prenez rendez-vous chez le médecin.
2. Vous voyez une annonce pour une place de vendeuse au supermarché. Téléphonez pour avoir un rendez-vous.
3. Vous êtes M. Duchamel.
Prenez rendez-vous avec M. Roulot.

B **1.** Vous êtes secrétaire. Vous travaillez au cabinet du docteur Mathus.
2. Vous êtes le chef du personnel du supermarché Superbonus.
3. Vous êtes la secrétaire de M. Roulot.

- Aucun problème, Monsieur. Je l'annule.
  À quand voulez-vous le reporter ?
- Je vérifie... Le mardi 16, à 10 h 30, cela vous va / convient ?
- Alors, c'est entendu, Monsieur.
- Je vous en prie, Monsieur.

C d V 2.9

Vous êtes débordé(e) ! Téléphonez aux personnes avec lesquelles vous avez convenu d'un rendez-vous (consultez votre page d'agenda de la page 26) et annulez quelques rendez-vous parmi ceux que vous aviez fixés.

Vous connaissez le chemin ?
Au fond, à droite ...

Clés
• **Par ici, s'il vous plaît.**
• **Je vais vous mener à son bureau.**
• **Vous avez dit quel étage, s'il vous plaît ?**

2.2.1. St. Yorre.
M. Holzer : Monsieur Llacer ?
M. Llacer : Oui.
M. Holzer : Bonjour.
M. Llacer : Bonjour.
M. Holzer : Enchanté de faire votre connaissance.
Excusez-moi de vous avoir fait attendre.
M. Llacer : Je vous en prie.
M. Holzer : On va aller jusqu'à mon bureau ?
M. Llacer : Oui, d'accord.
M. Holzer : C'est par ici, s'il vous plaît.
M. Llacer : Ah, pardon.

2.2.2. À la Commission Européenne.
Le réc. : S'il vous plaît, Monsieur.
Le visiteur : Merci, Monsieur.
Le réc. : Monsieur Colasanti vous attend, et c'est bureau 5.
Le visiteur : D'accord. Vous avez dit quel étage, s'il vous plaît ?
Le réc. : Cinquième, bureau 5.
Le visiteur : Et c'est le bureau 5.
Le réc. : Vous connaissez le chemin ?
Le visiteur : Non, je ne connais pas le chemin.

2.2.3. À la Commission Européenne.
Prenez l'escalier et vous avez l'ascenseur.
Prenez l'ascenseur jusqu'au cinquième étage.
En sortant à droite, au fond du couloir.
...
L'employée : Monsieur Dotto ?
M. Dotto : Bonjour, Madame.
Une employée : Bonjour, monsieur Colasanti vous attend. Je vous accompagne, son bureau est au fond du couloir, l'avant-dernière porte à gauche.

2.2.4. St.-Benoît-du-Sault. Usines de la Sitram : une femme cherche son chemin.
Un homme : Bonjour, Mademoiselle. Je peux vous aider ?
La femme : Bonjour, Monsieur. Oui, je veux bien parce qu'en fait, j'ai rendez-vous avec madame Roy et je pense être un petit peu perdue.
L'homme : Oui, alors vous traversez la cour…
La femme : D'accord.
L'homme : … vous prenez sur votre gauche…
La femme : Oui.
L'homme : … une seconde fois sur votre gauche…
La femme : Oui.
L'homme : … et vous serez devant l'entrée principale.
La femme : Bien.
L'homme : Vous montez les escaliers, vous rentrez et vous vous adressez à la standardiste.
La femme : Très bien. Bon, écoutez, je vous remercie beaucoup, Monsieur.
L'homme : De rien.
La Femme : Au revoir.
L'homme : Au revoir.

2.2.5. Dans les locaux de la Sitram.
La femme : Alors, il m'a dit de traverser la cour, ensuite, je vais tourner à gauche, après à gauche, et là, je vais tomber sur les escaliers et c'est l'entrée. Oui, bon, je pense que ça ira, c'est bon.

2.2.6.
Mme Gayard : Bonjour, Madame.
Katariina : Bonjour, Madame.
Mme Gayard : Vous allez bien ?
Katariina : Cela va bien, et vous ? Vous avez bien trouvé ?
Mme Gayard : Ça va, ça va. Sans problème.
Katariina : Oui, ça va très bien. Madame Roy vous attend, je vais vous mener à son bureau. Vous voulez me suivre.
Mme Gayard : Merci, Madame.
…
Katariina : Ici, nous sommes arrivés au deuxième étage. Au fond du couloir à gauche, vous avez les bureaux de direction. Ici à droite, vous avez le secrétariat du bureau d'études et un peu plus à droite, vous avez le bureau d'études avec nos techniciens. Et voici à gauche, le bureau de madame Roy qui nous attend.

Se présenter au rendez-vous

- Bonjour, Monsieur Laurier. Comment allez-vous ?
        - Merci, je vais très bien ! Et vous-même ?
- Très bien. Vous avez trouvé facilement ?
        - Oui, oui, sans problème.
- Asseyez-vous, s'il vous plaît.
Vous prendrez bien un café, un thé ?
        - Un café, s'il vous plaît.
        - Merci, votre secrétaire m'a déjà offert un café.

Quand on arrive en retard – Excuses

(excuse)
- Excusez-moi d'être en retard.
- Pardon. Je suis en retard.
- Je suis désolé(e), je suis très en retard.
- Je suis en retard, je vous prie de m'excuser.

(cause)
- C'est l'heure de pointe.
- La circulation / le trafic est impossible.
- Il y a encore une grève / une manifestation.
- Il y a eu un accident / une alerte à la bombe.
- Ma voiture n'a pas démarré.
- J'ai été retenu(e) au dernier moment.
- J'ai dû aller chercher les documents à l'hôtel.
- Impossible de trouver une place / un taxi.
- Je me suis perdu(e).
- Je me suis trompé d'adresse.
- Le chauffeur de taxi n'a pas trouvé la rue.
- Mon avion a du retard et j'ai manqué la correspondance.

- Oh, je vous en prie.
- Oh, ça arrive.
- Ce n'est pas grave.
- Oh, ça va.

(exprime sa sympathie, pose une question)
- Ah oui. Ça m'est arrivé à moi aussi,
  il y a quelques jours.
- Rien de grave, j'espère … ?
- Ah, moi, l'autre jour …
- Ne vous en faites pas, ça arrive.

C d V 2.10

Parmi ces excuses, lesquelles avez-vous utilisées vous-même ?
Pensez à d'autres causes possibles de retard – rappelez-vous
au besoin vos expériences personnelles !

C d V 2.11

A, vous attendez la personne avec laquelle vous avez rendez-vous.
B, vous vous présentez au rendez-vous en retard.

Discutez, et puis changez de partenaire – chacun a ses excuses !

C d V 2.12

Vrai ? Faux ? Ça se discute ?
Écoutez l'extrait d'interview et répondez aux questions.

"L'exactitude est la politesse des rois."
1. M. Augis, joailler, aime être ponctuel à ses rendez-vous.
2. Il aime bien arriver un peu plus tôt que l'heure prévue.
3. Il est plutôt en avance qu'en retard.
4. Il préfère faire attendre qu'attendre lui-même.
5. Certains se donnent de l'importance en faisant attendre.
    M. Augis le fait aussi.
6. L'avant-veille, il est arrivé avec 5 minutes de retard.

Vrai ou faux ?
- Ça ne le gênait pas.
- Il avait rendez-vous à son magasin avec son publicitaire.
- Son train avait du retard.
- Il était gêné parce qu'il ne pouvait pas prévenir.

CARTE DU JOUR 3

Permettez-moi de vous présenter...
Voici ma carte.
À bientôt.

Clés
- **Je vous présente M. Adam qui va être notre invité toute la semaine.**
- **J'ai le plaisir de vous présenter Mme Gayard.**
- **Enchanté de faire votre connaissance.**
- **Je suis ravi de vous revoir.**

2.3.1. Dans la salle d'exposition de la Sitram.

Mme Roy : Madame Gayard, j'ai le plaisir de vous introduire dans notre "showroom" où sont présentées toutes nos collections.

Anne : Tenez, Bernadette, je vous donne les documents dont vous avez besoin.

Mme Roy : Merci beaucoup, Anne. J'ai le plaisir de vous présenter Madame Gayard que nous recevons aujourd'hui.

Anne : Je suis enchantée, Madame.

Mme Gayard : Ravie de vous rencontrer.

Anne : Je m'appelle Anne et je suis la collègue de Bernadette.

Mme Roy : Monsieur Claveri, s'il vous plaît. J'ai le plaisir de vous présenter Madame Gayard que nous recevons aujourd'hui et qui est un de nos partenaires suisses, futurs partenaires suisses.

M. Claveri : Madame Gayard, bonjour. Enchanté de faire votre connaissance.

Mme Gayard : Très heureuse, Monsieur Claveri.

2.3.2. Dans le hall de l'hôtel Métropole où va se tenir une conférence sur les chemins de fer.

M. Roykens : Je pense que vous ne vous connaissez pas encore. Vincent Rad...

M. Radermecker : Radermecker.

M. Roykens : Radermecker. Vivianne Bernard.

M. Radermecker : Enchanté.

Vivianne : Bonjour.

M. Roykens : Je t'en prie, assieds-toi.

Vivianne : Merci.

M. Roykens : Vivianne Bernard est expert en communication, c'est une ancienne collègue.

M. Radermecker : C'est très intéressant.

M. Roykens : Nous nous connaissons surtout de l'époque du TGV quand on s'est occupé des dossiers du tracé du TGV. On a beaucoup négocié avec la France, la Belgique...

M. Radermecker : Je me souviens. Oui, oui. Beaucoup de travail à ce moment-là.

M. Roykens : Ah oui, énormément, on a des souvenirs épiques, incroyables...

Vivianne : Et des soirées épiques aussi!

M. Roykens : Oui, oui, oui.

2.3.3. À la Sitram

M. Claveri : Au revoir, Madame Gayard, et à bientôt, j'espère.

Mme Gayard : Au plaisir.

Anne : Bien, je vous laisse et si vous avez besoin de moi, vous pouvez me joindre, je suis à mon bureau.

Gayard & Mme Roy : Merci.

Mme Roy : Je vous en prie.

2.3.4. Hôtel Métropole.

M. Roykens : Et avec ce dossier, un problème de documents qui avaient disparu, des photocopies...

Vivianne : Oui, ça je ne vous raconte pas, c'était incroyable.

M. Roykens : En train de demander aux Français de refaire des copies des documents qui avaient été égarés.

Vivianne : Ah, dites, excusez-moi, mais moi je dois vraiment y aller. C'est l'heure. Merci pour le jus d'orange.

M. Roykens : Je t'en prie, je t'en prie, vas-y.

M. Radermecker : Si vous permettez, voici ma carte.

Vivianne : Ah oui, merci. Écoutez, je vous donne la mienne.

M. Radermecker : Merci.

Vivianne : On ne sait jamais, on peut se retrouver.

M. Radermecker : Oui.

Vivianne : Au revoir, Monsieur.

M. Radermecker : Enchanté.

M. Roykens : Bon retour.

Vivianne : Au revoir. Tu dis bonjour à Madame, de ma part.

M. Roykens : Je n'y manquerai pas. Et autant de sa part.

Vivianne : Et à la prochaine. Ciao.

M. Roykens : Ok, bon retour.

Accueil et présentation d'un collègue étranger :

Chers collègues,

C'est avec plaisir que je vous présente Peter Erdöss qui vient de notre filiale en Hongrie. Il va rester avec nous trois mois et va faire un stage dans tous nos services pour se familiariser avec nos méthodes de travail. Ensuite, il repartira à Budapest où il prendra les fonctions de directeur du personnel. Je n'en dis pas plus sur lui, vous allez tous avoir l'occasion de le rencontrer et de discuter avec lui.

Peter, vous êtes le bienvenu. Je vous souhaite un agréable séjour dans notre entreprise... et dans notre pays.

- Veuillez remplir cette fiche. Je vous donne un passe.

DEMANDER SON CHEMIN

- S'il vous plaît – la comptabilité ?
- Pourriez-vous me dire comment aller à la comptabilité ?

- Merci, Madame.

- C'est un peu compliqué ...
- Suivez-moi, s'il vous plaît. J'y vais moi aussi.
- Si vous voulez bien me suivre ...
- Je vous en prie.

- C'est simple...
Prenez l'ascenseur en face. Montez au premier étage. Sortez de l'ascenseur, et la comptabilité se trouve à votre gauche.

Allez / continuez tout droit.
Allez jusqu'à la première porte.
Passez devant la cafétéria.
Prenez l'ascenseur / l'escalier.
Descendez | l'escalier
          | les marches
          | au rez-de-chaussée.
Montez au premier étage / niveau.
Prenez le couloir à droite.
Allez jusqu'au bout du couloir / jusqu'à la première porte.
C'est au fond du couloir.
Faites demi-tour. / Revenez sur vos pas.
Traversez le hall / la cour.
C'est | en face (de vous).
      | à votre gauche / à votre droite.
      | (juste) à côté.
C'est la première / deuxième porte à droite.

- Merci, Madame. Je suis sûr(e) que je trouverai.

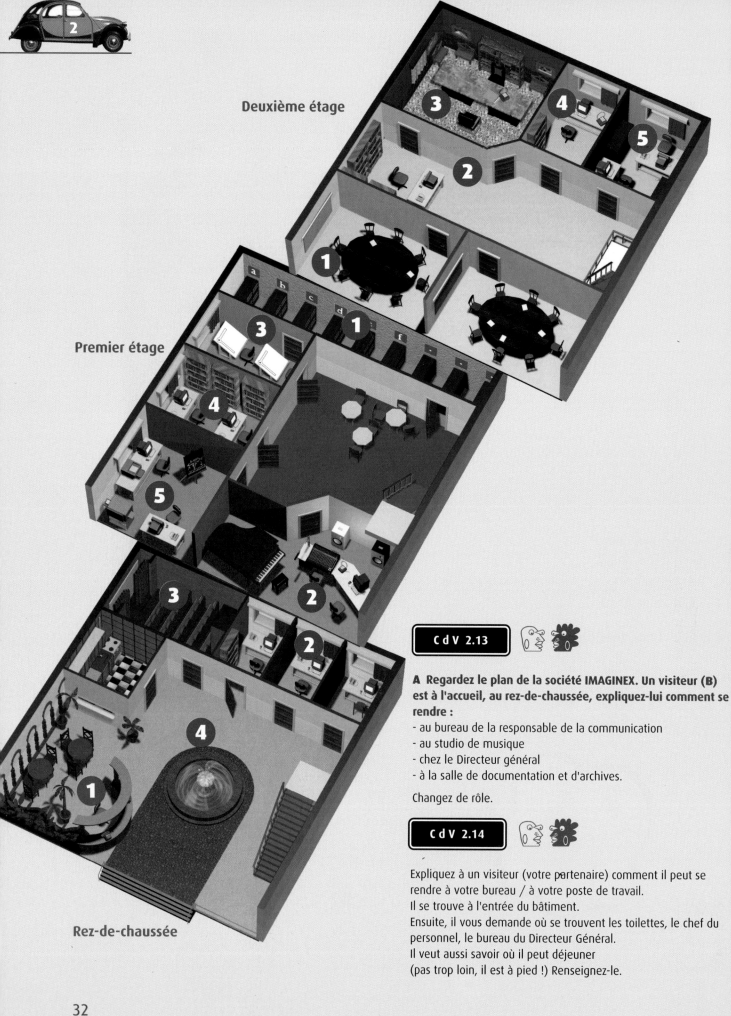

Deuxième étage

Premier étage

Rez-de-chaussée

C d V 2.13

A Regardez le plan de la société IMAGINEX. Un visiteur (B) est à l'accueil, au rez-de-chaussée, expliquez-lui comment se rendre :
- au bureau de la responsable de la communication
- au studio de musique
- chez le Directeur général
- à la salle de documentation et d'archives.

Changez de rôle.

C d V 2.14

Expliquez à un visiteur (votre partenaire) comment il peut se rendre à votre bureau / à votre poste de travail.
Il se trouve à l'entrée du bâtiment.
Ensuite, il vous demande où se trouvent les toilettes, le chef du personnel, le bureau du Directeur Général.
Il veut aussi savoir où il peut déjeuner
(pas trop loin, il est à pied !) Renseignez-le.

BILL TO University of Oregon
Knight Library, ILL
1501 Kincaid St.
Eugene, OR, US 97403-1299

BILLING NOTES ORU will only pay via IFM or with IFLA vouchers.

SHIP VIA USPS, Courier
SHIP TO University of Oregon
Knight Library, ILL
1501 Kincaid St.
Eugene, OR, US 97403-1299

RETURN VIA
RETURN TO

PC 2120
C6
D45
2000   (2010)

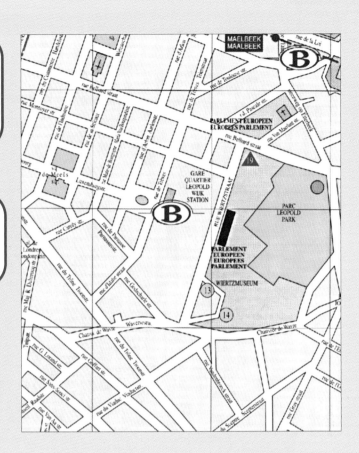

C d V 2.15

Votre ami français vient chez vous. Vous ne pouvez pas aller le chercher. Expliquez-lui comment il peut se rendre chez vous.

IL Y A UN PROBLÈME

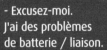

Vous

- Allô, bonjour ? Puis-je parler à Monsieur Roux, poste 45.

- D'accord, (répétez)

 (vous refaites le numéro)
- Vous m'entendez mieux ?
- Je peux parler à Monsieur Roux ?

- D'accord, j'attends.
- Je rappelle tout à l'heure. - Très bien.

Standard

- Allô!
- J'entends très mal.
- La ligne est très mauvaise.
- Pouvez-vous répéter, s'il vous plaît ?
- Pourriez-vous parler moins vite ?
- Excusez-moi, mais je n'entends rien.
Pouvez-vous refaire le numéro, s'il vous plaît ?

- Oui, oui, ça va maintenant.
- Pouvez vous attendre un instant ?
Il est en ligne.
La ligne est occupée.

- Excusez-moi.
J'ai des problèmes
de batterie / liaison.

C d V 2.16

A, vous téléphonez à **B**. Sa / son secrétaire répond.
Discutez en employant les expressions ci-dessus.

LE MONDE EST PETIT !

Kévin est à la terrasse d'un café.
Le garçon : Voilà Monsieur, votre café et votre croissant.
Kévin : Merci.
Un ami de Kévin passe.
Bruno : Tiens Kévin, salut, comment ça va ?
Kévin : Bien, bien merci. Et toi?
Bruno : Ça va. Mais toi, qu'est-ce que tu deviens ?
Kévin : Je viens de trouver du travail…
Bruno : Ah, super ! Quelle sorte de travail ?
Kévin : Ben, dans le multimédia… dans une petite boîte qui commence à développer ce secteur avec une boîte nordique… Je commence aujourd'hui, dans trois quarts d'heure exactement. Tu prends un café ? Je te l'offre.
Bruno : Merci. C'est sympa là, mais je suis vraiment pressé. *(à voix plus basse)* Mais je ne te laisse pas seul, regarde la blonde, là-bas… allez salut !

Kévin : Salut Bruno !
Bruno part rapidement, Kévin regarde en direction de la jeune femme de la table d'à côté. Il engage la conversation…
Kévin : Ah tout le monde est pressé maintenant, j'espère que vous n'êtes pas pressée vous ?
Anne : *(en riant)* Ah si, comme tout le monde. D'ailleurs, je m'en vais.
Kévin : Dommage ! Vous êtes norvégienne ?
Anne : Non, finlandaise. Désolée je dois partir, au revoir…
Kévin : À bientôt, peut-être, le monde est si petit…
Anne part en riant.
Anne : C'est ça, à bientôt peut-être… ou peut-être pas…

Kévin arrive au magasin "Deschelot", une employée vient vers lui.
Vendeuse : Bonjour Monsieur, je peux vous aider ?
Kévin : J'ai rendez-vous avec l'assistante de M. Leschedot.
Vendeuse : Ah, elle ne travaille pas ici, Monsieur, ici c'est le "Point-vente". Il faut aller aux bureaux des "Établissements Deschelot-fils", rue Auguste-Comte, au 17.
Kévin : Ah bon ! Et c'est loin ?

Vendeuse : Non, pas du tout. À dix minutes à pied, à peine dix minutes… Prenez la rue Henri-IV, direction place Bellecour, ensuite prenez la première à droite, c'est la rue Franklin et puis la deuxième rue à droite, la rue Auguste-Comte. C'est au numéro 17.

Kévin : Merci beaucoup. Bon, je me dépêche, je suis déjà en retard…

Kévin arrive essoufflé rue Auguste-Comte, il s'adresse à la réception.

Réc. : Bonjour Monsieur. Que puis-je faire pour…

Kévin : Bonjour ! Euh, euh, je m'appelle Kévin Bergerin, j'ai rendez-vous avec l'assistante de M. Deschelot, je suis un peu en retard, et…

Réc. : Mme Augé vous attend. Prenez ce couloir, c'est l'avant-dernière porte à gauche. Vous ne pouvez pas vous tromper.

Kévin : Merci Mademoiselle !

Réc. : Madame.

Kévin : Pardon, … Madame.

Dans le bureau de Vanessa Augé

Vanessa : Vanessa Augé. Bonjour Monsieur Bergerin.

Kévin : Très heureux de faire votre connaissance…

Vanessa : Malheureusement, nous n'avons pas beaucoup de temps pour faire les présentations, M. Deschelot vous attend pour votre première réunion. Il est avec Madame Vatanen et Monsieur Granger, le responsable du marketing. Nous aurons, peut-être, le temps de boire un café plus tard…

Kévin : Certainement…

Vanessa annonce l'arrivée de Kévin

Vanessa : M. Bergerin est arrivé. *(à Kévin :)* Entrez, je vous en prie.

Dans le bureau de M. Deschelot

E. Deschelot : Entrez, entrez M. Bergerin. Madame Vatanen, j'ai le plaisir de vous présenter M. Kévin Bergerin qui arrive tout droit de Berkeley, Californie… Voilà Madame Vatanen…

Anne : Je crois que nous nous sommes déjà rencontrés. Le monde est petit, n'est-ce pas ?

Kévin : En effet…

E. Deschelot : Eh bien, tout le monde se connaît déjà, parfait, parfait. Bon, je vous laisse commencer la réunion. C'est l'heure de ma partie de tennis. À tout à l'heure.

Édouard sort

Anne : M. Bergerin, vous savez déjà que je suis pressée, commençons donc tout de suite à étudier le projet de M. Granger. Mais, je propose que nous nous tutoyions, qu'en pensez-vous ?

Dominique et Kévin : D'accord.

Anne : C'est plus facile de conjuguer les verbes à la deuxième personne du singulier… Bon, à vous Dom… à toi Dominique…

C d V 2.17   **Vrai ou faux. Justifiez votre choix.**

1. Kévin cherche du travail.
2. Bruno, l'ami de Kévin, accepte de prendre un café avec Kévin.
3. Kévin a déjà rencontré la jeune femme blonde du café.
4. Elle accepte de boire un café avec lui.
5. Elle n'est pas française.
6. Kévin s'est trompé de firme.
7. Les bureaux des "Établissements Deschelot" ne sont pas au même endroit que le magasin.
8. L'assistante de M. Deschelot travaille au 17, rue Auguste-Comte.
9. Il faut environ dix minutes à Kévin pour aller rue Auguste-Comte.
10. Kévin arrive en avance à son rendez-vous.
11. Kévin doit attendre que M. Deschelot arrive.
12. Vanessa offre un café à Kévin.
13. La réunion commence dès que Kévin entre dans le bureau de M. Deschelot.
14. Édouard Deschelot préside la réunion.
15. Édouard Deschelot a un rendez-vous de travail.
16. Anne, Dominique et Kévin se tutoient.

FAMILIÈREMENT VÔTRE

- Il devait arriver à 11 heures et il est déjà presque midi. J'commence à m'faire du mouron.
- Tu te casses la nénette pour rien. Tu l'connais, il a sûrement rencontré une nana sur son chemin et il l'aura invitée à boire un pot. Le mieux à faire – comme son portable ne répond pas – c'est de bigophoner à sa boîte. On verra bien.

mouron *m* : souci
se casser la nénette : s'inquiéter, se faire du souci
nana *f* : fille
pot *m* : consommation
bigophoner : téléphoner
boîte *f* : entreprise, société

DESSOUS-DE-CARTE

LES JOURS FÉRIÉS

Les jours fériés (chômés) sont des jours où on ne travaille pas.
S'il s'agit d'un jeudi, il n'est pas rare de rester chez soi le
vendredi. On "fait le pont".

formel :

Paul Dupont vous présente ses meilleurs vœux à l'occasion du Nouvel An.

JOURS FÉRIÉS EN 1998	B	DK	D	EL	E	F	IRL	I	L	NL	A	P	FIN	S	UK
Nouvel An 1.1.	✻	✻	✻	✻	✻	✻	✻	✻	✻	✻	✻	✻	✻	✻	✻
Lendemain du Nouvel An 2.1.	✻														✻*
Épiphanie 6.1.			✻*	✻	✻			✻			✻		✻	✻	
Lundi de carnaval 23.2.								✻							
Saint-Patrick 17.3.							✻								✻*
Saint-José 19.3.					✻										
Annonciation 25.3.				✻											
Jeudi saint 9.4.		✻			✻*										
Vendredi saint 10.4.		✻	✻	17.4.	✻	✻*					✻	✻	✻	✻	✻
Lundi de Pâques 13.4.	✻	✻	✻	20.4.	✻*	✻	✻	✻	✻	✻	✻		✻	✻	✻
Anniversaire de la Libération 25.4.								✻	5.5.						
Anniversaire de la Reine 30.4.										✻					
Fête du Travail 1.5.	✻		✻	✻	✻	✻		✻	✻		✻		✻	✻	
Fête de la Communauté 2.5.					✻										
Congé de Mai 4.5.		✻				✻									✻*
Jour de Prière 8.5.		✻													
Armistice de 1945 8.5.						✻									
Ascension 21.5.	✻	✻	✻			✻		✻		✻	✻		✻	✻	
Lundi de Pentecôte 1.6.	✻	✻	✻	8.6.		✻		✻		✻	✻			✻	✻
1er lundi de juin 1.6.							✻								
Fête de la Constitution 5.6.		✻													
Jour du Portugal 10.6.												✻			
Jour de la Liberté 10.6.						✻*						25.4.			
Corpus Christi 11.6.			✻*							✻	✻				
Midsummer Day 20.6.													✻	✻	
Saint-Jacques 25.7.					✻*										
1er lundi d'août 3.8.							✻								✻*
Assomption 15.8.	✻		✻	✻	✻	✻		✻	✻		✻	✻			
Lundi de la Schobermess 31.8.									✻						
Jour de l'Unification allemande 3.10.			✻												
Fête de la République 5.10.												✻			
Dernier lundi d'octobre 26.10.							✻								
Fête du "Non" 28.10.				✻											
Jour de la Réforme 31.10.			✻*										✻	✻	
Toussaint 1.11.	✻		✻*		✻	✻		✻	✻		✻	✻			
Jour des Morts 2.11.	✻				✻										
Armistice de 1918 11.11.	✻					✻									
Fête de la Dynastie 15.11.	✻														
Jour de jeûne et de prière 18.11.			✻*												
Restauration de l'Indépendance 1.12.												✻			
Jour de la Constitution 6.12.					✻										
Immaculée Conception 8.12.					✻			✻			✻	✻			
Veille de Noël 24.12.		✻													
Noël 25.12.	✻	✻	✻	✻	✻	✻	✻	✻	✻	✻	✻	✻	✻	✻	✻
Lendemain de Noël 26.12.	✻	✻	✻	✻	✻*	✻*	✻	✻	✻	✻	✻		✻	✻	✻
Fête nationale/Jour de l'Indépendance	21.7.	5.6.		25.3.	12.10.	14.7.			23.6.		26.10.	5.10.	6.12.		
Congé de la Banque	(25.5., 13.7.*, 31.8., 28.12.)														✻
* pas dans tout le pays															

QUELQUES OBSERVATIONS SUR CES FÊTES :

Le Nouvel An (le 1er janvier)
Pendant les premières semaines de janvier, on envoie des cartes de vœux aux amis, aux collègues, aux clients, aux associés ... Cela s'appelle "les vœux de bonne d'année"

plus formel, mais chaleureux :

Cher Monsieur,
Recevez mes vœux les meilleurs et les plus chaleureux pour cette nouvelle année.

aux amis, aux collègues :

Bonnes fêtes de fin d'année et meilleurs vœux pour...
(indiquez l'année)

C d V 2.18

Racontez les festivités majeures de votre pays en expliquant ce que l'on dit, ce que l'on fait et ce que l'on donne en ces occasions.

Traditionnellement on offre une petite somme d'argent "les étrennes" à sa concierge, à son facteur... et à ses petits-enfants. Le 31 décembre, au soir, on fait un repas de fête, le réveillon. À minuit, à 0 heure, tout le monde s'embrasse, et les automobilistes klaxonnent bruyamment. Le champagne coule à flot, et à Paris, les Champs-Elysées sont envahis par la foule.
On dira : **Bonne année !**

La Fête du Travail (le 1er mai)
C'est la fête des travailleurs avec ses traditionnels défilés syndicaux et parfois des foires. On offre un brin de muguet comme porte-bonheur aux personnes qu'on aime.

Le 8 Mai (l'armistice de la deuxième guerre mondiale, 1945)
On se souvient des soldats "morts pour la patrie". Les anciens combattants vont déposer une gerbe de fleurs au pied des monuments aux morts. À Paris, le Président de la République va rallumer la flamme de la tombe du soldat inconnu sous l'Arc de Triomphe.

La Fête Nationale française (14 juillet)
Cette grande fête populaire commémore la prise de la Bastille en 1789 par le peuple de Paris. Le drapeau tricolore flotte partout. Il y a des défilés militaires dans toutes les villes, le soir on tire des feux d'artifice, et des bals populaires sont organisés dans tous les villages et les quartiers des villes.

La Toussaint (1er novembre)
La Fête de tous les saints. Jour chômé en Belgique et en France.

Le Onze Novembre
(l'Armistice de la première guerre mondiale, 1918) Comme pour le 8 mai, on se souvient des soldats "morts pour la patrie".

Noël (25 décembre)
C'est la fête religieuse la plus importante qui célèbre la naissance du Christ. On la fête essentiellement en famille, autour d'un repas copieux. Mais de plus en plus de Français, surtout les jeunes, fêtent Noël au restaurant, et vont au cinéma ou au théâtre. Dans les entreprises, en novembre-décembre les employés et leur famille se réunissent autour d'un arbre de Noël. Un repas accompagne cette fête, "L'Arbre de Noël", pendant laquelle des cadeaux offerts par l'entreprise sont distribués aux enfants.

En plus des fêtes chômées il y a d'autres fêtes populaires locales ou communes à tous les Français.

Faites attention le 1er avril, c'est le jour des farceurs ! On raconte des histoires fausses, même la presse et la télévision s'amusent à ce jeu. Les enfants accrochent dans le dos des adultes des poissons découpés dans du papier. Quand on vous a eu, on vous dira en riant : Poisson d'avril !

D'autres fêtes :
L'Epiphanie ou la Fête des rois (6 janvier) – sa galette avec sa fève et sa couronne
La Chandeleur (2 février) – et ses crêpes
La Saint-Valentin (14 février) d'origine anglo-saxonne
La Pâques – et ses œufs en chocolat
Le 1er avril – et ses poissons
La Fête des Mères (le dernier dimanche de mai)
La Fête des Pères (le dernier dimanche de juin)
La Saint-Jean (24 juin) et ses feux de bois
L'Halloween (31 octobre) d'origine irlandaise
Le Jour des Morts (2 novembre) – et ses chrysanthèmes
La Sainte-Catherine (25 novembre) et ses chapeaux
La Saint-Nicolas (6 décembre) et le Saint patron des enfants

Les fêtes mentionnées ci-dessus sont souvent de tradition chrétienne ; il y a aussi celles des autres communautés. Les connaissez-vous ?

C d V 2.19

Associez les fêtes aux mots suivants :

A. le 1er mai	**1.** les santons de la crèche
B. le 2 novembre	**2.** les crêpes
C. Pâques	**3.** les chrysanthèmes
D. Noël	**4.** le muguet
E. le 1er janvier	**5.** la fève et la couronne
F. le 14 juillet	**6.** les étrennes
G. la Chandeleur	**7.** les oeufs en chocolat
H. l'Épiphanie	**8.** le drapeau national
I. le 1er avril	**9.** les feux de bois
J. la Saint-Jean	**10.** le poisson

UNITÉ 3 : NOTRE ENTREPRISE

CARTE DU JOUR 1

Heureux de vous accueillir
Deux ou trois choses sur notre entreprise

Clés

- **Mesdames, Messieurs, bonjour ! Bienvenue à tous et bienvenue au Parlement Européen.**
- **Je suis heureuse de vous accueillir.**
- **Vous êtes ici dans une toute petite fromagerie artisanale.**
- **Notre entreprise a été créée en 1896.**
- **On s'est installé ici il y a 23 ans.**
- **Nous fabriquons des bouteilles d'eau destinées à différentes clientèles.**

3.1.1. À Ris, dans une fromagerie artisanale.
Le fromager : Bonjour Mesdames, bonjour Messieurs.
Les visiteurs : Bonjour, bonjour...
Le fromager : Vous êtes ici dans une toute petite fromagerie artisanale ; on a choisi volontairement la petite entreprise. Pour vous donner une idée de son importance, on fabrique en quantité en litrage, en une année, ce qui est fabriqué en une journée dans une entreprise normale, une grande entreprise fromagère. On s'est installé ici, il y a 23 ans.
Un visiteur : Dites-moi, Monsieur, vous faites seulement du fromage de chèvre ?
Le fromager : Non, on ne fait pratiquement que du fromage de vache, le fromage de chèvre, très peu...

3.1.2. Dans l'usine d'eau minérale, St-Yorre, dans le bureau de M. Holzer.
M. Llacer : Dites-moi M. Holzer, pourriez-vous me parler de votre entreprise ?
M. Holzer : Alors notre entreprise a été créée en 1896 et elle est rentrée dans le Groupe Neptune en 1993 et notre groupe est un groupe familial, c'est un... enfin on a une branche vin, la branche bière et boissons gazeuses qui est surtout la BGI. BGI qui se trouve en Afrique et la branche eau à laquelle nous appartenons. Notre société fabrique surtout des bouteilles d'eau minérale qui sont destinées à toutes sortes de clientèles. On vend des rayons aux hypermarchés, et on peut vendre également à des collectivités ou des hôtels-restaurants.
M. Llacer : Et quel est votre rôle au sein de l'entreprise ?
M. Holzer : Mon rôle, c'est tout d'abord de suivre la qualité de l'eau, la qualité du produit fini et également de suivre les captages. Et je suis responsable de la ressource en eau du groupe.
M. Llacer : D'accord.
(M. Holzer prend le téléphone.)
M. Holzer : Excusez-moi...

3.1.3. Bruxelles, au Parlement Européen. Le responsable de l'accueil :
Mesdames, Messieurs, bonjour à tous. Bienvenue au Parlement Européen. Avant tout je voudrais vous dire qu'il y a ici des consignes de sécurité qui sont assez strictes. Je vous demanderais de bien vouloir les respecter. Dès que ces formalités seront accomplies nous pourrons commencer la visite. Voilà, donc, nous allons par ici... Je vais

maintenant vous confier à Mme Dehanne qui sera, j'en suis sûr, un guide très compétent. Je vais demander à Mme Dehanne de commencer la visite... voilà.
Mme Dehanne : Merci beaucoup. Euh, je suis heureuse de vous accueillir au Parlement Européen. Donc, comme Monsieur l'a dit, je m'appelle Catherine Dehanne et je suis fonctionnaire au Parlement Européen depuis sept ans. Je serai votre guide si vous le voulez bien. Vous avez vu que les bâtiments ici sont très modernes. Ce bâtiment-ci a été mis à disposition en 93, donc il y a très peu de temps...

ÇA SE DIT 1

Vous recevez des visiteurs sur votre lieu de travail : entreprise, administration, organisme culturel...
Avant de commencer la visite quelques mots de bienvenue :
Bonjour. Je suis très heureux de vous accueillir.
Vous trouverez des informations dans ce dossier.
Nous sommes à votre disposition pour | répondre à vos questions
| vous donner toutes les informations que vous souhaitez.
Je vais d'abord vous dire quelque mots sur...

Quelle est l'origine de votre entreprise ?

Vous exportez beaucoup ?

... Parlons de l' entreprise

Elle a été créée en 1896.
Elle a été fondée par Léon Manck.
À l'origine, c'était une société familiale.

C'est une entreprise artisanale.
Nous sommes une P.M.E./P.M.I. (petite moyenne entreprise/ industrie).
Elle fait partie | du groupe Neptune depuis 1993.
| d'une multinationale.
Nous avons fusionné avec une entreprise belge.
Nous sommes une "joint-venture" (coentreprise).
Nous avons une filiale / nous sommes une filiale de...
Nous avons plusieurs succursales.

Est-ce que c'est une grande entreprise ?

Nous exportons la moitié de notre production.
Nous travaillons surtout pour l'exportation / pour le marché intérieur.

Notre chiffre d'affaires est de 15 millions d'euros.
Notre société est cotée en Bourse.

Quel est votre chiffre d'affaires ?

... Parlons d'une société de services, d'une agence, d'un cabinet...

Nous sommes prestataires de services.
Nous sommes spécialisés dans le secteur bancaire.
Nous proposons des services sur mesure.

Où êtes-vous installés / implantés ?

Notre unité de production est décentralisée.
Nous sommes implantés sur plusieurs sites / dans plusieurs pays.
Nous nous sommes installés à Lyon en 1994.

Quels types de services vous offrez ?

... Parlons d'une société de ventes

Nous distribuons du matériel médical.
Nous commercialisons des cédéroms.
Nous représentons la marque Michel.
Nous sommes concessionnaire agréé Volvo.

Notre société fabrique des bouteilles.
Notre métier c'est la fabrication et la commercialisation de fromages.
Nos secteurs d'activités sont la bureautique et la robotique.
Nous avons plusieurs branches : vin, bière...
Nous sous-traitons pour l'industrie automobile.

Quelles sont vos activités principales ?

Quelle est la mission de votre "organisme" ?

...Parlons d'une administration, d'un organisme public, d'un Institut

| Notre Service
| Département
| Bureau | a pour mission de développer les échanges...
| est chargé du développement des échanges
| assure la formation...
| s'occupe des ressources budgétaires communautaires.
Notre Institut mène des recherches, des études dans le domaine de...

Vous avez combien d'employés ?

Nous employons environ 300 personnes.

Vous travaillez pour quelle clientèle ?

Nous avons deux marchés, le marché industriel et le grand public.
Notre clientèle est diversifiée...

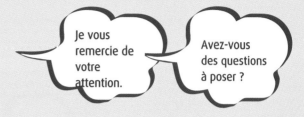

Quel est le statut juridique de l'organisme ?

Secteur privé

une société anonyme, S.A
une société à responsabilité limitée, S.A.R.L.
une entreprise unipersonnelle à responsabilité limitée, EURL
une société en commandite par actions, S.C.A.
une société en nom collectif, S.N.C.

une coopérative de production / de consommation

une entreprise individuelle
une entreprise artisanale

Secteur public

une société nationale
une société d'économie mixte

Secteur associatif

une association de droit privé
une association (sans but lucratif) loi 1901

En fin de visite encore des questions pour faire préciser:

Je vous remercie de votre attention.

Avez-vous des questions à poser ?

- J'aurais une première question ;
- Pourriez-vous nous donner des informations sur...
- Pouvez-vous préciser...
- Qu'est-ce que vous entendez par...
- Nous aimerions que vous reveniez sur...
- Vous n'avez pas parlé de...

Tableau: Statut juridique des sociétés				
	SNC	**SARL**	**EURL**	**SA**
capital minimum	0	50 000 F	50 000 F	250 000 F
nombre d'associés minimum	2	2 – 50 (max)	1	7
titres représentatifs du capital	parts sociales	parts sociales	parts sociales	actions
direction	gérant	gérant		PDG ou Directoire

C d V 3.2

Faites une fiche concernant l'entreprise, l'administration, l'organisme où vous travaillez, faites une courte présentation à 2 ou 3 partenaires et répondez aux questions de votre public. Changez les rôles.

C d V 3.3

Une vidéo d'entreprise

A Votre entreprise veut faire réaliser une vidéo de présentation. Vous êtes responsable de la communication. Vous recevez **B** pour mettre au point ce projet et vous êtes prêt à répondre à toutes ses questions.

B Vous travaillez dans une agence de publicité. Vous avez rendez-vous avec **A**. Vous avez préparé une liste de questions pour mieux connaître son entreprise...

C d V 3.4

Préparez un texte de présentation de votre organisation
- pour une page d'accueil sur Internet (sur "la toile")
- pour une brochure de présentation

C d V 3.5   **Vrai ? Faux ? Ça se discute ?**

Écoutez l'extrait d'interview et répondez aux questions.
"Association loi 1901 à but non lucratif"
1. Les gens d'Argenton – petite ville de 6000 habitants – ne sont pas intéressés par la vie associative.
2. Pour les Français, la loi de 1901 sur les associations est vieille et dépassée.
3. Les associations d'Argenton sont animées principalement par des professionnels.
4. La municipalité met des professionnels à la disposition des associations.
5. Les bénévoles ont besoin d'être aidés pour les questions de comptabilité, les démarches administratives.

C d V 3.1

Écoutez la présentation de cette entreprise et remplissez la fiche signalétique.

Fiche signalétique

Nom de l'entreprise : _____

Date de création : _____

Fondateur : _____

Directeur : _____

Statut juridique : _____

Siège social : _____

Implantation : _____

Secteurs d'activités : _____

Personnel, effectif : _____

Chiffre d'affaires : _____

Nous allons vous faire visiter les lieux.

Clés
- **Nous voici devant la base de dégazage.**
- **Si vous voulez bien regarder à gauche et à droite.**
- **Comme vous pouvez le voir sur ce schéma, tout d'abord l'eau minérale est pompée...**
- **Ensuite les fromages sont passés dans la pièce qui est ici.**
- **Là-bas, il y a la place du président et ici se trouvent tous les parlementaires.**

3.2.1. À Ris, dans la fromagerie.

Le fromager : ...donc tout de suite le sérum sort, commence à s'exsuder du caillé et il y a une séparation. Le grain devient de plus en plus dur, il faut faire attention parce qu'au départ, il est très fragile. Et peu après on lave avec de l'eau et... donc après on moule, ensuite les fromages sont passés dans la pièce qui est ici, c'est un séchoir.

Un visiteur : J'aurais souhaité vous poser une petite question.

Le fromager : Oui.

Le visiteur : Dites-moi, est-ce que c'est avec cette même pâte, là, que vous fabriquez les différents fromages ?

Le fromager : Non, chaque cuve correspond à une catégorie de fromage.

Le visiteur : Ah, très bien.

3.2.2. À Saint-Yorre.

M. Holzer : Ici nous sommes devant la source d'eau minérale. C'est de l'eau minérale brute qui contient son gaz carbonique et son fer, c'est le... on est au niveau de l'émergence... et ensuite nous allons enlever ce fer de l'eau minérale pour avoir de l'eau en bouteille.

M. Llacer : D'accord. Dites-moi, M.Holzer, la fabrication de vos produits se fait en combien d'étapes ?

M. Holzer : Alors, la fabrication de nos produits et l'élimination du fer se fait... Tout d'abord l'eau minérale est pompée à l'aide d'une pompe depuis le captage qui fait 90 mètres de profondeur. Cette eau minérale est amenée sur une base de dégazage où on sépare le gaz de l'eau, ce gaz va dans un gazomètre, il est comprimé et stocké.

M. Llacer : C'est le même gaz que vous réutilisez alors ?

M. Holzer : Ce gaz sera réutilisé ensuite au niveau du carbonateur.

M. Llacer : D'accord.

M. Holzer : Nous voici devant la base de dégazage où le gaz carbonique est séparé de l'eau minérale.

M. Llacer : Ah oui, intéressant ! Dites-moi, M.Hozer, vous avez combien d'employés ?

M. Holzer : Alors, nous sommes 300 personnes au total. Là-bas, dans les bureaux, il y a une trentaine de personnes, ensuite il y a une personne qui travaille ici à la salle de contrôle. Il y a de la maintenance, du personnel de laboratoire. Il y a une cinquantaine de personnes qui travaille au compound et à la fabrication des bouteilles et le reste est à l'embouteillage.

M. Llacer : Parfait.

3.2.3. Au Parlement Européen, à Bruxelles.

Mme Dehanne : Voilà vous pouvez vous asseoir. Faites bien attention à ne pas esquinter les écouteurs que vous pouvez mettre sur les accoudoirs. Bienvenue à l'hémicycle qui est le lieu le plus sacré du Parlement Européen. Vous voyez, il y a beaucoup de places, il est grand, là-bas il y a la place du président et ici se trouvent tous les parlementaires.

Une visiteuse : Oui, je voudrais poser la question : Combien de langues sont utilisées ?

Mme Dehanne : Oui, bien sûr, actuellement il y en a onze; il y a onze langues officielles qui sont utilisées au Parlement Européen. Et donc vous voyez qu'il y a actuellement une quinzaine de box de traducteurs mais il y a donc onze qui sont déjà fixés...

LE TOUR DE L'ENTREPRISE

Quelques précautions !

- Avant de commencer, je voudrais vous dire qu'il y a des consignes de sécurité / d'hygiène strictes.
- Je vous demanderais de bien vouloir couper votre portable.
- Nous allons vous donner un badge visiteur.

Par ici, si vous voulez bien me suivre...

Nous sommes ici | dans le bâtiment principal / administratif.
| dans la partie embouteillage / laboratoire.
Ici, nous avons les bureaux / les ateliers
... et là, les cabines de traduction
... là-bas, vous pouvez voir...

Maintenant je vais vous montrer...
Et ensuite, nous irons voir la salle d'exposition.

Voilà, la visite est terminée, j'espère que cela vous a plu.
Je vous propose | de regarder notre vidéo.
| de déguster nos produits.

Mais c'est nous qui vous remercions.

Si vous avez quelques questions... Je vous en prie.
Nous allons vous remettre un petit cadeau souvenir.
Je vous remercie de votre attention et au revoir.

C d V 3.6

Écoutez plusieurs fois cette visite, regardez le plan d'IMAGINEX et faites correspondre le numéro et le nom de l'endroit (voir page 32).

Deuxième étage :
1. Assistante
2. Responsable de la communication
3. Responsables commerciaux
4. Salles de réunion
5. Directeur général

Premier étage :
1. Studio de musique
2. Scénaristes et réalisateurs
3. Documentation et archives
4. Graphistes
5. Programmeurs

Rez-de-chaussée :
1. Patio
2. Salle de projection
3. Accueil
4. Recherche-développement

Quelques profils d'entreprises

SITRAM est une entreprise française spécialisée dans la fabrication d'ustensiles culinaires tant pour les ménages, que pour les collectivités. Implantée dans le monde entier, SITRAM réalise 50 % de son C.A. à l'exportation. SITRAM est devenu le fabricant n°1 en Europe d'articles culinaires en inox.

Pour en savoir plus, nous vous invitons à feuilleter notre album:

- Etudes et créations
- Recherche et Développement
- Performance Industrielle
- Production

SITRAM INOX
Date de création : 1963
Deux sites de production : France, Shanghaï
Une filiale : USA
Capital : 525 000 F
Effectif : 400 personnes
Volume de production sur le site français : 60 000 pièces par jour
Chiffre d'affaires : 310 MF
% du C.A. à l'export : 50 %

LE GROUPE INNOVATRON emploie 320 personnes en France, dans un secteur qui emploie environ 7 000 personnes à travers le monde.

Le groupe Innovatron met en place depuis neuf ans, différentes activités fondées sur de nouvelles applications de la carte à mémoire, créant ainsi un pôle industriel (Innovatron Industries).

Parmi les applications les plus marquantes, le parcmètre PIAF et le badge RATP.
Les activités d'Innovatron Industries s'affirment dans les domaines suivants : la gestion des espaces urbains, la gestion des flux financiers et des accès en univers clos, et la distribution, installation, et maintenance des terminaux de paiement.

LES ÉTABLISSEMENTS DESCHELOT-FILS ont été fondés en 1895. Au début, commerce de papeterie et de matériel de bureau, fournisseur exclusif de différentes administrations de la région lyonnaise, les "Établissements Deschelot-fils" se sont spécialisés à partir des années 70 dans la bureautique et la prestation de services informatiques.

Tout dernièrement, ils se sont associés à une entreprise nordique d'origine finlandaise pour produire et commercialiser des produits multimédias.

C'est une EURL (Entreprise unipersonnelle à responsabilité limitée) au capital de 50 000 €
Siège social : 17, rue Auguste-Comte, 69000 Lyon
"Point de vente – exposition" : 9, rue Marcel au centre de Lyon

Un organisme public

L'ANVAR

L'Agence nationale de valorisation de la recherche a été crée par la loi 67-7 du 3 janvier 1967. C'est un établissement public à caractère industriel et commercial doté d'une autonomie financière.

L'ANVAR est placée sous la double tutelle du ministère de l'Industrie et de l'aménagement du territoire et du ministère de la Recherche et de la Technologie.

L'ANVAR a pour mission de mettre en valeur les résultats de la recherche scientifique et technique et de promouvoir l'innovation et le progrès technologique.

Les services centraux sont situés à Paris et il y a 22 Délégations régionales.

Une association

l'IRCAM

Institut de Recherches et de Coordination Acoustique Musique est une association à but non lucratif, régie par la loi de 1901.
Consultez sur Internet le site de l'IRCAM, regardez son organigramme et visitez-le (virtuellement)

Secteurs économiques
- primaire : exploitation de ressources naturelles – agriculture forêt, pêche, mines...
- secondaire : activités de transformation – production industrielle, agroalimentaire...
- tertiaire : activités de service – commerce, distribution, transports, banques, administration...

Organigrammes

direction générale
• **direction de la production**
ateliers – méthodes – planification
• **direction commerciale**
service des ventes
secrétariat commercial
• **direction administrative et financière**
service du personnel
service de la comptabilité

ORGANIGRAMME DU SIÈGE DE FRANCE TÉLÉCOM

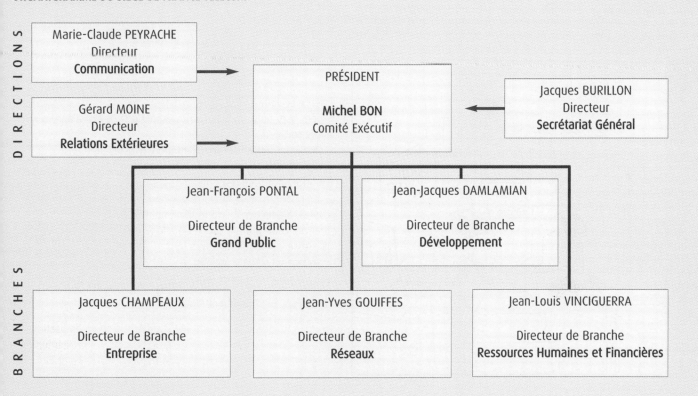

43

 CdV 3.7 **Qui fait quoi ?**

Écoutez la présentation de l'organigramme par M. Lesombre et complétez l'organigramme ci-dessous :

Yvette AUBERT
Marie-Hélène CHAUDERLOT
Sarah DABADI
Hélène EMBRUN
Charles-Henri GHISLAIN
Martin HECK
Bernard LESOMBRE
Pierre-Paul MARTIN-LESUEUR
Patrick NEUVILLE
Nathalie PLON
Marcel QUÉAU

1._____
2._____

Assistante de Direction
Paulette BEDOS

3._____
Marie Hélène CHAUDERLOT

7._____
Bernard LESOMBRE

Direction administrative et financière
11._____

Ateliers
4._____

5._____
Charles Henri GHISLAIN

6._____
Martin HECK

8._____
9._____

Assistante commerciale
10._____

Service du personnel
12._____

13._____
14._____

 CdV 3.8

Présentez l'organigramme de l'entreprise / l'administration / l'organisme où vous travaillez.

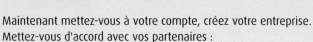 **CdV 3.9**

Maintenant mettez-vous à votre compte, créez votre entreprise. Mettez-vous d'accord avec vos partenaires :
- définissez le produit, bien ou service (original et innovateur bien sûr !)
- en quoi il se différencie des autres produits / services du même secteur
- définissez votre marché, votre clientèle (tranche d'âge, sexe, profil social...)
- choisissez votre lieu d'implantation, d'installation
- choisissez la forme juridique de votre entreprise
- trouvez des financements
- définissez le profil de votre personnel (effectif, combien de cadres, d'employés..., formation, qualification,etc...)
- lancez votre produit sur le marché (campagne de publicité dans la presse, spots télé, Internet...)
- trouvez un slogan, un logo

Faites la fiche signalétique de votre entreprise et, s'il vous reste du temps, son organigramme.

44

Avez-vous des questions... ?
Expliquez-nous...
La visite est terminée.

Clés

- J'aimerais savoir si...
- Pourriez-vous me dire pourquoi...
- Si vous me permettez, je vous propose...
- Ici se termine notre visite. J'espère que ça vous a plu.
- Merci de votre présence.

3.3.1. Dans la fromagerie

Le fromager : Donc là vous êtes dans la cave d'affinage. Ensuite les fromages viennent ici. Alors on a une même cave pour différents fromages, tous les types de fromages qu'on fabrique bien sûr...

Une visiteuse : J'aimerais savoir si on peut manger la croûte de ça... ?

Le fromager : Pour ma part je ne la mange pas... *(rires)*

Une autre visiteuse : Eh, j'ai aussi une question à poser : comment est conservé le fromage à la maison ?

Le fromager : C'est relativement facile finalement. Pour la consommation immédiate pour un, deux, trois jours maximum, on peut les préparer, les mettre entre deux assiettes, faire une sorte de mini-cave. On peut appeler ça une mini-cave parce que ça sèche pas...

Une autre visiteur : Pourriez vous me dire pourquoi il y a tellement de moisissures ?

Le fromager : Alors la moisissure, elle est normale et elle est naturelle.

3.3.2. À l'usine d'eau minérale

M. Holzer : Nous voici maintenant à l'embouteillage... où on va donc remplir les bouteilles avec l'eau minérale de Saint-Yorre.

Son visiteur : D'accord... Et en quelle matière sont faites les bouteilles ?

M. Holzer : On a deux types de matière: soit du PET, polyéthylène, soit du PVC, polyvinyle-chlorure.

3.3.3. Dans la fromagerie

Une visiteuse : Ces fromages sont vraiment délicieux.

Le fromager : Merci... Voilà nous vous remercions de votre visite.

Un visiteur : Mais c'est nous qui vous remercions pour ce chaleureux accueil.

3.3.4. À l'usine d'eau minérale

Le visiteur : *Il goûte l'eau.* Oh excellente !

M. Holzer : Si vous me le permettez, je vous propose de regarder la vidéo.

Le visiteur : Ah, volontiers, merci.

3.3.5. Au Parlement Européen, à Bruxelles

Mme Dehanne : Voilà, vous voyez nous sommes à nouveau à la case départ. Voilà Mesdames, Messieurs, ici se termine notre visite. J'espère que ça vous a plu, et que ça vous a intéressé, il ne me reste plus qu'à vous souhaiter une bonne soirée et merci de votre présence.

ÇA SE DIT 3

À qui s'adresser ?

- Je voudrais me renseigner sur le poste d'assistant de marketing. Vous pouvez me passer le service concerné ?

- Merci, Madame.

- Ne quittez pas. Je vous passe M. Embauche, au service du recrutement / la personne concernée au service du recrutement.

- Je vous en prie.

 C d V 3.10

A : Vous êtes au standard. Une personne (**B**) vous appelle pour un problème. Mettez-la en contact avec le service concerné.

1. Allô ? Je me demande comment il faudrait formuler ce contrat ?
2. ...Bonjour. Je représente le magazine Découvertes. Je voudrais faire un article sur votre maison. Qui dois-je contacter ?
3. Allô ? Je voudrais commander votre machine à tout faire, "Miracle".
4. Allô ? Je n'ai toujours pas reçu la confirmation de votre offre du 20 août.
5. ...Je me demande s'il existe la possibilité d'obtenir un soutien financier de l'Union Européenne pour notre projet ?
6. Allô ? Il faut absolument que je puisse prendre mes vacances en juin, pour pouvoir participer à ce cours.
7. Allô ? - Vous avez débité mon compte deux fois pour la facture numéro 123 !
8. ...Mon ordinateur est en panne !
9. Je voudrais avoir un rendez-vous avec Monsieur Lalande, le directeur adjoint.
10. Allô ? Je cherche une copie de l'article paru dans l'Expansion, il y a quelques semaines.
11. ...Je me demande quelles sont mes possibilités d'obtenir un congé de formation ?
12. Je voudrais savoir où vous en êtes dans la conception de produits "verts".
13. C'est au sujet de votre annonce, où vous cherchiez un secrétaire bilingue.

Madame Négoce	Service des ventes
Madame Publi	Relations publiques
Monsieur Forma	Responsable de la formation
Madame Personne	Service du personnel
Monsieur Général	Direction générale
Madame Légale	Service juridique
Monsieur Embauche	Recrutement
Madame Indispensable	Secrétaire de direction
Monsieur Techno	Service technique
Madame Euro	Affaires européennes
Monsieur Ordi	Service informatique
Madame Document	Documentation
Monsieur Comptable	Service de la comptabilité

b) Faites une liste des questions qui vous préoccupent ; vous ne savez pas qui s'en occupe – appelez le standard.

C d V 3.11

A Vous téléphonez à **C**.
Mais, il n'est pas là ou bien ne peut pas vous répondre en ce moment.

B Vous êtes la/le secrétaire / l'assistant(e) de **C**.
Vous expliquez pourquoi **C** est absent et vous faites de votre mieux pour aider **A**.

Des gestes qui parlent...

...et j'ajouterai que nous sommes prêts à vous aider.

LA PERSONNE DEMANDÉE N'EST PAS LÀ

Vous

- Je voudrais parler à Monsieur Roux, s'il vous plaît.

- Et quand est-ce qu'il sera là ?

- Pouvez-vous | lui dire que j'ai appelé ? *
              | laisser un message ?
              | demander de rappeler M. Martin, au numéro...

Standard ou secrétariat

- Je regrette, mais ça ne répond pas /
son poste ne répond pas. (mais il est dans la maison).

- Je regrette, il n'est pas là.

- Il est | absent aujourd'hui.
         | en réunion.
         | en voyage (professionnel)
         | en mission (à Nice).
         | avec un client.
         | en rendez-vous à l'extérieur
         | en déplacement
         | en congé / en vacances
         | en congé de maladie
         | en congé de paternité / maternité
         | parti déjeuner
         | ......
         | il n'est pas encore arrivé

- Il sera là | dans une demi-heure
             | vers 4 heures
             | demain (matin)
             | vendredi

- C'est entendu / c'est noté.
- Je préviendrai Monsieur Roux.

C d V 3.12

Vous téléphonez à...
- pas là, pourquoi ?
- là quand ?
- qui rappelle ?
- coordonnées ?

1
M. le Directeur Général – réunion – vers 12 h
- demandez qu'il vous rappelle – Mme Huron, 02 69 87 96

2
l'inspecteur général Mathieu – mission – demain matin – laissez message – secrétaire du Premier ministre, 01 78 54 03

3
le directeur de marketing – client – dans 2 h – dites que vous rappelez – M. Chanterelle

4
le responsable de formation – déplacement – après-midi -
- demandez qu'il vous rappelle – Mme Duroc.

NB
* la secrétaire peut aussi poser la question :
- Vous voulez lui laisser un message ?
- Vous souhaitez qu'il vous rappelle ?
- Vous êtes Monsieur... ?
- Vous pouvez me laisser vos coordonnées ?

NB
Il est dans la maison, mais je n'arrive pas à le joindre = il est dans le bâtiment, donc au travail.
Il est à la maison. = Il est chez lui.

NB
Petit conseil : si votre chef est en retard, chez le coiffeur, etc. dites plutôt :
"Il arrive dans une demi-heure."
"Il est en rendez-vous à l'extérieur."

S'ÉPANOUIR AU TRAVAIL

Dans "la Cité internationale de Lyon", Vanessa fait visiter à Kévin les nouveaux locaux où les "Établissements Deschelot" vont déménager

Vanessa : Et nous voilà au nouveau siège de notre entreprise. Nous avons loué dans ce quartier de "la Cité" parce que c'est très très bien situé, pas très loin du centre ville ; c'est un peu cher, c'est le quartier d'affaires, mais il y a aussi des espaces de loisirs et de culture.

Kévin : Tout est prêt ?

Vanessa : Non, les locaux sont vides, mais ça va vous donner une idée. Nous devons discuter de l'aménagement des espaces à la réunion de lundi prochain. Mais monsieur Deschelot a déjà pensé à une répartition.

Kévin : On peut visiter.

Vanessa : Bien sûr. Si vous voulez on va aller voir votre bureau. Alors, ici, c'est le bureau du patron…

Kévin : Ah, pas mal !

Vanessa : Là, juste à côté, c'est le mien, avec, à droite un bureau plus petit pour Anne Vatanen qui ne vient à Lyon que de temps en temps.

Kévin : Et le mien alors…

Vanessa : Le vôtre est juste en face, le voilà.

Kévin : Il n'est pas très grand…

Vanessa : Aussi grand que celui d'Anne, et de toute façon, il sera équipé "d'un mobilier *(Vanessa récite comme une publicité)* modulaire, adaptable, évolutif, mais esthétique et élégant"; M. Deschelot, sur les conseils d'Anne, est prêt à investir dans l'aménagement du bureau. C'est très bon pour l'image de marque.

Kévin : Peut-être…

Vanessa : Vous n'avez pas l'air convaincu. Je vais vous montrer tous les catalogues "Le bureau idéal", "Espace de travail", "Design affectif" etc…

Kévin : Peut-être… Peut-être…

Vanessa : … Ce qui compte le plus c'est l'ambiance, la convivialité. Tenez je vais vous passer un article qui s'appelle "S'épanouir au travail". Et puis, regardez, vous avez une grande baie vitrée, beaucoup de lumière et une vue magnifique sur le quartier de la Cité internationale.

Kévin : Je trouve que la vue est plus belle du bureau d'Anne. Et je pense que, pour moi, la lumière n'arrive pas du bon côté; je suis gaucher et… Est-ce que vous croyez qu'il est possible de changer; je donne mon bureau à Anne et je prends le sien ?

Vanessa : Je ne sais pas. Il faudrait lui demander. C'est M. Deschelot qui avait pensé à cette répartition.

Kévin : Tiens justement voilà Anne. Je lui pose la question.

Anne : Bonjour Vanessa, bonjour Kévin. Alors qu'est-ce que vous dites des nouveaux locaux ?

Kévin : Ils sont très bien, très bien situés, très fonctionnels mais je voudrais te demander : est-ce que nous pourrions échanger nos bureaux, je prendrais le tien et toi…

Anne : Pourquoi pas, je n'y vois aucun inconvénient. Je ne serai ici que quelques jours par mois… Si M. Deschelot est d'accord, il n'y a pas de problème.

Kévin : Merci Anne, merci.

Anne : De rien, à tout à l'heure…

Vanessa : Vous vous tutoyez ?

Kévin : Eh bien oui. Depuis ce matin.

Vanessa : Et vous vous connaissez depuis longtemps ?

Kévin : Ben, depuis ce matin… Tu sais, oh pardon, vous savez, en France, on est quelquefois un peu trop formel de ce côté-là. Dans d'autres pays, on est plus direct.

Vanessa : Si on se tutoyait.

Kévin : Mais oui, très bonne idée.

Vanessa : Alors tu es content de ton "nouveau" bureau ? Mais je ne vois pas où est l'avantage ?

Kévin : Ah non ? Eh bien maintenant mon bureau est à côté du vôtre, du tien, pardon.

CdV 3.13   **Vrai ou faux, justifiez votre choix.**

1. Le nouveau siège des "Établissements Deschelot" est situé en banlieue lyonnaise.
2. Ces nouveaux locaux ont été achetés.
3. Les nouveaux locaux sont déjà équipés.
4. L'aménagement des locaux est à l'ordre du jour de la prochaine réunion.
5. On n'a pas encore attribué les bureaux.
6. Anne Vatanen a besoin d'un grand espace de travail.
7. Kévin n'est pas satisfait de la taille de son bureau.
8. Son bureau manque de lumière.
9. Kévin préfère le bureau d'Anne parce qu'il est plus grand.
10. Anne ne veut pas changer de bureau.
11. C'est M. Deschelot qui prendra la décision finale.
12. Vanessa est choquée que Kévin et Anne se tutoient.
13. Kévin propose à Vanessa de commencer à se tutoyer.
14. Vanessa ne tient pas à se laisser tutoyer par un collègue.

FAMILIÈREMENT VÔTRE

- J'en ai marre de cette paperasse ! Je vais devenir folle avec ce foutoir !
- Calme-toi. J'peux t'aider si tu veux. Donne-moi c'papelard !
- Non, j'veux pas ! J'préfère crever qu'd'être aidé.
- Sois raisonnable ! Tu vas t'retrouver à l'hosto si tu continues comme ça.
- On voit qu'c'est pas toi qui payes les traites de la maison.
- Le fric ! Toujours le fric, rien que le fric.

    en avoir marre : en avoir assez
    paperasse *f* : papiers écrits, inutiles ou encombrants
    foutoir *m* : désordre
    papelard *m* : papier écrit, document administratif
    crever : mourir
    l'hosto : l'hôpital
    fric *m* : argent

S'EPANOUIR AU TRAVAIL – C'EST POSSIBLE !

Voici quelques conseils du Dr Christophe André, psychiatre et consultant en entreprise.
(Selon Top Santé, septembre 1998)

1. Aménagez votre bureau sur mesure

Pour gagner en confort et en efficacité, transformez votre espace de travail en "petit coin de paradis".

Organisez-le

Pour bien travailler, il faut être bien installé. Il vous faut un mobilier digne de ce nom et du matériel en état de marche. Réclamez les fournitures qui vous manquent : un rideau, une ligne de téléphone personnelle... Réglez correctement la hauteur de votre siège pour éviter le mal de dos.

Rendez-le agréable

Personnalisez votre petit coin. Placez près de vous une photo de vos vacances, de vos enfants, leurs dessins, une plante verte, une aquarelle... Stockez dans un tiroir les affaires indispensables : aspirine, rechange, magazine, tablette de chocolat...

2. Adoptez une organisation efficace

Ne vous laissez pas déborder, et réussissez à préparer vos dossiers à la date prévue – cela s'apprend !

Faites des pauses régulières

Bavardez un peu avec ceux que vous rencontrez devant la machine à café, faites quelques courses à midi, faites quelques pas dans le couloir, rangez calmement vos affaires.

Évacuez votre stress

Quelques moyens simples de libérer la tension :
Faites quelques pas en respirant très profondément, regardez le ciel par la fenêtre, videz votre esprit, pensez à des choses agréables, allez boire un peu d'eau... Bref, calmez-vous avant de reprendre le travail.

Apprenez à gérer votre temps

A côté des priorités, fixez-vous des objectifs à court et à moyen terme. Vous pouvez noter le soir le programme du lendemain. Estimez la durée de réalisation de chaque activité afin que la journée de travail soit bien remplie, mais pas trop... Regroupez vos appels téléphoniques dans la même tranche horaire ; passez au courrier après le déjeuner, exercez-vous à la lecture rapide, consignez vos notes sur le même cahier.

Ne vous laissez pas distraire

Apprenez-vous à "oublier" les autres si vous devez vous concentrer. À un collègue qui vous demande de mettre en page une lettre un texte, répondez : "Attends dix minutes, je dois finir de taper cette lettre." Vous devez empêcher que l'on vous dérange sans cesse.

Investissez-vous

Il faut trouver un intérêt à son emploi. Pourquoi ne pas proposer de participer aux projets de votre société ? Et que diriez-vous d'un stage de formation ? Il peut y avoir des possibilités d'évolution pour ceux qui sont motivés.

3. Cultivez de bonnes relations entre collègues

Créez des liens

Discutez trois minutes avec la standardiste devant laquelle vous passez chaque matin, engagez la conversation avec un stagiaire, parlez à la nouvelle secrétaire comme à l'homme de ménage... Il ne s'agit pas de passer la journée à bavarder, mais de savoir qui fait quoi et de tisser des liens, afin d'aller à la rencontre des autres.

Suscitez des rencontres

Si dans votre société les gens communiquent assez peu, vous pouvez décider d'être "moteur". Il n'y a pas de machine à café ? Profitez-en pour apporter votre vieille cafetière et des gobelets en plastique. Vous verrez comment certains passeront devant votre bureau ... et s'y arrêteront ! Ensuite, à vous de fixer quelques règles : horaires, roulements pour reconstituer le stock de café et de sucre.

Préservez votre jardin secret

Pas de "surinvestissement affectif" : vous êtes au bureau, pas en famille, et vos collègues ne doivent pas devenir vos "intimes". Restez discret sur votre vie personnelle. Nul n'a besoin de connaître le montant de votre découvert à la banque ou le nombre de vos petit(e)s ami(e)s ! Ne soyez pas trop envahissant, et à l'inverse, sachez imposer des limites à vos collègues en manque d'amitié.

CdV 3.14

1. Que pensez-vous de ces conseils ?
Les suivez-vous sur votre lieu de travail ?
Discutez-en point par point avec votre partenaire.

2. Pourriez-vous les appliquer sur votre lieu de travail ?

3. Ce texte est tiré d'un magazine de santé lu surtout par des femmes. Y a-t-il des recommandations qui vous semblent être destinées particulièrement aux femmes ?

4. Y a-t-il dans cet article des recommandations qui vous semblent refléter la réalité ou les valeurs françaises ?

5. Mettez-vous en groupes de deux ou trois, et pensez à d'autres conseils à donner pour "s'épanouir" au travail (aménagement du bureau, organisation du travail, bonnes relations entre les collègues, choses à faire, choses à ne pas faire...) enfin, tout ce qui peut rendre le travail plus agréable, donc plus efficace. Notez-les. Ensuite, en réunion générale, faites une liste de recommandations sur la base des propositions de tous les groupes.

CdV 3.15

Vous avez décidé de vous mettre à votre compte. Pour ne pas faire de frais inutiles, vous décidez d'installer votre bureau chez vous. Classez par ordre d'importance les éléments suivants et justifiez votre choix.

1. la couleur des murs **2.** le quartier dans lequel vous habitez
3. l'espace de travail **4.** le style du mobilier **5.** la décoration
6. l'équipement informatique et téléphonique **7.** l'éclairage
8. la sécurité.

CdV 3.16

1. Quels sont les facteurs de stress auxquels vous aurez à faire face ?
2. Comment s'en protéger ?
3. Problèmes de sécurité : à quoi devez-vous penser ?

LES CONDITIONS DU BUREAU IDÉAL CHEZ SOI

Travailler chez soi est la solution la moins chère lorsqu'on démarre. Encore faut-il organiser son espace de travail dans les moindres détails. Voici quelques conseils !

1. Évoluez dans un espace de travail d'au moins 10 m². Il comprendra un bureau spacieux, un fauteuil à roulettes réglable et confortable, un ordinateur équipé en multimédia, un télécopieur, un téléphone, une imprimante, une photocopieuse, voire même un scanner, et des meubles de classement.

2. Évitez d'installer des appareils qui peuvent se révéler dangereux (plaque chauffante, machine à café, radiateur électrique).

3. Si vous travaillez dans votre propre appartement, séparez-vous de votre environnement privé en installant des paravents, une bibliothèque ou des plantes vertes.

4. Placez la photocopieuse ou tout matériel bruyant ou qui dégage de la chaleur, à l'autre bout de la pièce. Baissez la sonnerie de votre téléphone.

5. Bannissez tout matériel susceptible de vous rappeler votre salon et de divertir votre attention : hi-fi, téléviseur, radio...

6. Privilégiez les armoires à dossiers suspendus, plus faciles d'accès.

7. Si vous avez une lampe halogène, éloignez-là de tout document papier et équipez-la d'une grille de protection.

8. Utilisez votre salon, toujours parfaitement en ordre et équipé d'une table basse, pour recevoir vos clients.

9. Pour travailler détendu, votre espace de vie doit être suffisant. Pour cela prenez en compte la largeur des passages et l'encombrement des tiroirs.

10. Prévoyez impérativement une source de lumière naturelle. Faites en sorte que votre poste de travail soit parallèle aux fenêtres de façon que la lumière provienne du côté gauche pour les droitiers et inversement pour les gauchers.

11. Pour les murs, préférez des couleurs mates et pastels aux couleurs vives.

12. Si vous ne supportez pas le silence, écoutez des morceaux musicaux plutôt que des chansons.

13. Aménagez votre bureau de telle sorte que les choses essentielles soient à portée de votre main et que le matériel informatique soit en son centre. Rendez-le le plus convivial possible.

LES FRANÇAIS, TEMPÉRAMENT ET CARACTÈRE

Y-a-t'il une mentalité française ?

Les Français sont à l'image de leurs vins et fromages : complexes. C'est en les côtoyant et en parcourant les diverses régions de France que l'on en prend conscience.

La mentalité française s'est constituée lentement au cours des siècles et bien qu'elle ait évolué depuis la seconde guerre mondiale, un certain nombre de traits et de comportements caractérisent toujours le Français d'aujourd'hui. Mais cette image est souvent simplifiée et réduite à un stéréotype.
La mentalité française peut se retrouver dans les différents peuples qui ont envahi son territoire. Les Français devraient aux Celtes leur individualisme, aux Romains leur amour du droit et de l'ordre formel, aux Germains leur génie constructif, et aux Normands leur esprit d'initiative.

TEMPÉRAMENT

- **Sédentaire**, Il est attaché à sa terre natale, s'expatrie peu (1 400 000 Français vivent à l'étranger), son horizon se limite à celui de sa paroisse : c'est "l'esprit de clocher".
- **Réaliste**, il a les deux pieds sur terre.
- **Traditionnaliste et conservateur**, il aime les fêtes, les coutumes et les techniques traditionnelles. Il se précipite rarement sur les nouveautés technologiques.
- **Idéaliste**, c'est un rêveur éternel qui s'exalte facilement.
- **Généreux**, il s'engage pour les causes qu'il croit justes.
- **Individualiste**, il préfère agir seul.
- **Indiscipliné**, il pense que ce qui est interdit est une atteinte à sa liberté.
- **Révolutionnaire**, il est prêt à se battre pour lutter contre l'injustice ou l'oppression.

CARACTÈRE

- **Jovial** et **bon vivant**, il aime les fêtes, le bon vin et la bonne chère / les bons repas.
- **Sociable** et **extraverti**, il est l'ami de tout le monde et exprime aisément ses sentiments.
- **Insouciant** et **capricieux**, il affectionne la légèreté de la vie, le libertinage.
- **Curieux**, il vit les yeux grands ouverts sur les belles choses de ce monde.
- **Rouspéteur** et **critique**, il donne l'impression de ne jamais être content.
- **Moqueur**, il rit facilement des autres et de lui-même.

Mais aussi : Le Français apprécie l'intelligence et la logique (l'esprit cartésien), est fier d'**une certaine grandeur de la France**. Il n'aime pas prendre des risques inconsidérés et accepte difficilement les erreurs des autres.

Il n'apprécie guère l'administration, les politiciens, la police. Mais avant tout, ce qu'il recherche le plus, c'est l'**art de bien vivre**.

C d V 3.17

1. Partagez-vous les qualificatifs qui sont employés pour décrire les Français ?
2. Trouvez-en d'autres.
3. Pourquoi les étrangers trouvent-ils souvent les Français arrogants ?
4. Que signifie "l'art de bien vivre" ?
5. Comparez le tempérament et le caractère de vos compatriotes avec celui des Français.

ILS ONT DIT : "La France est formidable !"

Eric Bonse "Handelsblatt" (Allemagne)

Il y a quelque chose chez vous qui est tout à fait remarquable. C'est le volontarisme. On lui doit de pures merveilles : Le TGV, l'Airbus, la fusée Ariane, la coupe du monde de football, le Grand Louvre. [...]

On ne voit plus très bien comment la France veut se positionner dans l'Euroland. Pourtant, on a besoin de beaucoup de volontarisme français pour éviter que la politique, voire la démocratie, ne disparaissent derrière les marchés et leur porte-parole à Francfort.

Vincent Philippe "24 Heures" et "la Tribune de Genève" (Suisse)

Il y a quelque chose que les Français ne saisissent pas très bien. [...] Chez vous, pardonnez-moi, c'est un peu chez nous. Les Suisses excellent dans les petites choses. Les Français sont capables d'en faire de généreuses.

John Henley "The Guardian" (Grande-Bretagne)

...Donc, formidable signifie pour moi ces choses que l'on aime dans la vie et qui resteront à tout jamais inconnues des Anglais, tels les déjeuners à 69 F, les serveurs en tablier blanc avec un plateau d'huîtres, les petites femmes de Paris, les cafés-croissants, une bouteille de Brouilly frais, etc. Addition de clichés ? Sans doute. Mais comment y résister...

Formidable est aussi le côté va-t-en guerre des Français, la haute estime qu'ils se portent, leur propension à constamment râler.

Mikhael Kalmykov "Agence Itar-Tass" (Russie)

Autant l'avouer : ce qu'il y a d'irremplaçable en France, ce sont les Français. Ils ont su conserver cette naïveté touchante qu'on n'attend plus chez d'autres grandes nations. Il n'y a qu'eux pour oser poser cette question pointue : "Qu'est-ce que vous trouvez de formidable chez nous ?".

Peter Shard "Daily Mail" (Grande-Bretagne)

Comment choisir la chose la plus formidable, la plus admirable en France ? Mission impossible. Trancher entre le champagne, le foie gras, les grands crus de Bourgogne, la haute couture, l'élégance et la beauté des femmes ? J'y renonce. Cependant, autant l'avouer, j'ai un petit faible pour le TGV. C'est une véritable révolution technologique, le fruit d'une vision...

Lutz Krusche "Der Spiegel" (Allemagne)

J'ai beaucoup voyagé à travers le monde. Mais, pour moi, il n'y a aucun pays sur la planète qui – entre la bouffe et la culture, les Parisiens râleurs et les Provinciaux conviviaux, la majesté des paysages et l'incompréhension géniale de ses innombrables philosophes – soit si agréable à vivre et si fascinant que la France.

Giovanni Firmian "Il Messagero" et "Il Manifesto" (Italie)

[...] Mais ce que je trouve formidable en France, c'est la certitude absolue de l'immense majorité des Français d'être les meilleurs du monde dans presque tous les domaines. Et, par conséquent, d'être citoyens d'une grande puissance qui peut tout se permettre.

Christina L'Homme "Caras" et "Qué Pasa" (Chili)

Ce qui est formidable en France, unique, c'est... Paris. En raison de son cosmopolitisme. Ici, on a l'impression de voyager en passant d'un quartier à l'autre. C'est une richesse incroyable que ne soupçonne pas toujours les Parisiens. À Paris, le monde s'ouvre sur l'Asie, l'Afrique, l'Europe de l'Ouest comme de l'Est, sur toutes les régions de France, recréant autant de petits pays en un. Et que dire des couleurs, des senteurs, des langues, des manières d'appréhender les autres ?

Vibeke Knoop-Rachline "Dagbladet" (Norvège)

Les Français chérissent plus ce terme que les autres, égalité et fraternité [...]. Il faudrait également dire deux mots sur cette France technique, artistique et gourmande. Elle est formidable. Pour ne citer qu'eux, le TGV et le Concorde sont deux véritables joyaux, au même titre qu'une création d'Yves Saint Laurent ou un champagne Ruinart rosé. Cela frise la perfection. Tout comme une bouillabaisse aux sept variétés de poissons. Sans oublier le petit noir ou le ballon de rouge au café du coin. Tout est fait avec amour et art. Formidables...

Source : Marianne, 20 au 26 juillet 1998.

Interviewez vos partenaires sur ce qu'ils pensent de la France et des Français. Changez de rôle.

CARTE DU JOUR 1

Comme formation ?
Comme expérience professionnelle ?

Clés

- J'ai fait des études supérieures en commerce international.
- Je suis rentrée chez DIDACTEC en 1993 comme attachée commerciale export.
- Ensuite, en 1996, je suis devenue responsable du service export.
- Je suis francophone et je maîtrise parfaitement l'italien.
- Je suis remplaçante de l'adjoint au directeur.

4.1.1. Au Commissariat général aux relations internationales de la Communauté française de Belgique.

La réc. : Oui, Monsieur Soil, Madame Dumas est arivée. Je peux la faire entrer ?

M. Soil : J'aimerais que vous m'apportiez d'abord son CV, sa lettre de motivation manuscrite et les résultats des tests.

La réc. : Mais son dossier est déjà sur votre bureau.

M. Soil : Ah oui, effectivement, effectivement, je les ai. Je vais jeter un coup d'œil et vous pouvez alors faire entrer la candidate. Merci.

4.1.2. À la Communauté française de Belgique.

M. Soil : Entrez ! Bonjour.

Mme Dumas : Bonjour, Monsieur Soil.

M. Soil : Je vous en prie, asseyez-vous.

Mme Dumas : Merci.

M. Soil : Vous avez fait bonne route ? Vous avez trouvé facilement ?

Mme Dumas : Oui, un peu de trafic dans la ville, mais sans problème !

M. Soil : Alors, je vais donc vous poser quelques questions complémentaires par rapport à votre CV que nous avons reçu et notamment à propos de vos diplômes. Qu'est-ce que vous avez fait comme études au juste ?

Mme Dumas : Je suis licenciée en philologie romane de l'Université Libre de Bruxelles et je poursuis, j'entame une licence complémentaire en gestion culturelle dans cette même université.

M. Soil : Et ça correspond à quoi comme niveau ?

Mme Dumas : C'est une licence complémentaire.

M. Soil : Quelle est votre expérience professionnelle ?

Mme Dumas : J'occupe depuis deux ans un poste au Centre Culturel de Charleroi où je suis remplaçante de l'adjoint au directeur.

M. Soil : Donc on peut dire que vous avez déjà exercé une fonction de responsable culturel.

Mme Dumas : Oui, tout à fait, je m'occupe également des relations avec le public et la presse.

M. Soil : Et quel est votre niveau de langue ?

Mme Dumas : Je suis francophone et je maîtrise parfaitement l'italien. J'ai d'ailleurs effectué plusieurs séjours à titre privé et professionnel en Italie, notamment dans le cadre d'un programme Erasmus, un programme européen.

4.1.3. À l'APEC (Association pour l'emploi des cadres) de Clermont-Ferrand.

M. Thel : Anne Laudrot, merci d'avoir répondu à notre invitation pour le poste qui est paru dans "Courrier cadre" de conseiller en relations internationales.

Anne : Merci à vous.

M. Thel : Donc, comment va se passer l'entretien : eh bien, on va d'abord parler de vous, donc je vais vous demander de vous présenter, ensuite je vous présenterai le poste. Et ensuite, il y aura une partie où vous pourrez me poser des questions et où je vous poserai encore d'autres questions, un échange informel. Est-ce que cela vous convient ?

Anne : Oui, parfaitement.

M. Thel : Très bien. Donc, qu'avez-vous fait comme formation ?

Anne : J'ai fait des études supérieures en commerce international, c'est-à-dire que j'ai commencé par un BTS, j'ai ensuite travaillé quelques années et j'ai effectué une année de spécialisation bac+5 en commerce international à l'École Supérieure de Commerce de Clermont-Ferrand.

M. Thel : Qu'avez-vous comme expérience professionnelle ?

Anne : Je suis rentrée chez DIDACTEC en 1993, comme attachée commerciale export. Ensuite, en 1996, je suis devenue responsable du service export de cette même entreprise.

M. Thel : Très bien. Si vous aviez à refaire des études, est-ce que vous feriez le même parcours ?

Anne : Oui, sensiblement le même. Oui, oui tout à fait. C'est vraiment le commerce international qui m'intéresse.

M. Thel : Donc, vous ne vous êtes pas trompée sur le choix et l'orientation en terme de formation.

Anne : Ah non, je suis sûre que non. C'est vraiment ce qui me plaît !

M. Thel : Très bien.

I EXPÉRIENCE PROFESSIONNELLE

Lors d'un entretien vous devez parler de votre formation et de votre expérience professionnelle.

Formation
Vous êtes interrogé par :
- le chef du personnel / la responsable des ressources humaines / le responsable du recrutement
- le recruteur d'un cabinet de conseil en recrutement

- J'ai fait des études supérieures de commerce international.
- J'ai fait l'École supérieure de gestionnaire en entreprise de Lyon.
- J'ai étudié l'anglais à l'université de Toulouse.
- Après un Bac C, je suis entré(e) à l'École des sciences appliquées de Nice.

- Je sors de l'Institut agronomique de Rennes.

- J'ai un diplôme de mécanicien.
- J'ai passé un DEUG d'histoire à la Sorbonne / Bac pro en gestion informatique au Lycée professionnel Ader de Lille.
- Je suis diplômé(e) en commerce international.

- J'ai suivi une formation pratique de / comme boulanger-pâtissier.
- J'ai fait un stage de 6 mois dans une entreprise de nettoyage.
- J'ai été stagiaire chez Elvir.

- Je maîtrise parfaitement l'italien.
- Je suis d'origine espagnole et je parle très bien cette langue.
- Je me débrouille aussi en suédois, en norvégien et en finnois
- Je suis bilingue, ma langue maternelle est le tchèque, mais je parle aussi couramment le russe.

Quelle est votre formation ?

Vous sortez de quelle école ?

Vous avez quel(s) diplôme(s) ?

Vous avez suivi une formation pratique dans quelle branche ?

Est-ce que vous parlez des langues étrangères ?

C d V 4.1

Posez des questions à votre partenaire à tour de rôle.
- De quand date votre organisme / entreprise / ministère ?
- Jusqu'à quelle heure travaillez-vous normalement ?
    - Depuis quand occupez-vous ce poste ?
    - Pendant combien de temps serez-vous en vacances ?
    - Il y a combien de temps que vous avez commencé à étudier le français ?
    - Dans combien de temps prendrez-vous votre retraite ?

C d V 4.2

Complétez les espaces par les expressions de temps ci-dessous. Employez chaque expression une fois.

après, au début, depuis, dès, dès que, à partir, pendant, à la fin, il y a, jusqu'en, dans,

1. Cette photo, elle date déjà d' _____ longtemps, mais j'en ai pas de plus récentes, je regrette.
2. J'ai passé mon Bac en 1984, mais j'étudie le français _____ 5 ans seulement.
3. J'ai commencé à l'étudier _____ mon premier emploi. J'étais hôtesse d'accueil.
4. J'ai occupé cet emploi _____ 1990, quand l'entreprise a fait faillite.
5. _____, c'était un peu difficile.
6. _____ une période de 6 mois, j'ai été au chômage.
7. _____ j'ai compris que c'était là ma chance de changer de boîte, d'étudier et d'évoluer.
8. _____ de 1992, j'ai surtout fait des travaux intérimaires.
9. Mon plan de carrière ? _____ trois ans, j'aurai ma maîtrise.
10. Je ne sais pas encore ce que je ferai _____, mais je voudrais bien travailler dans l'industrie électronique.
11. _____ j'ai vu votre annonce, je me suis dit: c'est bien pour moi, ça.

PETIT DICO

Encore quelques expressions de temps :

- Il travaille chez nous **depuis** 1998.
- Son diplôme **date de** 1985.
- Il a commencé à travailler chez nous **il y a** trois ans.
- **Avant**, il avait travaillé chez Rhône-Poulenc.
- Il a travaillé chez eux **jusqu'en** septembre / **jusqu'au** 7 septembre 1995.
- **Au début**, il a travaillé comme directeur de marketing.
- **Pendant** cette période, il s'est montré très capable.
- **Après** un an, il a été promu responsable de la publicité.
- **À la fin** de sa carrière, il est passé directeur général de notre maison.
- **Dès** sa nomination, les résultats de notre entreprise ont commencé à chuter d'une façon dramatique.
- Il prendra sa retraite **à partir du** 9 janvier, **dans** trois mois, et il recevra une indemnité de départ.
- Nous allons pourvoir son poste **dans un délai de** quatre mois.

L'EMBAUCHE

Avant l'entretien :

- Renseignez-vous sur la société en étudiant son rapport annuel. Procurez-vous aussi la plaquette de l'entreprise. Ce premier document est disponible au registre du commerce et quelquefois à l'accueil même de la société. Vous pouvez vous procurer le second en vous le faisant envoyer par poste ou en allant le chercher sur place.
- Réfléchissez à ce que vous allez pouvoir apporter à votre nouvel employeur. Il s'agit de votre projet professionnel.
- Étudiez toutes les questions possibles que le chef du personnel pourrait vous poser. De nombreux livres traitent de ce sujet.
- Le jour de l'entretien, pensez à prendre un soin tout particulier à votre présentation (costume, tailleur, coiffure, cravate, etc.) en rapport avec l'activité de l'entreprise et le poste recherché.

Attention !
Les questions interdites.

La loi française stipule que certains thèmes à caractère privé ne peuvent être abordés pendant un entretien d'embauche. Ce sont : la sexualité, la religion, la politique et le syndicalisme. D'autre part, une femme ne peut pas être interrogée sur son statut marital ou sur une éventuelle grossesse.

C d V 4.3

Donnez votre avis sur la tenue (vêtements, maquillage, coiffure..) que devrait avoir les candidats suivants :

a - magasinier (ière)
b - secrétaire de direction
c - agent commercial / représentant
d - professeur d'éducation physique

Pendant l'entretien

C d V 4.4

Vous êtes le recruteur. Classez par ordre chronologique les différentes étapes d'un entretien :

Le candidat entre dans le bureau.
1. Prendre congé de lui.
2. Lui offrir une boisson chaude ou rafraîchissante.
3. L'accueillir par une poignée de main.
4. Lui demander combien il souhaite gagner.
5. L'informer qu'il sera bientôt recontacté.
6. Lui expliquer le déroulement de l'entretien.
7. Lui présenter l'entreprise.
8. Lui demander de s'asseoir.
9. Lui poser des questions générales.
10. Lui donner votre carte de visite.

C d V 4.5

Parmi ces comportements, quels sont ceux qu'il est préférable d'éviter pendant un entretien ?

	+/-
a - garder le silence pendant plus de cinq secondes	
b - renifler sans se moucher	
c - prendre des notes	
d - parler de politique, de syndicalisme, de religion et de sexualité	
e - mettre sa serviette sur ses genoux	
f - croiser ses jambes	
g - regarder sa montre sans cesse	
h - poser des questions sur le poste à pourvoir	
i - critiquer votre ancienne boîte	
j - sourire de temps en temps	
k - demander à aller aux toilettes	
l - enlever son veston	
m - commencer à fumer	
n - affirmer des convictions	
o - se balancer sur sa chaise	
p - parler avec ses mains	
q - garder son portable ouvert	
r - parler de sa vie privée	
s - s'asseoir sans autorisation	
t - bâiller	
u - se moucher en tournant la tête	

Commencez les phrases par les formules suivantes :
- Il faut éviter de...
- Il est préférable de...

COMMENT TROUVER DU TRAVAIL / UN EMPLOI / UN BOULOT ?

On peut
- écouter les offres à la radio, à la télé
- lire la presse
- mettre une petite annonce dans un journal / un magazine
- attendre patiemment un coup de téléphone chez soi
- faire une demande d'emploi spontanée
  - par lettre
  - par téléphone
  - en se présentant chez l'employeur
- aller à l'ANPE, dans une agence de placement, d'intérim
- faire appel à ses relations
- créer un site web / mettre une annonce dans le net
- se mettre à son compte, créer une petite entreprise

C d V 4.6

Discutez de l'efficacité de chacune de ces méthodes avec votre partenaire. Quels en sont les avantages et les inconvénients ?

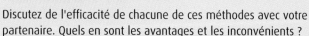

Parlons travail !
Profils de postes

Clés
- **En quoi consiste votre travail actuel ?**
- **Actuellement, je m'occupe de tout ce qui concerne l'exportation.**
- **J'ai la responsabilité d'une dizaine de personnes.**
- **Il faut avoir une expérience confirmée dans le domaine de l'animation culturelle.**
- **Vous avez, je crois, une pratique dans ce domaine ?**

4.2.1. À l'APEC.

M. Thel : Je vais maintenant vous présenter le poste de conseiller. Vous aurez la responsabilité du conseil d'entreprise pour tout ce qui concerne le développement des marchés étrangers. Et notamment vous vous occuperez d'accompagnements individuels et collectifs des entreprises sur leurs marchés cibles et vous vous occuperez d'animation de travail de groupe avec les entreprises. Donc voilà les trois parties importantes du poste de conseiller.

…

M. Thel : En quoi consiste votre travail actuel ?
Anne : Actuellement, je m'occupe de tout ce qui concerne l'exportation, notamment l'animation du réseau de distribution.
M. Thel : Et vous avez beaucoup de collaborateurs ?
Anne : J'ai la responsabilité d'une dizaine de personnes, dont six à l'étranger.
M. Thel : Et qu'attendez-vous de votre prochain poste ?
Anne : Particulièrement des responsabilités de conseil et d'animation de groupe.

4.2.2. À la Communauté française de Belgique.

Mme Dumas : Et quelles sont les qualités culturelles que vous attendez de moi ?
M. Soil : Il faut avoir une expérience confirmée dans le domaine de l'animation culturelle. Mais vous-même, vous avez, je crois, une pratique dans ce domaine?
Mme Dumas : Oui, bien sûr, j'ai travaillé pendant donc deux ans au Centre Culturel de Charleroi et j'ai déjà eu l'occasion de présenter plusieurs expositions d'artistes belges.

II EXPÉRIENCE PROFESSIONNELLE

- J'ai été saisonnier dans le Beaujolais pour les vendanges.
- J'ai fait un travail saisonnier comme serveur à Courchevel.

> **Est-ce que vous avez déjà travaillé comme saisonnier ?**

- J'ai fait des intérims pendant 6 ans dans l'hôtellerie / le secrétariat.
- J'ai travaillé en intérim chez Renault.
- J'ai travaillé comme intérimaire dans l'industrie agroalimentaire.

> **Avez-vous déjà fait des intérims ?**

- Je suis rentrée chez DIDACTEC, en 1993, comme attachée commerciale export.
- J'ai commencé ma carrière dans l'assurance.
- J'ai commencé à travailler il y a 5 ans.

> **Vous avez commencé à travailler quand ?**

- J'ai débuté comme assistante en 1991, ensuite, en 1998, je suis devenue responsable du service export.
- Pendant 2 ans j'ai touché à tout, ensuite je suis monté(e) en grade très rapidement.
- J'ai occupé mon premier emploi comme simple livreur. Aujourd'hui je suis le responsable des livraisons.

> **Vous avez obtenu une promotion ?**

- Je suis chef de projet informatique chez Advantec.
- Je travaille comme surveillant(e) à la FNAC.
- Je suis remplaçant(e) de l'adjoint au directeur.
- J'occupe le poste de secrétaire de direction.

> **Vous occupez quel emploi / poste ?**

- Il consiste à emballer et à expédier la marchandise.
- Actuellement, je m'occupe de tout ce qui concerne l'exportation.
- Je suis chargé d'accueillir la clientèle.

> **En quoi consiste votre travail actuel ?**

- En qualité de directeur commercial, j'ai la responsabilité de 15 commerciaux.
- Je suis responsable du service après-vente.

> **Quelles sont vos responsabilités ?**

- J'ai une longue expérience dans le domaine de l'animation culturelle.
- Je travaille dans la téléphonie depuis 15 ans.
- C'est un secteur que je connais parfaitement.
- J'ai 5 ans d'expérience comme interprète au Parlement Européen à Strasbourg.
- J'ai fait 3 stages dans la vente, dont deux à l'étranger.

> **Vous avez une expérience confirmée dans ce domaine ?**

- J'ai une grande pratique de l'informatique.
- Ça fait 20 ans que je pratique le tchèque.

> **Vous avez, je crois une pratique dans ce domaine ?**

4

CdV 4.7

Qu'est-ce que vous faites dans la vie ?
Quelles sont vos fonctions / vos tâches ?
Vous travaillez où ? Depuis quand ?
Comment trouvez-vous votre travail ? Passionnant, varié ?

Vous discutez de votre travail avec votre partenaire,
consultez la liste :

1. acheter des produits ou des services
2. aider les gens
3. assister le directeur
4. conseiller les clients
5. contacter les clients
6. coordonner des actions de vente / des tâches
7. dessiner des plans
8. diriger un service
9. élaborer des programmes, des projets, des lois
10. envoyer des fax / des courriels
11. être responsable de la formation du personnel
12. étudier les directives / les questions difficiles
13. expédier des marchandises
14. faire de la recherche scientifique
15. faire des exposés / des discours
16. faire le suivi des projets en cours
17. gérer les finances / un dossier / des données
18. informer / renseigner le grand public
19. négocier des contrats
20. s'occuper de la correspondance / du suivi /
    du développement / de la formation / de la coordination /
    des questions techniques
21. réaliser des projets
22. rédiger des textes, des articles ou des rapports /
    des lettres commerciales ou administratives
23. répondre au téléphone
24. résoudre des problèmes
25. superviser un projet
26. surveiller le travail des autres
27. téléphoner (aux clients?)
28. travailler avec des chiffres
29. vendre des produits ou des services
30. vérifier les comptes
31. voyager

D'autres tâches ?
_____
_____
_____

CdV 4.8

À tour de rôle, posez des questions à votre partenaire pour savoir
s'il effectue ces tâches.

A - Vous voyagez pour votre travail ?

B - Oui, je voyage souvent pour mon travail.
- Non, je ne voyage jamais pour mon travail.
  (C'est parce je ne voyage pas du tout que..)

Servez-vous des expressions de fréquence ci-dessous :
ne ... jamais
presque jamais
très rarement
assez rarement
rarement
quelquefois
de temps en temps
assez souvent
souvent
très souvent

Vous pouvez également vous servir de ces expressions de quantité :
beaucoup
assez
peu, très peu
(ne ...) pas du tout

CdV 4.9   Vrai ? Faux ? Ça se discute ?

Écoutez les extraits d'interview et répondez aux questions.

A : M. Thel, consultant.
"Fixe ou mobile ?"
1. Là où il travaille, il y a deux systèmes d'horaires.
2. La nature de son travail lui permet de tenir des horaires fixes.
3. Son travail peut durer jusqu'à dix heures du soir.
4. Il commence tard le matin.
5. Selon leur fonction, certains de ses collègues ont un horaire fixe.

B : Mme Fradin, assistante.
"Parler de mes horaires c'est une plaisanterie."
1. Elle a des horaires tout à fait réguliers.
2. Elle sait quand elle commence mais elle ne sait pas quand
   elle finit.
3. Elle a beaucoup de travail dans son entreprise mais elle ne
   fait rien à la maison.
4. Son travail est très planifié.
5. Elle est très efficace : elle doit répondre aux fax avant même
   qu'ils arrivent.

Parlez-moi de vous.
Quelles motivations ?
Je vous recontacterai.

Clés

- **Je suis très intéressé(e) par l'activité de conseil.**
- **Je voudrais travailler à l'étranger.**
- **Maintenant, quels sont vos centres d'intérêt en dehors du travail ?**
- **Et quand la décision sera-t-elle prise ?**
- **Je vous tiendrai au courant.**

4.3.1. À l'APEC.

M. Thel : Bien, Anne Laudrot, pourquoi avez-vous répondu à notre offre ?

Anne : Parce que je suis très intéressée par l'activité de conseil.

M. Thel : Très bien. Qu'est-ce qui vous motive le plus et vous stimule.

Anne : Ce que j'aime le plus, c'est organiser des choses nouvelles, conseiller, convaincre.

M. Thel : Très bien. Pour vous, quel est le manager idéal ?

Anne : Celui qui laisserait une certaine autonomie, qui fait réellement confiance à ses collaborateurs.

M. Thel : Bien, maintenant, quels sont vos centres d'intérêt en dehors du travail ?

Anne : Je peins des tableaux, je vais beaucoup au cinéma et je pratique quelques sports également.

M. Thel : Très bien, Eh bien, merci d'avoir répondu à toutes mes questions. Je vous tiens au courant. Donc, je vais vous accompagner.

Anne : Merci.

M. Thel : Merci d'être venue.

4.3.2. À la Communauté française de Belgique.

M. Soil : Au fond, qu'est-ce qui vous motive le plus pour ce poste ?

Mme Dumas : Je voudrais travailler à l'étranger et surtout enseigner le français à des étudiants étrangers.

M. Soil : Vous savez que ce poste va s'ouvrir en Italie. Est-ce que ceci vous convient ?

Mme Dumas : Tout à fait, comme vous le savez, je suis d'origine italienne et il me plairait de retourner dans ce pays.

M. Soil : Et si vous aviez à définir vos propres qualités, selon vous, qu'est-ce que vous diriez ?

Mme Dumas : Et bien, on dit de moi que j'ai le sens des relations humaines et le sens de la communication.

M. Soil : Écoutez, ça c'est parfait par rapport au poste qui s'ouvre, bien sûr.

Mme Dumas : Et quand la décision sera-t-elle prise ?

M. Soil : Ne vous en faites pas! Nous allons vous recontacter personnellement d'ici la fin de la semaine prochaine, quelle que soit la décision.

Mme Dumas : D'accord.

M. Soil : Bien, voilà. Au revoir.

Mme Dumas : Merci et au plaisir.

M. Soil : À bientôt, j'espère. Oui, au revoir.

Qu'est-ce que vous aimeriez faire ?
- J'aimerais m'occuper de la clientèle.
- je voudrais travailler à l'étranger.
- Je souhaiterais intégrer le centre de recherche.
- Je suis très intéressé(e) par l'activité de conseil.

Quels sont vos centres d'intérêt en dehors du travail ?
- Internet. Correspondre avec des gens du monde entier.
- Je pratique la natation et le golf.
- Je m'intéresse à l'astrologie.
- J'adore voyager.
- Je passe beaucoup de temps devant la télé.
- J'ai deux passions : la pêche en rivière et la chasse.

Et quand la décision sera-t-elle prise ?
- Nous prendrons une décision définitive à la fin du mois.
- Nous vous contacterons la semaine prochaine.
- Nous vous informerons de notre décision par courrier dans 15 jours.
- Nous vous tiendrons au courant.

D'autres questions posées par le demandeur d'emploi :
- Y a-t-il une période d'essai ?
- Est-ce que c'est un nouveau poste ?
- Vous offrez quel salaire pour cet emploi ?
- Y a-t-il un système de primes dans votre entreprise ?
- Est-ce que vous fermez l'usine pendant les vacances d'été ?
- Est-ce qu'il y a une cantine ou des chèques repas ?
- Est-ce que les horaires sont fixes, flexibles ou à la carte ?

C d V 4.10

Classez les questions suivantes par catégorie et indiquez si elles sont posées par une agence de recrutement ou un candidat.

	n°	A/B
a - Quel salaire me proposez-vous ?		
b - Quelles sont vos activités extra-professionnelles ?		
c - Aimez-vous commander ?		
d - Ce poste offre-t-il des possibilités de carrière ?		
e - Y a-t-il des possibilités de promotion ?		
f - Prenez-vous des initiatives ?		
g - Comment avez-vous financé vos études ?		
h - Quels sont les avantages en nature ?		
I - Quel plus apporterez-vous à l'entreprise ?		
j - Offrez-vous des primes ? un intéressement aux bénéfices ?		
k - Est-ce une création de poste ?		
l - Quelle est votre expérience professionnelle ?		
m - Existe-t-il un 13e mois ?		
n - Existe-t-il un restaurant d'entreprise ?		
o - Qu'est-ce qui vous met en colère ?		
p - La période d'essai sera de combien de temps ?		
q - Êtes-vous patient ?		
r - La personne qui occupait l'emploi a-t-elle été promue, licenciée ou est-elle partie à la retraite?		
s - Que recherchez-vous dans votre travail : argent, satisfaction, pouvoir ?		
t - Quelle est votre formation ?		
u - Quel type de décision est difficile à prendre pour vous ?		
v - À quelle date ce poste est-il à pourvoir ?		
w - Que savez-vous de notre société ?		
x - Le contrat que vous me proposez est-il à durée déterminée ou indéterminée ?		
y - Pourquoi cette filière ?		
z - Accepteriez-vous de faire des heures supplémentaires ?		

Classement :
1 - avantages sociaux
2 - salaire
3 - contrat
4 - promotion éventuelle
5 - poste proposé
6 - précédent employé
7 - indépendance
8 - gestion des conflits
9 - motivation
10 - esprit d'initiative
11 - formation
12 - personnalité
13 - précédent(s) emploi(s)

A - L'agence de recrutement
B - l'employé

NB
Les questions posées dans une agence de recrutement peuvent être plus directes qu'avec un employeur.

C d V 4.11

Avec un partenaire, jouez un entretien d'embauche. Préparez d'abord par écrit les questions et les réponses.

LE CURRICULUM VITAE

Le CV est la première image que vous donnez de vous-même. Elle doit donc être la plus positive possible. Mais avant de rédiger votre CV, faites votre bilan personnel et professionnel.

Bilan personnel
- Qui suis je ?
- Quels sont mes atouts et mes faiblesses ?

Bilan professionnel
- Quelles sont mes expériences professionnelles ?
- Quel est mon savoir-faire professionnel ?

Puis déterminez votre personnalité, votre caractère, votre comportement social et professionnel et la forme de votre intelligence.

Et enfin définissez votre **projet professionnel**
- Le choix du poste et du secteur
- Le choix de l'entreprise

Voici quelques conseils pour rédiger un bon CV.
Il doit être
- dactylographié
- attractif et clair
- logique, simple et concis
- accompagné d'une lettre de motivation manuscrite.

Il faut toujours indiquer avec précision son objectif professionnel (poste ciblé) en haut de son CV, dans un petit encadré.

Si vous venez de finir vos études ou si vous avez peu travaillé, formulez un **CV chronologique**; c'est-à-dire que vous indiquez vos formations et expériences professionnelles en partant de la plus ancienne, pour finir avec la plus récente.

Si vous avez beaucoup d'expériences professionnelles, rédigez un **CV - antichronologique**, c'est-à-dire que vous commencez par l'expérience la plus récente, décrivez votre carrière dans le sens inverse et finissez par la formation. Cette forme est actuellement très appréciée par les cabinets de recrutements et les chasseurs de têtes.
- **thématique**, c'est-à-dire qui regroupe dans un même paragraphe des activités ou responsabilités identiques que vous avez exercées chez plusieurs employeurs. Ainsi vos différents savoir-faire seront mis en valeur.

CV Chronologique

Aline GÉNEAUX
32 avenue des mimosas
83340 Le Luc-en-Provence

28 ans
Française
Célibataire

Tél. 04 27 32 12 88
GSM 04 9 73 89 55
mél : alin@ran.fr

DIRECTRICE DU SERVICE MARKETING

Formation

1989-92	Sup de Co-Rennes
	(École Supérieure de Commerce de Rennes)
1990	Baccalauréat B (Lycée Renoir de Rennes)

Expérience professionnelle

1996-98	Chef de pub junior chez Yahoo - Nantes
1993-95	Responsable export chez Mercier - Nantes
1992	Stage en Allemagne chez Décathlon
	(Mise en place du serveur intranet)

Langues

Anglais	courant (diplôme de la Chambre de Commerce et d'Industrie Franco-Britannique)
Allemand	parlé et écrit
Espagnol	parlé et écrit

Centres d'intérêts

multimédia, piano, peinture et voyages culturels.

CV thématique :

Robert BRESSON
188 rue Lamartine
32400 Richelieu
Tél. 05 26 66 32 32

42 ans
Marié
2 enfants

EMPLOYÉ LIBRE-SERVICE

Expérience professionnelle

Employé libre-service

· Préparation et passation des commandes
  (contacts fournisseurs)
· Réception des marchandises
  (vérification des bordereaux de livraison)
· Approvisionnement et aménagement des rayons
· Conseil aux clients

J'ai exercé cette activité professionnelle pendant 5 ans au sein des Établissements TOUTMARCHÉ pour les rayons suivants :
- Poissons et fruits de mer
- Crémerie

Livreur de produits alimentaires frais (8 ans)
- Livraison chez le client

Ouvrier du bâtiment (7 ans)
- Peinture
- Carrelage

Formation

1991	CAP d'aide-comptable
	(Certificat d'aptitude professionnelle)
1975	CAP de carreleur et poseur de revêtement de sols

Langues

Espagnol	courant
Italien	courant
Arabe	notions

Divers

Nombreux séjours au Proche-Orient (Égypte, Liban, Syrie)
Notions de traitement de texte
Nombreuses responsabilités dans des clubs sportifs

Questions pratiques sur le CV

- **Faut-il joindre une photo au CV ?**
- Oui, si elle vous est demandée ou si elle vous avantage.

- **Doit-on indiquer son âge ?**
- Oui, mais sans écrire la date de naissance.

- **Dans quel ordre chronologique doit-on indiquer les dates ?**
- Choisissez toujours l'ordre descendant.

- **Doit-on parler de sa situation familiale ?**
- Ce n'est pas obligatoire. Elle pourrait être un désavantage pour une femme.

- **Doit-on mentionner son projet professionnel ?**
- Non, sauf en cas de contact spontané. N'en parler qu'au cours de l'entretien.

- **Faut-il expliquer les raisons de sa candidature ?**
- Non, seulement dans la lettre de motivation.

- **Est-il nécessaire de préciser les périodes sans emploi ?**
- Absolument pas. Brièvement pendant l'entretien si la question est posée.

- **Doit-on parler négativement de son précédent emploi ?**
- Surtout pas, même pendant l'entretien.

- **Est-il nécessaire d'indiquer le montant du salaire souhaité ?**
- Non, pas dans le CV. S'il est demandé, donnez une fourchette de salaire.

- **Quelle doit-être la longueur d'un CV ?**
- Une page.

Des gestes qui parlent...

Je vais faire le point sur la situation.

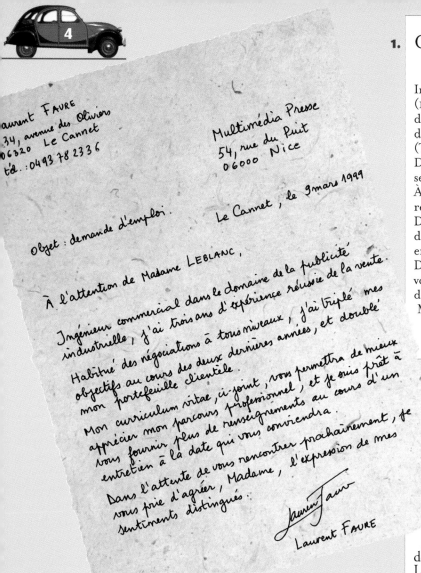

Laurent FAURE
34, avenue des Oliviers
06320 Le Cannet
tél.: 0493 78 2336

Multimédia Presse
54, rue du Puit
06000 Nice

Objet : demande d'emploi.

Le Cannet, le 9 mars 1999

À l'attention de Madame LEBLANC,

Ingénieur commercial dans le domaine de la publicité industrielle, j'ai trois ans d'expérience réussie de la vente. Habitué des négociations à tous niveaux, j'ai triplé mes objectifs au cours des deux dernières années, et doublé mon portefeuille clientèle.

Mon curriculum vitae, ci-joint, vous permettra de mieux apprécier mon parcours professionnel, et je suis prêt à vous fournir plus de renseignements au cours d'un entretien à la date qui vous conviendra.

Dans l'attente de vous rencontrer prochainement, je vous prie d'agréer, Madame, l'expression de mes sentiments distingués.

Laurent FAURE

1. Chefs de rayons et de départements
(Tahiti, Noumea, Antilles, Réunion)

Importante société de GRANDE DISTRIBUTION (11.000 personnes – 25,4 Milliards de Francs de Chiffre d'affaires TTC en 1998 – 72 hypermarchés) recherche dans le cadre de son expansion en OUTRE-MER (Tahiti, Nouméa, Antilles, Réunion) des CHEFS DE DÉPARTEMENT et DE RAYON CONFIRMÉS tous secteurs (épicerie, produits frais, textile, bazar).
À 30/35 ans environ, vous possédez une expérience réussie de 1 à 5 ans en qualité de CHEF DE RAYON OU DE DÉPARTEMENT. Responsable de votre compte d'exploitation, vous voulez vous investir pour progresser en fonction de vos résultats.
De notre côté, nous vous offrons la possibilité d'affirmer vos qualités commerciales, de gestionnaire et d'animateur.
Merci d'adresser votre dossier de candidature (lettre, CV et photo) en précisant la ou les régions souhaitées à Nadine BAUMERT de l'APEC PARIS.

Assistante de direction trilingue anglais/espagnol.
(À Maurepas - Yvelines)

Le leader mondial de l'industrie médico-chirurgicale recherche, pour sa filiale française, une assistante de direction trilingue anglais/espagnol.
Elle assurera le secrétariat d'un directeur de division (courrier, gestion agenda...), l'organisation de manisfestations médicales et les relations avec la force de vente. Utilisation traitement de texte et tableur.
La candidate, parfaitement trilingue anglais/espagnol, a acquis quelques années d'expérience. Elle est dynamique et organisée. Bonne présentation requise. Véhicule recommandé. Adressez votre candidature à Laure Rodriguez, Manufac S.A., 654, allée Vauban, Chinot-sur-Saône.

2. Commercial
(75 – Rég. parisienne + dépl. France)

Cette société de produits de formation multimédia recherche UN COMMERCIAL qui, à partir de l'agence parisienne, et en collaboration avec le Directeur Commercial, sera chargé de diffuser la gamme des produits de formation destinés à une clientèle d'entreprises et d'organismes de formation, sur l'ensemble du territoire.
Le candidat possède une première EXPÉRIENCE COMMERCIALE dans le domaine de la FORMATION. De bonnes connaissances du monde de la formation, et de la micro-informatique sont indispensables. Nécessité d'être bilingue anglais, pour assurer les contacts (ponctuels) avec une clientèle anglophone. Horaires flexibles. Véhicule personnel indispensable.
Adressez votre candidature à Laurent Fabre, La Technopole, 23, avenue des Lices, Paris.

 CdV 4.12

Rédigez votre propre CV ou celui correspondant à une des offres d'emploi proposées ci-dessus.

 CdV 4.13

Écrivez une lettre de motivation (manuscrite).

 CdV 4.14

Demandez des renseignements sur ce poste par téléphone. Faites jouer vos relations.

  CdV 4.15

A joue le recruteur et **B** le demandeur d'emploi.

62

CdV 4.16

RADIOBOUCHON FM : "EMPLOI"

"Vous êtes bien sur RADIOBOUCHON FM, la radio qui vous fait gagner du temps dans les bouchons et les embouteillages. Il est bientôt 11 heures, dans quelques instants notre bulletin d'information, mais avant, notre chronique *Emploi*."

CdV 4.17

1. Quelle est l'activité principale d'Orditrans ?
2. Qui est interviewé par Fabienne Deleuze ?
3. Quels sont les besoins en personnel d'Orditrans ?
4. Que fait l'ingénieur avant-vente ?
5. Quelles sont les qualités principales que doit avoir l'ingénieur avant-vente ?
6. Quel salaire propose l'entreprise ?
7. Où est située Orditrans ?

CdV 4.18

A : Vous cherchez du travail dans l'informatique. Vous avez mis votre auto-radio en route et vous avez entendu la fin de la rubrique emploi de RADIOBOUCHON
« Je crois que vous savez à peu près tout? »
Vous téléphonez à **B**, à Orditrans pour avoir des renseignements ?
Puis vous préparez votre CV et une lettre de motivation.

CdV 4.19

Faisons le point !

Au téléphone. Demandez à parler à quelqu'un.
La personne qui répond réagit selon la situation
 - vous passe la personne demandée,
 - ne vous entend pas bien,
 - dit que la personne demandée n'est pas là etc.

> **NB**
> Il vaut mieux établir le premier contact par téléphone. Le contact direct et les relations personnelles comptent beaucoup et ouvrent les portes plus facilement qu'une lettre.
> S'il s'agit de vendre quelque chose ou bien de demander un service, citez quelques personnes connues par votre interlocuteur. Ainsi vous le mettrez en confiance.

ENFIN, VOUS POUVEZ JOINDRE VOTRE CORRESPONDANT !

ALLÔ !

Vous
- Allô ? C'est bien Monsieur Roux ?

- Bonjour, Monsieur Roux. Ici Monsieur Durand.
- Très bien, merci. Et vous ?
- Écoutez, je vous téléphone parce que je voudrais vous parler de notre dernier projet, le projet "Deauville". Vous avez une minute ?
(à la fin de la conversation)
- Je vous remercie de votre amabilité, Monsieur Roux.
- Merci pour le renseignement.

- Au revoir, Monsieur (et encore merci). À bientôt ! / À lundi !
Premier contact avec votre correspondant.
Vous vous recommandez de quelqu'un :
- Je me présente : Pierre Durand. Je vous appelle parce que Monsieur Luron, attaché de presse à l'Ambassade de France, m'a conseillé de vous contacter.
- Il va très bien. Il vient de rentrer de Singapour, où il a passé deux semaines.
- Je vous téléphone au sujet de votre annonce dans le Monde d'hier, où vous cherchiez un secrétaire bilingue.

- Je vous téléphone sur la recommandation de Marie Bruelle, chargée de mission à la Commission Européenne.
- Oui, et elle vous salue cordialement.
- ...de votre annonce dans le journal d'hier, où vous cherchiez une secrétaire-traductrice?

Votre correspondant
- Oui, c'est moi.
- À l'appareil.
- Lui-même / Elle-même.
- Tout à fait !
- Ah, bonjour Monsieur Durand. Comment allez-vous ?
- Ça va.

- Bien sûr. Allez-y !

- Mais c'est tout naturel / Je vous en prie.
- Au revoir, Monsieur.
- Merci | d'avoir appelé.
         | de votre appel.

- Ah ! Et comment va Monsieur Luron ?
- Ah, oui ? Il voyage toujours, Monsieur Luron, mon vieil ami. Alors, vous me téléphonez à quel sujet ?

- Ah ! Elle est toujours au service de traduction ?
- Merci. Saluez-la de ma part? Donc vous voulez me parler de...?

LE MEILLEUR PROFIL

MIKA

Édouard, Dominique, Kévin et Anne sont en réunion.

À l'ordre du jour : les critère de choix d'un nouveau collaborateur.

Édouard : ... Donc, Kévin - vous permettez que je vous appelle par votre prénom?

Kévin : Je vous en prie.

Édouard : ... selon vous, quels diplômes devrait avoir ce nouveau collaborateur ?

Anne : Ou collaboratrice ?

Édouard : C'est vrai!

Kévin : Vous savez, M. Deschelot, dans le multimédia, actuellement, ce n'est pas le diplôme qui fait l'expert. Il, ou elle, peut sortir d'une Grande école ou avoir un diplôme universitaire, une MST ou un DESS ou mieux un magistère, avoir une excellente formation en informatique et ne pas être suffisamment, comment dire..., "artiste", créatif, ou créative, ou bien le contraire ?

Anne : Attendez, attendez ; pouvez vous m'expliquer un peu tous ces sigles ?

Kévin : Oui, pardon : MST, ça veut dire "maîtrise de sciences et techniques", c'est un diplôme bac+4, et DESS signifie : "diplôme d'études supérieures spécialisées", bac+5. Si tu es intéressée par toutes les filières en éducation et en formation et par la signification des sigles je pourrai te passer une petite brochure.

Anne : Oui, d'accord, volontiers.

Kévin : Ce que je voulais dire c'est que, quel que soit son cursus, cette personne devra avoir une double, voire une triple compétence.

Dominique : Oui je pense que Kévin a tout à fait raison. Elle va organiser et coordonner le travail des graphistes, des maquettistes, des programmeurs, etc. ... - presque tous free-lance...

Édouard : Disons, indépendants, restons Français, mon cher Dominique.

Dominique : Indépendants - mais "free-lance" est dans le "Petit Robert" - donc, cette personne devra se tenir au courant de tout ce qui se fait dans ce secteur. Tout bouge très vite...

Édouard : C'est vrai, c'est tout à fait vrai ; tous les six mois il y a de nouveaux logiciels, de nouveaux matériels. Comme disait Lewis Carrol : "Il faut courir de plus en plus vite pour rester sur place." ... Bien. Maintenant que nous avons une idée un peu plus précise sur le profil de ce poste, nous pouvons regarder les candidatures spontanées que nous avons reçues et nous déciderons s'il est nécessaire de passer des annonces de recrutement ou de faire appel à un organisme spécialisé.
Je vais demander à Vanessa de nous apporter les CV et les lettres de motivation.
(à l'interphone) Mlle Augé, vous pourriez nous apporter le dossier "candidature pour le poste de coordinateur"?

Vanessa : Tout de suite, M. Deschelot, j'arrive.

Édouard : Merci.

Vanessa : ...Voilà. Voici les dossiers. Euh... je voulais dire que, euh, à propos du poste de coordinateur, que je connais quelqu'un qui est intéressé par ce poste, quelqu'un de très intéressant, vraiment ... C'est un ancien camarade de lycée, il a fait des études brillantes en informatique et ensuite il s'est reconverti et a commencé des études de cinéma, il a aussi écrit un scénario pour Télécité et ...

Kévin : *(ironique, amer)* On ne peut pas trouver mieux ! Vraiment la perle rare ! Tous tes copains de lycée sont comme ça ?

Édouard : Merci, Mlle Augé. Dites à votre ami de faire acte de candidature au plus vite, curriculum vitae, lettre de motivation manuscrite, etc... Allez, voyons ces CV...

(plus tard, à la pause café)

Kévin : Alors Vanessa, tu es devenue "chasseur de têtes" maintenant.

Anne : Est-ce qu'on ne dirait pas plutôt "chasseuse de tête", Monsieur Kévin ?

Vanessa : Oh ben moi, je préférerais "chasseresse" ...

C d V 4.20 **Vrai ou faux, justifiez votre choix.**

1. À l'université, il y a une filière d'étude "multimédia".
2. Dans le secteur multimédia, il est bon d'avoir au moins deux compétences.
3. Anne n'a plus besoin de se faire expliquer les sigles.
4. Bac+5 signifie 5 années d'études après le baccalauréat.
5. Le secteur de l'informatique n'évolue plus beaucoup.
6. Ceux qui travaillent dans ce secteur doivent constamment s'informer.
7. "Les Établissements Deschelot" ont fait publier des annonces de recrutement.
8. Ils n'ont pour le moment aucune candidature.
9. Un ami de Vanessa a envoyé son CV.
10. Il n'a pas une formation très solide en informatique.
11. Kévin soutient la candidature de l'ami de Vanessa.
12. C'est un chasseur de tête qui recrutera le nouveau collaborateur.

FAMILIÈREMENT VÔTRE

- On a un gars qui arrive des États-Unis, il paraît qu'c'est un crack de la vente, et qu'il est super démerdard. D'ailleurs il aurait eu son bachot à 14 ans.
- Espérons-le, parce que l'export en c'moment, c'est pas brillant, et on a déjà 50 briques de dettes.
- Ouais, mais n'oublie pas, c'est parce qu'on s'est fait arnaquer.
- J'suis p't être dégueu, mais l'arnaqueur, c'est moi !

gars *m* : homme / individu
crack *m* : personne brillante
démerdard *m* : débrouillard
bachot *m* : baccalauréat
brique *f* : 10 000 FRF
arnaquer : escroquer
dégueu(lasse) : dégoûtant, mauvais

Un boss peu scrupuleux

ALCATAL : DES BÉNEFS QUI FONDENT COMME NEIGE

Comment gagner du fric sans bosser!

A RSD, le pastis continue : les employés se roulent les pouces.

Il n'était pas à la hauteur, il se suicide.

GAGNEZ 100 BALLES DE L'HEURE!

UN EMPLOYÉ DE L'ARCANDIA : «C'ÉTAIT LE BORDEL!»

FAUCHÉ HIER, PLEIN AUX AS AUJOURD'HUI, IL RACONTE.

Le même jour, Il perd son boulot et sa femme.

C d V 4.21

Que signifient ces titres ?

LA GRÈVE CONTINUE, LA PAPERASSE S'ENTASSE À LA SÉCU.

Objet: votre candidature à un poste d'assistante trilingue.

Nous avons le regret de vous faire savoir que la commission de recrutement n'a pas retenu votre candidature au poste d'assistante trilingue.
Veuillez agréer, Madame, nos salutations distinguées.

J'ai le plaisir de vous faire savoir que vous avez été choisi pour le poste d'assistant commercial.
Je vous demanderai de prendre contact dans les meilleurs délais avec M. Laurent FABRE
au 06 62 36 75 74.

Je vous d'agréer, Monsieur, mes sincères salutations

LE TÉLÉTRAVAIL

Avec les nouveaux systèmes de communication qui abolissent les distances, effacent les frontières et rendent le temps uniforme pour tous, les entreprises peuvent se permettre de faire traiter une partie de leurs activités à l'extérieur. Plus besoin de venir au bureau. Le travail à distance devient une réalité. L'Europe compte déjà huit millions de télétravailleurs, à plein temps ou occasionnellement.

Travaillent-ils pour autant chez eux, seuls face à des documents et à leur micro ? Le télétravail, c'est aussi l'agent commercial qui circule sur les routes toute la semaine, et qui, relié à sa direction à l'aide d'un ordinateur portable et d'un fax-modem, traite lui-même ses commandes et son courrier, et ne va "au bureau" qu'une ou deux fois par mois. Toutes les professions à base de graphisme (dessinateurs industriels, publicitaires...) passent, elles aussi, par le modem et le fax et, souvent, par Numéris pour transmettre leur production. Le télétravail concerne aussi tous les professionnels de la communication. Bref, toutes les professions émergentes du XXI siècle.

Ces ouvriers du multimédia sont 20 millions aux Etats-Unis, et ce n'est qu'un début car le besoin économique et social de cette profession est croissant.

Prenons l'une de ses causes premières : la main-d'oeuvre bon marché dans les pays en mutation, en particulier l'Asie du Sud-Est. Les industriels occidentaux se sont implantés en Corée, à Taiwan, à Singapour, en Tunisie, au Brésil ou au Mexique pour y fabriquer des produits manufacturés. ce qui a entraîné une première perte d'emplois en Amérique et en Europe.

Dans un second temps, ce sont les services qui ont pris le chemin de l'exil : saisie de données sur ordinateur ou logiciels.

Que faire pour résister ? Abaisser nos charges sociales, rendre nos salaires plus compétitifs - c'est-à-dire réduire notre niveau de vie ?

Pas nécessairement. En Europe, la main-d'oeuvre meilleur marché existe : dans les petites villes et les campagnes, par exemple. On évite ainsi que tous les emplois nouveaux ne s'exilent en Asie, et on crée du télétravail à l'intérieur de nos frontières. De cette façon, on diminue l'exode des campagnes et on ralentit la ruée vers les grandes villes, à l'origine de la flambée des prix de l'immobilier et de l'engorgement des périphéries. Le travail va ainsi vers les gens et non le contraire.

Tous les emplois ne sont pas adaptés au télétravail, et une formation préalable est indispensable. Mais les investissements nécessaires sont minimes et la productivité augmente. L'absentéisme et la tension diminuent. Et l'employeur comme l'employé font des économies. Les cadres supérieurs deviennent plus efficaces, en utilisant la gestion par résultats et non plus par heures de présence. Les employés, eux, sont satisfaits, même s'ils travaillent davantage !

Les entreprises sont-elles prêtes ?

Le télétravail dérange car il modifie les habitudes, remet en question les hiérarchies, et les hiérarchies n'aiment pas les indépendants. Mais les entreprises n'ont plus le choix. Pourquoi verser un salaire mensuel à des spécialistes dont on n'aura besoin que quinze jours, voire quelques heures par mois ?

Les entreprises, qui avaient engagé leurs secrétaires il y a vingt ou trente ans, ne les remplacent pas à la retraite et sautent sur "l'externalisation" !

Les secrétaires du télétravail sont-elles satisfaites de leur nouveau destin ? Pas toutes car ne jamais voir le responsable de service, les collègues de travail, ne jamais connaître ni les tenants ni les aboutissants des documents traités, c'est frustrant.

Le "contact électronique" par téléconférence et téléréunion rompra-t-il cette externalisation des services de plus en plus nécessaire ?

Les nouvelles technologies n'ont pas encore eu l'occasion de montrer tout ce dont elles étaient capables. Cela devrait changer avec l'irruption de l'entreprise virtuelle sur laquelle "les nuits ne tombent jamais".

Économique, le télétravail !

La société IBM a "normalisé" 2500 employés en France. Résultats : 85 000 m² de bureaux économisés mais, en contrepartie, il faut financer l'achat de matériel et assurer des coûts supplémentaires de communication.

CdV 4.22

1. Qu'est-ce que le télétravail ?

2. Cherchez dans le texte les arguments présentés en faveur du télétravail et ceux qui sont contre.

3. Donnez un exemple d'activité que vous pourriez exercer et précisez l'équipement dont vous auriez besoin. Dans votre situation personnelle, quels seraient les avantages et les inconvénients du télétravail ?

4. Dans votre travail, quel rôle l'ordinateur joue-t-il ?

LA CHARTE SOCIALE

Voici les principes de base qui définissent les droits des travailleurs et les relations entre employeurs et employés dans les pays de l'Union Européenne.

 C d V 4.23

Complétez les espaces avec les expressions de la liste ci-dessous :

A. (à l') égalité
B. (à la) formation
C. (à une) rémunération
D. (à la) protection (2 fois)
E. (à l') intégration
F. (à la) participation
G. (à la) liberté
H. (à l')amélioration
I. (à la) sécurité
J. (d'un) revenu
K. (d') exercer

1. Le droit d'_____ toute profession dans le pays de l'Union européenne de son choix.

2. La liberté de choisir un emploi et le droit d'_____ équitable.

3. Le droit à l'_____ des conditions de vie et de travail.

4. Le droit à la _____ sociale assurée par le système en vigueur dans le pays d'accueil.

5. Le droit à la _____ d'association et à la négociation collective.

6. Le droit à la _____ professionnelle

7. Le droit à l'_____ de traitement entre les hommes et les femmes.

8. Le droit des travailleurs à l'information, à la consultation et à la _____.

9. Le droit à la protection de la santé et à la _____ dans le milieu du travail.

10. Le droit à la _____ des enfants et des adolescents.

11. La garantie à une _____ minimale pour les personnes âgées.

12. Le droit à l' _____ professionnelle et sociale pour les personnes handicapées.

 C d V 4.24

Ces principes sont-ils respectés dans votre pays ?
Discutez sur chacun de ces points avec votre partenaire. Justifiez vos arguments.

POUR MIEUX SE COMPRENDRE

Les Latins sont perçus en général comme des gens qui apprécient l'art de vivre, mais qui manquent d'organisation et d'efficacité.
Les Latins ont un mode de communication symétrique, explicite, déductif, et une organisation du travail très hiérarchisée.
À cause des différences culturelles qui existent avec les autres peuples européens, les malentendus sont fréquents.

 C d V 4.25

Où vous situez-vous par rapport aux latins ?

LES LATINS

- raisonnement déductif (les concepts d'abord)	- raisonnement inductif (les faits d'abord)
	- séparation travail, relations
- importance de la relation émotionnelle dans le travail	- travailler dur pour réussir
- qualité de la vie - temps flexible	- respect du temps
- communication implicite, importance du langage non verbal	- communication explicite, importance du langage verbal
- formalisme élevé (protocoles, rites, étiquettes, séparation "tu/vous")	- formalisme faible (simplicité appréciée, pas de séparation "tu/vous")
- résistance au changement	- faible résistance au changement
- hiérarchisation élevée, structure pyramidale autoritaire	- faible hiérarchisation, structure horizontale participative
- faible mobilité sociale	- forte mobilité sociale
- importance du rôle des élites	- peu d'élites
- système d'éducation sélectif	- système d'éducation démocratique
- faible syndicalisation	- forte syndicalisation

 C d V 4.26

Notez les différences et les similitudes qui existent entre votre pays et les affirmations citées ci-dessus. Travaillez seul ou en groupes.

Toutes ces expressions concernent le travail.
Associez chacune d'elles à la définition qui lui correspond :

1. avoir un poil dans la main (le contraire de travailleur)

2. abattre de la besogne (le contraire de lent)

3. gagner son bifteck

4. travailler comme un sabot (le contraire d'un travail bien fait)

5. travailler d'arrache-pied (le contraire de fainéant)

6. être dans les brancards (le contraire d'un travail agréable)

7. être sur la brèche (le contraire de repos et de simple)

8. avoir du pain sur la planche

9. ne rien faire (ne savoir rien faire) de ses dix doigts

A être très paresseux (très incapable)

B avoir beaucoup de travail

C en fournissant un effort intense

D être en pleine activité, au travail, dans des entreprises difficiles

E être très paresseux

F travailler vite, efficacement

G travailler très mal

H gagner sa vie

I être en train de faire un dur travail

3.

8.

TRANCHES DE TRAVAIL

M. Fabio Colasanti
(Directeur des Ressources, Commission Européenne, DG-XIX-Budget) :

- Je suis en ce moment directeur d'une direction qui s'occupe des ressources du budget communautaire.
- Une journée type s'articule autour d'un certain nombre de réunions, ce qui est la partie principale de ma journée. Je crois que dans une journée type, je pourrais avoir trois, quatre, cinq réunions. Le reste du temps, c'est : *lecture de documents*.
- Nous avons un agenda électronique qui est accessible, qui est lisible par tout le personnel de la direction, donc mes collaborateurs peuvent savoir où je suis, ce que je suis en train de faire et ma secrétaire fixe des rendez-vous directement dans l'agenda.
- J'aime beaucoup ce brassage culturel, le fait de travailler avec des personnes de nationalités très différentes. En dépit de ces différences culturelles, on travaille ensemble très très bien, on arrive à passer outre toute une série de stéréotypes qui montrent, dans la pratique, la mesure dans laquelle ils sont faux.
- Nous sommes une administration suffisamment petite pour que le rapport avec le monde politique, avec les niveaux décisionnels ne soit pas trop éloigné. Pour une bonne partie des fonctionnaires, cela est une chose tout à fait possible de voir les résultats de son travail discutés par les ministres, de rencontrer même les commissaires et donc ceci donne un intérêt particulier au travail, ce qui compense, du moins dans mon cas, largement, les désagréments de travailler dans une administration.

* Voir la page 167

1. Travailler avec des personnes de nationalités différentes peut poser certains problèmes. Avez-vous une ou deux anecdotes à raconter à ce sujet ?
2. Les différences culturelles font l'objet de préjugés. Dans quelle mesure les stéréotypes concernant votre pays sont-ils acceptables ?
D'après votre expérience, dans quelle mesure des stéréotypes concernant des partenaires étrangers sont-ils valables ?
3. Le brassage culturel dans les relations professionnelles : est-ce que nous y sommes bien préparés ?

UNITÉ 5 : INVITATIONS

Que faites-vous ce soir ?
Avec plaisir.

Clés

- **Voulez-vous venir dîner avec votre femme à la maison demain soir ?**
- **Que diriez-vous de venir déjeuner avec moi demain ?**
- **Volontiers.**
- **C'est très gentil de votre part de nous inviter, mais malheureusement, demain soir je suis pris.**
- **C'est bien dommage.**

5.1.1. À Bellerive, après une partie de tennis. Daniel Bouvardt arrive avec son partenaire. Ils rencontrent André.

André : Tiens, bonjour.

Daniel : Bonjour. Comment allez-vous ?

André : Mais très bien. Et vous, vous allez bien aussi ?

Daniel : Alors, vous avez fait une bonne partie aujourd'hui.

André : Oui, moi je vais très, très bien.

Daniel : Vous avez gagné comme d'habitude ?

André : Absolument. Et vous aussi ?

Daniel : Eh bien, oui, on ne donnera pas le résultat.

André : Ah non, il ne vaut mieux pas.

Daniel : Et voulez-vous venir dîner chez nous demain soir avec votre femme ?

André : Ah, bien. C'est très gentil de votre part de nous inviter, mais malheureusement, demain soir je suis pris : je me rends à une réunion du comité de tennis de l'Allier. Je ne suis pas libre. Je ne pourrais pas, non. Merci.

Daniel : Eh bien, c'est bien dommage, mais ce sera partie remise et on fera une bonne soirée ensemble. C'est promis.

André : Ah ben, c'est avec plaisir que je m'y rendrai la prochaine fois.

5.1.2. À St.Benoit-du-Sault. Bernadette Roy accueille une cliente, Mme Gayard.

Mme Roy : J'espère malgré tout que vous êtes bien installée à votre hôtel.

Mme Gayard : C'était parfait, je vous remercie. Et maintenant j'attends avec impatience la visite de votre usine.

Mme Roy : Oui, bien évidemment, nous allons organiser tout cela demain. À ce sujet, que diriez-vous de déjeuner avec moi ? Cela nous permettrait de faire un peu plus connaissance.

Mme Gayard : Eh bien, volontiers. À quelle heure ?

Mme Roy : Je vous propose de vous prendre à votre hôtel aux alentours de midi.

INVITATIONS PAR LETTRE

On invite de plus en plus par téléphone, surtout quand il s'agit d'un déjeuner. Cependant, l'invitation par lettre continue à exister. Répondez toujours à une invitation écrite par écrit, même s'il n'y a pas RSVP (répondez s'il vous plaît) sur l'invitation.

Monsieur et Madame Garonne

prient Monsieur et Madame Suominen de leur faire le plaisir de venir dîner chez eux, samedi le 12 octobre, à 20 h.

RSVP
8, Rue des Innocents
tél. 307.95.12.32

Monsieur et Madame Yvelin

Nous recevons quelques amis à déjeuner

Le 6 mai, à 12 h 30, et nous aimerions vous avoir parmi nous.

Tél./Fax : 06 80 56 87

9, Quai des Brumes

C d V 5.1

Vous aussi, vous avez reçu, à votre nom, une invitation à dîner des Garonne. Répondez par écrit a) formellement b) amicalement

- en refusant l'invitation
- en acceptant l'invitation

Réponses (sur une carte de visite) :

Si vous acceptez l'invitation :

- réponse formelle :

Monsieur et Madame Suominen

remercient vivement Monsieur et Madame Garonne

de leur aimable invitation au dîner le 12 octobre auquel

ils se rendront avec plaisir.

- réponse amicale :

MONSIEUR ET MADAME DAVIES

NOUS VOUS REMERCIONS DE VOTRE CORDIALE INVITATION À DÉJEUNER À LAQUELLE NOUS AURONS GRAND PLAISIR DE NOUS RENDRE LE 6 MAI, À 12 H 30.

Si vous refusez :

- réponse formelle :

Monsieur et Madame Thierry

vous remercient de votre aimable invitation
mais expriment leurs vifs regrets de ne pouvoir s'y rendre
comme ils l'auraient souhaité pour des raisons familiales.

- réponse amicale :

Pierre et Madeleine Dutronc

Nous vous remercions de votre aimable invitation à dîner
le 6 mai, mais nous sommes désolés de ne pouvoir l'accepter
car nous avons déjà, ce jour, un engagement.

CARTE DU JOUR 2

Conversations

Clés

- Avez-vous une préférence pour les vins ?
- Pouvez-vous me conseiller une spécialité régionale ?
- Peut-être pourrions-nous commencer par une salade de brochet à l'oseille et continuer ensuite par un grenadin de veau ?
- Soyez la bienvenue chez nous et à votre santé !
- À votre santé !
- Je vais vous servir.

5.2.1. Dans un petit restaurant gastronomique.

Mme Gayard : C'est un très joli restaurant. Vous venez souvent ici ?

Mme Roy : Oui, nous y venons régulièrement : la cuisine y est très soignée. Souhaitez-vous que je vous aide pour faire une sélection du menu ?

Mme Gayard : Je veux bien. Peut-être une spécialité régionale ?

Mme Roy : Bien volontiers. Peut-être pourrions-nous commencer par une salade de brochet à l'oseille et continuer ensuite par un grenadin de veau ?

Mme Gayard : Je vais suivre votre choix. Merci.

Mme Roy : Avez-vous une préférence pour les vins ?

Mme Gayard : Non, pas particulièrement.

Mme Roy : Alors dans ce cas, si je peux me permettre, je vous propose de prendre un Saumur Champigny qui pourrait très bien convenir aussi bien au poisson qu'à la viande.

Mme Gayard : Ce sera parfait. Merci.

Mme Roy : Soyez la bienvenue chez nous et à votre santé !

Mme Gayard : À votre santé !

5.2.2.

Mme Gayard : Bon appétit !

Mme Roy : Bon appétit !

Mme Gayard : Mmm. Cela a l'air délicieux.

Mme Roy : Oui, en effet. Je sais qu'il s'agit donc d'un pavé de veau accompagné d'une sauce à la crème fraîche. Et d'après ce que je vois, on a profité des derniers légumes de saison.

Mme Gayard : Ce vin a un parfum... un arôme superbe.

Mme Roy : Oui. Il a une très jolie robe et c'est un vin qui est de la région de Loire et qui se marie parfaitement bien avec toutes sortes de mets, depuis les poissons jusqu'à la viande, et même le fromage.

Mme Gayard : C'est très bien. Ça évite de changer de vin à chaque plat.

Mme Roy : Tout à fait.

5.2.3. Bellerive. Daniel et Véronique Bouvard ont invité des amis a dîner. Tout le monde arrive.

Daniel : ... Et juste à l'heure en plus. Bonsoir, Nicole.

Nicole : Pour une fois, ça change. Bonsoir, Daniel.

Daniel : Ah, mais tout le monde arrive en même temps, c'est magnifique! Jean-Pierre, bonjour. Marie-France.

Jean-Pierre : Attends. On va dégager un petit peu.

Tous : Tu vas bien ? ... Ça va ?

(Daniel ouvre une bouteille de champagne.)

Daniel : Petite fumée. Voilà.

Tous : Très bien. Bravo ! ... C'est très drôle, Nicole, ton... Quel doigté !

Daniel : Alors voilà. Quand on sert le champagne, il faut toujours être patient. Les dames d'abord.

Clémence (8 ans) : Ah ben, pas moi quand même !

Daniel : Voilà. Marie-France.

François : Non, mais tu es une demoiselle. Tu n'as pas un grand verre comme tout le monde ?

Clémence : Mais non, tu rigoles.

François : C'est une plaisanterie.

Daniel : Jean-Pierre.

Jean-Pierre : Merci.

Nicole : Laisse-en pour les autres !

Daniel : Bon, eh bien, alors, à votre bonne santé à tous !

Tous : Santé !

5.2.4. Après l'apéritif ...

Daniel : Nicole, Marie-France, si vous voulez passer à table.

Les dames : Ah oui, volontiers.

Daniel : Alors, Marie-France, tu es là. ... Nicole...

Nicole : Merci. Là-bas de l'autre côté ?

Daniel : Là. ... Voilà. François, à côté de Nicole. Là, là, Nicole !

Nicole : Ah, je me trompe.

Daniel : Là, François. Jean-Pierre. Voilà, asseyez-vous. Mademoiselle Clémence. Asseyez-vous.

Marie-France : *(en regardant les serviettes)* Oh, les beaux petits nœuds !

CHOISIR UN RESTAURANT

Vous allez déjeuner / dîner

| entre amis
| avec des amis français / étrangers
| avec lui ou elle (une soirée romantique à deux)
| avec un client / associé

La situation
- dans le centre , en pleine campagne, à la mer ...

Le cadre, le décor
- avant-gardiste, de fin de siècle, rétro (des années '50, '60)
- peu original, simple, nappes blanches ...

Le service
- lent, rapide, impeccable ...
- formel, familier ...

La cuisine, les repas
- quelle sorte de cuisine : nouvelle, traditionnelle, végétarienne, chinoise ...
- la carte
- la carte de vins
- spécialités
- plats régionaux

L'ambiance
- sympa, agréable ...
- animé(e), bruyant(e), tranquille, intime ...
- la clientèle ?
- musique d'ambiance ?

Le rapport qualité-prix
- mauvais, bon, excellent ...

C d V 5.2

Comment est votre restaurant préféré ?

Comprendre et décrire un menu – attention aux prépositions !

de
1. composition (qui est composé / fait de ...)
   la purée de pommes de terre
   la côtelette de porc

2. origine (qui vient de ...)
   les huîtres d'Oléron
   le pâté de campagne

à
1. garnitures, épices
   la tarte aux pommes
   le café au lait

2. façon (f) de préparer
   les moules (à la) marinière
   le maquereau (à la) normande

> **NB**
> on omet souvent 'à la', mais l'adjectif reste au féminin

3. préparé où ?
   le saumon au four
   le pot-au-feu

en – l'état
   les crevettes en salade
   les oeufs en gelée

PETIT DICO

Pour indiquer la façon de préparer un plat, on se sert souvent des participes passés des verbes :

fourrer :	le gâteau fourré
fumer :	le saumon fumé
farcir :	le dindon farci
rôtir :	le poulet rôti
frire :	les pommes frites
cuire :	les endives cuites
braiser :	le renne braisé

Véronique : Tiens, viens m'aider, Clémence.

Clémence : D'accord.

Véronique : *(se lève pour aller à la cuisine)* Tu vas m'aider. Tu apporteras les assiettes.

(Tous les invités sont assis, Daniel verse du vin.)

François : Le meilleur moment, en fait. ... le meilleur moment.

Daniel : Alors, encore une petite goutte ?

Nicole : Dis, tu ne nous a pas dit ce que c'était ton vin.

Daniel : Ah, mais l'essentiel, c'est que tu le trouves bon.

Nicole : Excellent, oui.

Daniel : Après, on va essayer de deviner ce que c'est.

Nicole : Tout à fait d'accord.

Marie-France : C'est les devinettes.

Nicole : Alors, on attend.

Marie-France : Très bien.

(Clémence apporte les entrées...)

Clémence : Voilà.

Tous : Merci. ... Nicole, un peu de pain ? Prends-en ....

Véronique : Nicole, un peu de pain ?

Jean-Pierre : Vous sentez mieux les arômes avec une narine qu'avec les deux.

Daniel : Non, mais c'est-à-dire qu'on n'a jamais les cloisons nasales parfaitement droites.

Jean-Pierre : Faut toujours... Essayez, essayez, vous allez voir.

Daniel : ... et ça circule toujours mieux d'un côté que de l'autre.

Nicole : Ah, ça je ne savais pas !

(Tout le monde sent le vin. Véronique apporte le plat principal.)

Véronique : Voilà. Je vais vous servir. Tiens, Marie-France. Je commence par toi.

Marie-France : Merci.

Véronique : Davantage ?

Marie-France : Non, ça va, merci.

Combinez les plats avec les explications.

ENTRÉES

1. Salade (f) niçoise
2. Bouquets (m)
3. Moules (f) (à la) marinière
4. Quiche lorraine (f)
5. Soupe (f) jardinière
6. Ratatouille (f)
7. Pistou (m)

A. des tomates, des pommes de terre, des oeufs durs, des olives et des anchois au vinaigre et à l'huile d'olive
B. soupe de légumes, petits pois, choux-fleurs, carottes, haricots verts...
C. tarte salée garnie de lardons, d'oeufs et de crème
D. soupe de légumes au basilic et à l'ail
E. de grosses crevettes roses
F. mélange d'aubergines, de courgettes, de poivrons, d'oignons et de tomates cuits à l'huile d'olive
G. des moules au vin blanc et aux fines herbes

PLATS

1. Gratin (m) dauphinois
2. Poulet (m) (à la) basquaise
3. Bouillabaisse (f)
4. Choucroûte alsacienne
5. Pot-au-feu grand-mère
6. Magret de canard (m)
7. Andouillette (f)
8. Cassoulet (m)

A. du gros intestin et de l'estomac de porc
B. filets de canard en sauce
C. plat de viande de boeuf bouillie avec carottes, poireaux, navets...
D. pommes de terre gratinées avec du lait, du beurre et du fromage
E. divers poissons cuits à l'eau ou au vin blanc, avec de l'ail, du safran, de huile d'olive...
F. du chou, de la saucisse, du jambon
G. du poulet, des poivrons, des tomates des champignons, du madère ...
H. des haricots blancs, du canard, du mouton...

DESSERTS

1. Profiteroles
2. Île flottante (f)
3. Café liégeois (m)
4. Clafoutis (m)
5. Baba
6. Tarte tatin

A. de la crème fraîche ou de la glace au café, du café, de la crème fouettée
B. un gâteau aux cerises et aux fruits
C. une tarte aux pommes caramélisée
D. un gâteau aux raisins secs et au rhum ou au kirsch
E. de la meringue cuite au four servie sur une crème
F. un petit chou fourré de glace et arrosé de chocolat chaud

Vous êtes au restaurant avec vos invités qui ne connaissent pas les noms des plats ci-dessus.
A (l'invité) : "Le cassoulet", qu'est-ce que c'est ?
B (l'hôte) : "C'est ..."

Faites une liste de quelques plats typiques de votre pays.
Comment les expliqueriez-vous à un étranger ?

RADIOBOUCHON FM
Reportage de notre envoyé spécial

- Ça y est! Il est arrivé.

- Qui ça "il" ?

- Eh bien, le beaujolais nouveau !

Choisir un vin est toujours délicat mais il existe d'excellents guides pour vous aider à faire votre choix parmi les crus et les millésimes, à faire la différence entre :
• Appellation d'Origine Contrôlée, AOC
• Appellation d'origine AO qu'on appelait avant Vins délimités de qualité supérieure (AOVDQS)
• Vin de pays
• Vin de table
ou encore entre vin primeur (vendanges en septembre-octobre, consommation fin novembre) et vin nouveau (vin de la dernière vendange).

Parlons-en de ce vin que vous venez de déguster !

D'abord vous l'avez regardé :
- vous appréciez sa couleur et sa robe   œil   👁

puis vous l'avez senti :
- vous appréciez son bouquet / nez / arôme   nez

vous le goûtez :
- vous appréciez sa force en alcool, son corps   bouche
                                                   corps
- sa richesse en sucre   sucre

C d V 5.7 ✏

Petit jeu pour s'y retrouver
dans le vocabulaire du vin.

1. ouvrez une bonne bouteille
2. décontractez-vous
3. classez, comme vous le sentez, les mots suivants en cinq catégories, indiquez si cela vous semble positif (+) ou négatif (-)

1. Robe, couleur
2. Bouquet, nez
3. Goût
4. Corps
5. Sec/doux

L'ABUS D'ALCOOL EST DANGEREUX POUR LA SANTÉ. À CONSOMMER AVEC MODÉRATION !! [obligatoire sur les pub pour le vin]

👁 œil	∟ nez	🍃 bouche	🧍 corps	△ sucre
pourpre (+)	plat (-)	aigre (-)	capiteux (+)	doucereux (-)
éteint (-)	bouchonné (-)	plein (+)	corsé (+)	dur (-)
		moelleux (+)	plat (-)	
			gouleyant (+)	

acide, **aigre**, astringent, **bouchonné**, bouqueté, brillant, capiteux, clair, corsé, coulant, doux, **doucereux**, dur, **éteint**, épais, épicé, équilibré, froid, fruité, **gouleyant**, léger, liquoreux, **moelleux**, nerveux, parfumé, pétillant, **plat**, **plein**, **pourpre**, puissant, riche, rubis, suave, tendre, trouble, velouté

LE DÉJEUNER d'AFFAIRES AU RESTAURANT

Si vous êtes l'hôte, soyez actif : parlez du restaurant et de sa cuisine à votre invité. Présentez-lui la carte et expliquez-lui, recommandez-lui des plats...
N'abordez pas trop vite le sujet de la rencontre, les Français commencent toujours leur discussion par un échange de civilités. Prenez votre temps, commencez par une discussion générale (les impressions de votre interlocuteur sur votre pays, les divertissements, l'actualité du jour, et si vous le connaissez déjà un peu, posez-lui des questions sur son travail, sa famille – en restant discret). Cela crée une ambiance propice aux affaires. Et si vous ne vous connaissez pas, cela vous permet d'apprendre à vous connaître. D'une façon générale, dans un déjeuner d'affaires (ou dans le petit déjeuner d'affaires), ne parlez pas trop tôt de sujets professionnels.

L'hôte : C'est un restaurant qui sert des plats régionaux. J'espère qu'il vous plaira.

L'invité : J'aime beaucoup la cuisine française, surtout traditionnelle ... Vous savez, je ne suis pas végétarien !

L'hôte : Tant mieux ! Vous voulez vous asseoir là, dans le coin ?

L'invité : C'est très bien, comme ça, on pourra discuter tranquillement. (*ils s'assoient*) Le décor est très sympa.

L'hôte : Oui, c'est très simple et un peu nostalgique – il n'ont rien changé depuis 1930. Plusieurs artistes célèbres venaient manger ici. Voici le garçon ... Vous prendrez bien un apéritif – un campari, un pastis ...?

Invité : Avec plaisir. Un campari avec des glaçons, s'il vous plaît.

Hôte : Monsieur, s'il vous plaît ! Un campari avec des glaçons et un pastis.
(*à l'invité*) Voici la carte. Je vais vous aider à choisir, si vous voulez bien ...

Invité : Mmmm – c'est un menu excellent ! Mais en effet je ne connais pas tout les plats – qu'est-ce que c'est "Andouillettes", par exemple ?

Hôte : C'est du gros intestin et de l'estomac du porc.

Invité : Ouf, je ne suis pas si courageux que ça ... Qu'est-ce que vous me conseillez ?

Hôte : Le bœuf bourguignon c'est très bon ... si vous aimez la viande. C'est du bœuf au vin rouge, aux champignons ...

Invité : Ça paraît délicieux. Je prends ça.

Hôte : Moi, je prends les tripes. Et pour commencer, qu'est-ce que vous prendrez ? Vous avez une préférence ?

Invité : "Moules marinière", qu'est-ce que c'est ?

Hôte : C'est des moules au vin blanc et aux fines herbes. Je vous les recommande, elles sont excellentes et toujours fraîches ici. En fait, je vais en prendre moi-même.

Invité : J'aimerais y goûter moi aussi.

Hôte : Avec le bœuf bourguignon, je pense qu'un bon petit bourgogne conviendra parfaitement. Et pour le vin blanc, est-ce que vous avez une préférence ?

Invité : Je vous laisse le choix.

Hôte : Alors, peut-être qu'un blanc de blancs irait avec les moules.

(*En fin de repas*)

Hôte : Vous prendrez bien un dessert ?

Invité : J'aime tout ...Qu'est-ce que c'est que le "café liégeois" ? C'est comme l'Irish coffee ?

Hôte : Pas vraiment. Il y a de la crème glacée, du café et je ne sais quoi. C'est très bon. Mais si vous préférez quelque chose de plus léger, il y a un sorbet aux framboises.

Invité : D'accord pour le café liégeois !

Invité : C'était vraiment très très bon ...

CONVERSATION À TABLE – LÉGÈRETÉ D'ESPRIT

Pour amorcer la discussion et pour la continuer, pour qu'il n'y ait pas de silence – les Français en ont horreur – il faut savoir :

- poser des questions
- écouter activement
- répondre en enchaînant, en ajoutant un commentaire ou une question
- changer de sujet, glisser à un autre sujet (À propos ....)
(pour éviter les sujets délicats, pour éviter d'insister trop sur la même idée, ce qui serait ennuyeux et lourd – ou pour trouver un sujet qui intéresse votre interlocuteur.)

C d V 5.8

Oui, elle travaille au service du personnel. Vous la connaissez depuis longtemps ?

Ah, vous travaillez à RÉSULTA. Vous connaissez Madame Dubonnet ?

C d V 5.9

Vous êtes l'hôte. Vous invitez votre client à un restaurant. Parlez du restaurant, des plats, faites votre choix – sans oublier les boissons.

PETIT DICO

Apprécier ce qu'on mange

C'est vraiment savoureux
| merveilleux
| très très bon
| succulent
| délicieux
| très bien préparé

J'aime beaucoup ce vin.
Ce vin est très bon / excellent.
Ce vin va bien avec ...

ON EST INVITÉ DANS UNE FAMILLE – L'ARRIVÉE

L'hôte / L'hôtesse
- Bienvenue, Monsieur / Madame Poulin / chers amis !
  Entrez, entrez, je vous en prie !
- Vous connaissez mon mari / ma femme, n'est-ce pas ?
- Très bien, Madame Poulin.
- Si vous voulez bien me donner votre manteau...
- Merci.
  (à quelqu'un qu'on connaît assez bien :)
- Quelle jolie robe !

- Oh ! Il ne fallait pas... !
- C'est très gentil à vous. Merci !
- Quelles jolies fleurs ! J'adore les roses !
- Passons au salon. Les autres sont déjà là.

- Tenez, je vous présente Madame et Monsieur Suchard.
- Asseyez-vous, je vous en prie !
- Qu'est ce que vous voulez boire ? / Vous prendrez bien
  quelque chose : du pastis, du whisky, du porto ... ?
- Voilà.
- Prenez des amuse-gueule ! Servez-vous !
  (Commence une petite conversation)

L'invité(es)
- Merci, Madame Dufort.

- Oui, oui. Comment allez-vous, Monsieur Dufort ?

- Voilà.

- Vous trouvez ... ? | Merci.
- Tenez, madame, | voici un petit cadeau pour vous.
                  c'est pour vous.
- J'ai pensé que cela vous ferait plaisir.
- Je vous ai apporté quelques fleurs.

- Je vous en prie, Madame.

- Vous avez une belle vue !
- Vous êtes bien installés.
- Enchantée, Madame. / Monsieur.

- Du pastis, s'il vous plaît.

Quelques observations

- C'est à la maîtresse de maison de placer les invités en fonction de la position sociale ou de l'importance de l'invité ; elle peut également placer les invités suivant les centres d'intérêt qu'ils ont en commun – pour que la conversation soit vivante et que tout le monde y participe. Les noms des invités peuvent aussi être indiqués sur des cartons placés à l'avance.

- Commencez à manger en même temps que votre hôte.

- Attendez qu'on vous serve le vin.

- Ne coupez pas votre salade, ni votre pain.

- Par politesse, il est recommandé de se resservir.

- Ne dites pas "je suis plein(e)", c'est vulgaire.

- En refusant quelque chose qu'on vous offre, p.ex. une boisson vous entendrez souvent – "Merci !", accompagné d'un geste de la main qui traduit le refus.

- Après le repas, on prend le café et le digestif, souvent dans le salon.

- Pendant le repas on fait des compliments sur les plats (en guise de remerciement).

- En se quittant, on remercie les hôtes pour l'agréable soirée qu'on a passée.

À quelle heure doit-on arriver quand on est invité ?

Il faut arriver un quart d'heure – une demi-heure "en retard" au dîner, un quart d'heure en retard au déjeuner (sauf quand il s'agit d'un déjeuner d'affaires : alors on se présente à l'heure). On prend un apéritif en attendant l'arrivée des autres invités. Si vous êtes très en retard, prévenez vos hôtes en donnant une bonne excuse.

Qu'est-ce qu'on peut apporter comme cadeau quand on est invité ?

- des fleurs. D'une façon générale, n'enlevez pas le papier avant de sonner à la porte. N'offrez pas de chrysanthèmes (associés à la mort) , ni d'oeillets... Au besoin, consultez le fleuriste si vous ne vous y connaissez pas en langage des fleurs. On peut également envoyer des fleurs à l'avance, ainsi que quelques jours après le dîner, avec ses remerciements.

- des chocolats, des friandises (surtout s'il y a des enfants dans la famille)

- des pâtisseries

- du champagne (brut), ou du vin si vous connaissez bien la personne et ses goûts

- quelque chose de typique de votre pays L'important, c'est que ce soit un cadeau de qualité – ce qui ne veut pas dire cher – et bien présenté (joliment emballé) !

C d V 5.10

Jouez les rôles de l'hôte(sse) et de l'invité(e) selon le modèle ci-dessus.

C d V 5.11   Vrai ? Faux ? Ça se discute ?

Écoutez l'extrait d'interview et répondez aux questions.
" Je vous ai apporté des bonbons..."
Selon M. Bouvard...

1. Apporter des fleurs pose des problèmes parce que la maîtresse de maison a beaucoup de choses à faire.

2. Il faut éviter d'offrir de l'alcool.

3. Un bon cadeau doit coûter assez cher pour être apprécié.

4. Il ne faut rien apporter aux enfants.

5. "La façon de donner vaut mieux que ce que l'on donne", comme dit le proverbe.

6. En milieu professionnel les pratiques sont très différentes.

Des gestes qui parlent...
Je pense qu'il faut bien poser le problème.

5

CARTE DU JOUR 3

Un repas au restaurant
Chez l'habitant

Clés

- **Avez-vous déjà goûté des fromages de chèvre ?**
- **Tout le monde veut du café ?**
- **C'est délicieux, Véronique, vraiment, très bon, bien réussi, bien parfumé.**
- **Mais c'est moi qui vous remercie d'avoir bien voulu accepter mon invitation.**

5.3.1. Au restaurant.

La serveuse : Qu'est-ce que vous désirez comme fromage ?

Mme Roy : Avez-vous déjà goûté des fromages de chèvre ?

Mme Gayard : Non.

Mme Roy : Je vous propose d'essayer le valençais et le pouligny.

Mme Gayard : Oui. Je vais essayer. Pardon. Merci.

Mme Roy : La même chose pour moi, s'il vous plaît. Merci.

La serveuse : Voilà. Ce sera tout ?

Mme Roy : Merci beaucoup. Merci.

Mme Gayard : Vous avez demandé valençais et pouligny. Ce sont deux régions différentes ou… ?

Mme Roy : Ce sont deux régions très proches l'une de l'autre, mais la saveur des fromages est différente. Mais ce sont des fromages de notre région.

Mme Gayard : Je vous remercie pour cet excellent repas que j'ai eu le plaisir de partager avec vous.

Mme Roy : Mais c'est moi qui vous remercie d'avoir bien voulu accepter mon invitation. Nous nous revoyons demain, n'est-ce pas ?

Mme Gayard : Bien sûr, à demain.

Mme Roy : Désirez-vous que je vous raccompagne à votre hôtel ?

Mme Gayard : Non, ce n'est pas utile : mon hôtel est juste à côté. Je vais marcher un petit peu.

Mme Roy : Bien, dans ce cas, je vous souhaite une bonne soirée.

Mme Gayard : Une bonne soirée à vous.

Mme Roy : Merci. Et à demain.

Mme Gayard : À demain. Au revoir.

5.3.2. Chez Daniel. Tout le monde a pris du fromage...

Véronique : Quelqu'un veut encore du fromage

Jean-Pierre : Non merci.

Véronique : C'est bon ? On va passer au dessert, alors.

Marie-France : On se réserve pour le dessert.

Véronique : Ah, Clémence, tu me prends les assiettes et les couverts, s'il te plaît.

Clémence : D'accord.

5.3.3. Au dessert...

Nicole : Attends, moi je n'ai pas fini mon dessert. Tu permets, non mais… ? … Non mais écoute, c'est la première fois que je mange de la glace au litchi, moi. Elle est très bonne.

François : C'est bon, hein ?

Marie-France : C'est délicieux, Véronique, vraiment, très bon, bien réussi, bien parfumé. Délicieux !

5.3.4. Après le dessert...

Véronique : On passe au salon ?

Tous : Oui. … Excellente idée ! … Pour le café ?

Véronique : Allez, on prend un petit café. Tout le monde veut du café ? Un petit café ? Allez, hop !

(Daniel propose une eau de vie de prune...)

Daniel : Alors, on va commencer par les dames. Tu veux un petit peu de prune.

Nicole : À peine, à peine.

Daniel : Tu le veux dans la tasse ou dans un verre ?

– Je préfère dans un verre.

Daniel : Tu préfères dans un verre.

(Daniel fait tourner un glaçon pour refroidir le verre.)

C'est joli. Après ça, on jette le glaçon. Voilà. Puis on va servir.

Nicole : Tu m'en mets une goutte dans le fond pas autant que ce qui est réfrigéré. Merci.

Daniel : Voilà, la prune de Madame est servie.

Jean-Pierre : … est avancée.

Nicole : Merci, Daniel.

(Tout le monde part, on s'embrasse.)

Jean-Pierre : Daniel…

Daniel : Jean-Pierre. Bonne nuit.

– Au revoir.

Daniel : Bon, j'espère que tu as passé un moment agréable.

Jean-Pierre : Quatre fois ? *(Il embrasse quatre fois Véronique.)*

ON EST INVITÉ DANS UNE FAMILLE – ON PASSE À TABLE

Voulez-vous passer à table maintenant ?
Madame Poulin, vous voulez vous mettre là ?
Et Monsieur Duroc ici, à côté de moi ?
- C'est une salade niçoise.
- C'est quelque chose de très simple.
- J'espère que vous aimez ça.
- Tenez, je vous sers.
- Servez-vous !
- Bon appétit !
- Tenez, voilà.
- (Vous prendrez bien) encore un peu de salade / de vin ?

- Vous êtes sûr(e) ? Allez, prenez-en encore un peu ...

(après le repas)
- Passons au salon pour le café.
- Vous voulez un digestif : un cognac, un calvados ... ?

Et la discussion continue ...

- Ça a l'air délicieux !

- Voulez-vous me passer le pain / la sauce, s'il vous plaît ?

- Oui, avec plaisir, un petit peu / juste une goutte (boisson).
- Puisque vous insistez.
- (Non,) merci, c'était vraiment délicieux, mais ...
- Non, vraiment.
- Merci, sans façon !

- Je prendrais bien un petit calvados, s'il vous plaît.

(en partant)
- Je vous remercie. Nous avons passé une très agréable soirée.
- C'était très sympathique.

- Merci d'être venus.
- Tout le plaisir était pour nous.

SUGGÉRER, PROPOSER – ACCEPTER, REFUSER

- Vous aimez l'art ? / l'art, ça vous intéresse ?
- Vous vous intéressez à l'art / au cinéma ?
  (la cuisine régionale, l'histoire, le sport, la nature,
  les spectacles, la mode, l'architecture, la science,
  la vie nocturne, les jeux de hasard, l'opéra, les vieux quartiers,
  la campagne ...)

- Alors, peut-être que nous pourrions ...
- Est-ce que vous aimeriez ...
- Ça vous dirait de / d'...? *(fam.)*
  | ... aller au Musée Grévin ?
  | ... voir une exposition ...?
  | ... faire un petit tour en / à / dans ... ?
  | ... faire une promenade ?
  | ... dîner sur un bateau-mouche ?

- C'est dommage.
- Ah oui, je comprends.

- Parfait ! Je passe vous prendre / je viens vous chercher à l'hôtel.
On se retrouve ici / à la réception disons vers 8 h. Ça vous va ?

(- À 8 h 30, alors.)
- À tout à l'heure, alors !
 À bientôt !
 À ce soir !
 À demain !

- Oui, j'aime (beaucoup) l'art.
- Oui, ça m'intéresse beaucoup.
- Oui, je m'intéresse à ...
(- À vrai dire, pas tellement.)

- Je regrette, mais | je ne peux pas (+ excuse)
                    | je suis un peu fatigué(e)
                    | (Un autre soir, peut-être.)

- Avec plaisir !

- Oui, très bien.
(- Je préférerais un peu plus tard si ça vous va.)

C d V 5.12

Jouez maintenant les rôles de l'hôte / l'hôtesse et des invités. Voici votre menu pour la soirée :

- entrée : melon au porto
- plat : gigot d'agneau flageolets
- salade verte
- plateau de fromages
- dessert : île flottante
- vins : rosé de Provence, bourgogne

N'oubliez pas la discussion – on n'est pas là juste pour manger, mais pour être ensemble !

C d V 5.13

Discutez avec votre invité. D'abord, trouvez ce qui l'intéresse, et ensuite, faites une proposition plus concrète, p. ex :
- Vous vous intéressez au cinéma ? ... Alors, peut-être pourrions-nous aller voir le film "Rencontres" ?
Donnez-vous rendez-vous.

C d V 5.14

A réagissez à la nouvelle de **B**. Changez de rôle. Imaginez d'autres nouvelles.

RÉACTIONS AUX NOUVELLES

A   **B**

- Vous connaissez la nouvelle ?   - Non, qu'est-ce qu'il y a ?
- Vous savez ce qui s'est passé ?   - Non, dites !
                                                expliquez !
                                                racontez !

Bonnes nouvelles :
- J'ai gagné au loto.   - Ah ! Je suis très content(e) pour vous !
- J'ai eu une augmentation.   - Ça me réjouit.
                                           - (Mes) Félicitations !
                                           - Je vous félicite.
                                           - Vous avez de la chance !
                                           - Chapeau !

Mauvaises nouvelles :
- J'ai manqué mon avion.   - C'est bien dommage / embêtant.
- Je ne trouve pas ma clé.   - Vraiment, vous n'avez pas de chance !
                                           - Quel dommage !
                                           - Quelle catastrophe !
                                           - Oh ! Je suis désolé(e) (pour vous) !

(rassurez)
- Ne vous en faites pas.
- Voyons, ce n'est pas grave.
- Ne vous inquiétez pas.
- Ça arrive. / C'est la vie. (+ proposez solution)
- Vous pouvez toujours ...
- On va arranger cela.

Nouvelles surprenantes /étonnantes /incroyables
- Je vais quitter mon emploi.   - Ce n'est pas vrai / possible !
                                           - Vous n'êtes pas sérieux(euse) !
                                           - Vous plaisantez !
                                           (- Sans blague ? – fam.)

1. J'ai abîmé ma nouvelle voiture.

2. J'ai fait le marathon de Paris.

3. J'ai vu un ovni.

4. Je suis au chômage.

5. J'ai échoué à mon examen.

6. Je vais faire le tour du monde.

7. On m'a volé ma voiture !

8. J'ai gagné 5 millions au loto.

9. J'ai manqué mon train.

10. On va supprimer les voitures dans la capitale.

11. Mon ordinateur est encore en par

12. Nos profits ont augmenté de 200 %.

13. Je vais divorcer.

14. Je suis passé à la télé hier soir.

15. Je viens de casser mes lunettes.

16. J'ai perdu les documents.

17. Maintenant je parle français couramment.

18. J'ai été licencié(e).

19. Je vais travailler à Bruxelles.

20. Mon mari / ma femme a été promu(e).

ALLÔ !

Voici trois conversations téléphoniques.
Mettez les répliques à leur place.

1
- Allô ! Je vous téléphone de la part de M. Laborie, notre PDG. Il voudrait vous rencontrer.
- Eh bien, parce qu'il a entendu parler de vous et comme il connaît très bien votre pays, il aimerait vous avoir à dîner...
- Vous repartez mardi 15, ça va ! M. Laborie propose le lundi 14 à 20 heures, chez lui...
- Ne vous inquiètez pas pour l'adresse, je vous envoie un carton d'invitation pour mémoire (PM) avec l'adresse et le téléphone. Euh, la soirée sera un peu habillée...
- Tenue de ville. Ce sera indiqué sur la carte. Voilà, tout est clair?

1. D'accord, mais je n'ai pas son adresse.
2. Tout est clair, je vous remercie.
3. Il voudrait me rencontrer et pourquoi ? (grands Dieux)
4. C'est avec plaisir, mais je repars mardi 15...
5. ...un peu habillé, c'est à dire... ?

2
- Nous organisons un pot pour des amis américains qui arrivent vendredi soir, ça vous plairait de venir avec votre ami(e) ?
- À partir de six heures, six heures un quart, mais si ça ne vous convient pas, venez un peu plus tard.
- Pas de problème, sept heures moins le quart, c'est parfait.
- Oh, tenue décontractée. On fera un mini buffet avec du fromage, de la charcuterie, quelques canapés, vins, bière, jus de fruit... Quelque chose de tout simple.
- Tout à fait, 23 rue des Rosiers, vous vous souvenez comment on y vient?
- Parfait, alors à vendredi!

1. Oui, je préférerais vers les sept heures moins le quart.
2. Oui, oui, je m'en souviens bien, merci.
3. C'est bien 23, rue des Rosiers que vous habitez ?
4. Avec plaisir, à quelle heure c'est ?
5. Et comment il faut être habillé ?

3
Marie-France téléphone à Bertrand au sujet d'un repas d'affaires à organiser.
- ...
- Attendez, je vérifie. Alors mercredi prochain, pour dîner... Oui. Oui, ça marche... Avec quels clients ?
- Ah oui, Judith Katz et Jérôme Chandioux de Cyber-Québec, je me souviens bien d'eux. Et où ?
- Ah ! "Aux Deux Chandeliers", ce n'est pas terrible. Est-ce qu'on pourrait annuler la réservation et choisir un autre restaurant ?
- Je propose "L'auberge de Grand'Mère", place de l'Hôtel de Ville. Je suis sûr que ça leur plaira...
- Ça va très bien. Donc, "L'auberge de Grand'Mère" à 19 heures 30. C'est noté.
- D'accord, je les amène en voiture au restaurant mercredi soir. Et il y a encore quelque chose d'autre à faire ?

1. Et est-ce vous pourriez amener nos invités en voiture au restaurant mercredi soir ?
2. On a réservé "Aux Deux Chandeliers"...
3. Bonjour, Bertrand. Seriez-vous libre mercredi prochain pour dîner avec des clients ?
4. D'accord, je réserve à "L'auberge de Grand'Mère" pour 19 heures 30. Ça va ?
5. Il s'agit de Judith Katz et Jérôme Chandioux...
6. Oui, bien sûr. Qu'est-ce que vous proposez ?

Bertrand prend contact avec Judith et Jérôme pour les inviter au restaurant. Mais les deux invités Québecois sont végétariens, voudraient aller dans un restaurant exotique et ne sont libres que jeudi soir...

Vous allez entendre cinq phrases extraites de conversations téléphoniques.
Imaginez les situations (qui, à qui, quoi, où, quand ...).
Trouvez ce qui est dit avant et ce qui est dit après. Il y a plusieurs scénarios possibles. Écoutez !

QUE DES LÉGUMES...

Chez Dominique. Il est sept heures du soir. Claude, la femme de Dominique finit de mettre la table... Dominique est dans sa chambre. On sonne.

Dominique : Claude, on sonne, va ouvrir, je suis en train de me changer.

Claude : J'y vais, j'y vais. *(elle ouvre la porte)* Ah, bonsoir Anne. Entrez, je vous en prie.

Anne : Bonsoir, Claude. Excusez-moi je suis un peu en avance, mais j'avais peur de ne pas trouver facilement...

Claude : Mais on avait dit sept heures, il est sept heures ; tout est pour le mieux.

Dominique : *(qui arrive)* Bonsoir Anne.

Claude : Donnez-moi votre manteau.

Anne : Tenez, c'est pour vous.

Claude : Oh ! des langues de chat de Geluck. Du chocolat belge! huum ! Merci Anne. C'est très gentil.

Anne : J'ai pensé vous offrir des fleurs mais je me suis demandé si le langage des fleurs était le même dans toutes les langues. J'ai appris qu'en France, seulement avec les roses, on peut dire des dizaines de choses différentes.

Claude : Tout à fait, alors moi pour ne pas me tromper j'offre des roses en bouton ; ça veut dire innocence ...

82

Anne : Et voilà encore des langues de chat mais c'est pour les enfants.

Dominique : Merci, tu les gâtes. Ce soir, ils sont chez leur grand-mère, elle habite juste à côté. Au fait, tu as trouvé facilement ?

Anne : Oui, c'est pour cela que je suis un peu en avance. Les "traboules" de Lyon ne sont pas si compliquées. Et c'est magnifique, ces escaliers, ces couloirs intérieurs…

Claude : Venez vous asseoir, je pense qu'Édouard et sa femme ne vont pas tarder. Moi j'ai deux ou trois petites choses à préparer. Je vous laisse…

Dominique : Eh bien, on va prendre l'apéritif…

(sonnerie)

Dominique : Ah, c'est les Deschelot. Je vais ouvrir. … Bonsoir Anne. Bonsoir Édouard.

Les Deschelot : Bonsoir Dominique.

Édouard : Ah! Je voulais arriver un peu plus tôt mais je me suis encore perdu dans "vos" traboules, Dominique. Il faut que vous me fassiez un petit plan un de ces jours ; à chaque fois je me trompe…

Dominique : Entrez Édouard. Entrez Madame, je vais vous présenter Madame Vatanen. … Anne, je vous présente Anne.

Anne D. : Ravie de faire votre connaisssance. Alors il y a deux Anne ce soir.

Anne : En fait, mon prénom se prononce AN'NÉ.

Anne D. : AN'NÉ. C'est ravissant. Édouard ne m'avait pas dit…

Dominique : Asseyez-vous, je vous en prie. Je vous sers l'apéritif… Pour vous Édouard, je sais ce que c'est…

Édouard : Ah oui, une Gentiane. Celle que vous avez est excellente, mon cher Dominique.

Dominique : AN'NÉ, vous devriez y goûter.

Anne : Avec plaisir, mais je ne sais pas ce que c'est…

Édouard : Vous allez voir, c'est fait avec une plante des Alpes, c'est amer, hum …

Claude : Une Gentiane pour moi aussi…

Dominique : Et pour moi aussi. Et pour vous Anne.

Anne D. : Non, pour moi un banyuls, mais un doigt seulement…

Dominique : Et ici vous avez quelques amuse-gueule. AN'NÉ je te recommande ce saucisson, c'est une spécialité…

Anne : Désolée, Dominique, mais je ne mange jamais de viande.

Dominique : Ja… ja… jamais de viande… Claude ! Anne…

Claude : Ne fais pas cette tête-là Dominique. Je suis au courant. J'ai téléphoné à Vanessa hier… Ce soir nous faisons un repas lyonnais… végétarien. C'est prêt dans dix minutes. Je reviens tout de suite…

CdV 5.18   Vrai ou faux, justifiez votre choix.

1. Dominique ne peut pas aller ouvrir la porte.
2. Anne s'excuse d'être en retard.
3. Anne offre des fleurs à Claude et des chocolats aux enfants.
4. Les enfants ne sont pas très polis.
5. Anne avait peur de se perdre dans les "traboules", les vieux quartiers de Lyon.
6. Édouard est en retard.
7. Édouard s'est perdu parce que le plan de Dominique n'était pas très précis.
8. La femme d'Édouard et Anne Vatanen ne se connaissaient pas.
9. Édouard recommande à Anne de boire de l'apéritif à la gentiane.
10. Tout le monde boit de la Gentiane.
11. Anne n'aime pas les amuse-gueule.
12. Dominique ne savait pas que sa collègue était végétarienne.
13. Claude l'a appris par Vanessa.
14. Claude a préparé un plat spécial pour Anne.

FAMILIÈREMENT VÔTRE

- J'connais un bistro sympa où on pourra bavarder sans être dérangé. Y a même de super sandwiches, et c'est pas cher.
- Heureusement, parc'qu'hier l'addition était plutôt salée !
- T'as raison ! Des douloureuses comme ça, c'est pas pour tous les jours. J'vais me débrouiller pour la faire passer sur les comptes de l'entreprise.
- T'aimes le bon pinard ?
- Ouais, mais aujourd'hui j'préfère boire de la d'flotte. Demain j'ai un rendez-vous trop important pour avoir la gueule de bois

> bistro *m* : café
> addition salée *f* : note, facture très élevée
> pinard *m* : vin
> douloureuse *f* : addition, facture
> flotte *f* : eau
> avoir la gueule de bois : avoir mal à la tête après avoir trop bu

83

5

DESSOUS-DE-CARTE LE SAVOIR-VIVRE EN AFFAIRES

Le monde des affaires possède un code de savoir-vivre qui se réfère aux règles en vigueur dans les sociétés policées. Chaque pays développe ses propres codes de comportement, de même chaque entreprise a son style particulier. Néanmoins, voici quelques conseils d'ordre général qui pourront être bien utiles lors de vos déplacements d'affaires à l'étranger.

C d V 5.19

- Que pensez-vous de ces affirmations ?
- Quelles sont vos expériences personnelles ?

	BELGIQUE	DANEMARK	FINLANDE	FRANCE	NORVÈGE	SUÈDE	TCHÉQUIE
CARTE DE VISITE	Sobre, pratique, assez grande pour y noter des infos.	Indispensable. En français et au moins en anglais sur une des faces.	À présenter impérativement. En anglais sur une des faces.	En français sur un côté de la carte.	Sobre. Sur une face en anglais.	Nécessaire. Au moins en anglais sur une des faces. Pas de photo.	Indispensable. En anglais sur une des faces.
RENDEZ-VOUS	S'y prendre à l'avance. Les Belges ont une vie sociale assez développée, et n'apprécient généralement pas d'être bousculés dans leur agenda.	Peuvent se prendre par téléphone. Confirmez par fax.	Contacts aisés par téléphone.	S'y prendre impérativement à l'avance.	Peuvent se prendre par téléphone. Confirmez par fax.	Contacts aisés par téléphone.	Par téléphone, fax
PONCTUALITÉ	Retards tolérés mais déconseillés.	Comme pour tous les pays scandinaves soyez à l'heure. En cas de retard. prévenez absolument.	Soyez à l'heure. Prévenir absolument si vous avez du retard.	Retards tolérés.	Soyez très ponctuel.	Soyez à l'heure. Prévenir en cas de retard.	Retards tolérés.
CADEAUX	Appréciés. Ex : un bon vin. Les Belges aiment le bon-vivre et le bien-manger	Un bon vin ou un cognac sera très apprécié car l'alcool est cher dans ce pays.	Appréciés en relation d'affaires : alcool, friandises.	Appréciés. Un bon vin, une place pour un spectacle, un livre d'art. N'offrez rien à un membre de l'administration.	Appréciés en relation d'affaires : vin, chocolat.	Appréciés en relation d'affaires : bouteille de bon vin.	Appréciés en relation d'affaires : alcool, friandises….
TENUE VESTIMENTAIRE	Ne pas s'habiller de façon trop stricte, mais correcte sans plus, le Belge n'étant pas formaliste.	Elle devra être correcte, sans plus.	Correcte et sobre.	Blazer assorti ou costume cravate. Pour les femmes : tailleur sobre.	Correcte pour les hommes. Sobre pour les femmes	Correcte. Blazer sobre	Formelle pour les hommes comme pour les femmes.
PRÉCAUTIONS	Soyez sincère et direct. Les gens parlent beaucoup et se connaissent tous.	Évitez de boire de l'alcool pendant le travail, même au restaurant. N'abordez pas les problèmes concernant l'Union européenne car ce sujet partage beaucoup les Danois entre eux.	Évitez les compliments. Privilégiez l'expression simple. Soyez scrupuleusement honnête. Attention aux jours chômés, presque tout est fermé.	Ne refusez pas de partager un bon vin et un apéritif à table.	Pas de formalisme. Soyez honnête et direct.	Soyez direct. Pas de politesse inutile. Pas de formalisme.	Soyez humble et franc dans vos contacts. N'arrivez pas en conquérant.
INTERDITS	Ne pas démolir un concurrent pour obtenir un contrat. Cela se saurait très vite.	Vous partiriez perdant si vous critiquiez la monarchie.	Ne jamais marchander les prix	Ne jamais critiquer le pays. Même si vous buvez, restez maître de vous-mêmes.	Ne critiquez pas la monarchie.	Ne critiquer ni la monarchie ni le pays.	Ne parlez pas de politique, surtout de l'époque communiste.
REPAS	Impératif, et reste très important. Parler de tout, mais peu d'affaires. Elles se concluent après le repas	Les repas d'affaires ne sont pas très fréquents, et ne s'éternisent pas comme en France.	Les repas d'affaires sont peu fréquents. On n'y sert pas d'alcool.	Le repas d'affaires restent une tradition vivace. On y fait connaissance avant de parler de choses sérieuses.	Les repas d'affaires sont peu fréquents. Pendant un déjeuner, la conversation sera axée sur les affaires.	Les repas d'affaires sont rares. On n'y sert pas d'alcool.	Café et gâteaux seront offerts dans une réunion. Les repas d'affaires sont assez rares.

À noter : les femmes d'affaires y sont nombreuses, et elles occupent souvent des postes importants.

À noter : les femmes jouent un rôle très important dans la vie professionnelle.

LA FRANCE

SUPERFICIE
551 600 km²
Pays le plus étendu d'Europe occidentale (près d'un cinquième de la superficie de l'Union Européenne).

CLIMAT
De type tempéré. Méditerranéen au sud

POPULATION
nombre d'habitants : 60,9 millions d'habitants (1998) dont 3,5 millions d'étrangers.
Densité : 105 hab/ km²
L'agglomération de Paris regroupe près de 10 millions d'habitants. Les agglomérations de Lille, Lyon et Marseille, comptent chacune 1,2 million d'habitants.

La République française comprend la métropole (divisée en 22 régions et 96 départements), 4 départements d'outre-mer (Guadeloupe, Martinique, Guyane, La Réunion), 4 territoires d'outre-mer (Polynésie française, Nouvelle-Calédonie, Wallis et Futuna, les Terres australes et antarctiques françaises) et 2 collectivités territoriales à statut particulier (Mayotte et Saint-Pierre-et-Miquelon).

LANGUE OFFICIELLE : le français

INSTITUTIONS
C'est une république.
Le Président de la République est élu pour sept ans au suffrage universel direct. Il nomme le Premier ministre.
Le gouvernement est responsable devant le Parlement.
Le Parlement est composé de deux assemblées :
● l'Assemblée nationale, dont les députés sont élus au suffrage universel direct pour 5 ans (577 députés).
● le Sénat, élu pour 9 ans au suffrage universel indirect (321 sénateurs).

Hymne et devise
La "Marseillaise" décrété hymne national le 14 juillet 1795.
La devise de la République française est "Liberté, Égalité, Fraternité".
La République est symbolisée par une jeune femme nommée Marianne.
Le drapeau tricolore (bleu, blanc, rouge) est l'emblème officiel de la République française.

ÉCONOMIE
Par son **produit intérieur brut** (PIB), la France est la 4e puissance économique mondiale.

Ses **atouts** sont divers : transports, télécommunications, industries agro-alimentaires, produits pharmaceutiques, mais aussi le secteur bancaire, l'assurance, le tourisme, sans oublier les traditionnels produits de luxe (maroquinerie, prêt-à-porter, parfums, alcools, etc.).

Principales industries
Secteurs industriels français les plus performants :

● Bâtiment et travaux publics
● Industries agro-alimentaires (IAA)
● Chimie, caoutchouc, plastiques
● Pharmacie
● Industrie automobile
● Métallurgie et transformation des métaux
● Télécommunications et poste
● Construction navale
● Construction aéronautique et spatiale
● Construction ferroviaire

Recherche et développement

La dépense nationale de recherche et développement place l'effort français de recherche au troisième rang parmi les pays de l'OCDE.
Elle est financée à hauteur de 50 % par le secteur public.

Commerce extérieur

La France se situe au 2e rang mondial pour l'exportation de services et de produits agricoles, au 4e rang mondial pour les biens (d'équipement, principalement).

Agriculture
Exploitations agricoles : 735 000
Population active agricole : 997 000

Principales productions françaises :

● Betteraves sucrières
● Vin
● Produits laitiers
● Céréales

Forêts
Les bois et forêts occupent environ 15 millions d'hectares, soit 26 % du territoire national.
Majorité de feuillus, mais extension des résineux.

Énergie (1996)

Taux d'indépendance énergétique 51,4 %
Répartition de la consommation d'énergie :

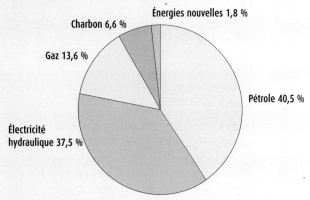

Charbon 6,6 %
Énergies nouvelles 1,8 %
Gaz 13,6 %
Pétrole 40,5 %
Électricité hydraulique 37,5 %

Production d'électricité : 77 % d'origine nucléaire

NATURE, ENVIRONNEMENT

6 parcs nationaux, 122 réserves naturelles, 430 zones de protection de biotopes ainsi que 299 sites protégés par le Conservatoire du Littoral. S'y ajoutent 29 parcs naturels régionaux couvrant plus de 7 % du territoire.

La gestion des eaux usées et des déchets représente les 3/4 des dépenses consacrées à la protection de l'environnement .

Au niveau international, la France a signé de nombreux traités et conventions, dont ceux élaborés par les Nations unies sur le climat, la biodiversité et la désertification.

SOCIÉTÉ, PROTECTION SOCIALE

Répartition par groupes d'âges
âge moyen : 37 ans

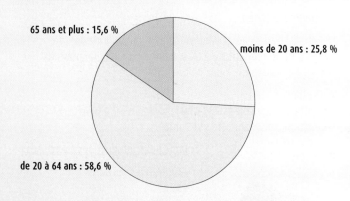

65 ans et plus : 15,6 %
moins de 20 ans : 25,8 %
de 20 à 64 ans : 58,6 %

Population active

La France compte environ 25,6 millions d'actifs (près de la moitié de la population totale), dont 22 millions d'actifs occupés. Au sein de cette catégorie, on dénombre 19,5 millions de salariés et 3,1 millions de demandeurs d'emploi, soit 12,5 % de la population active (avril 1997). Le taux d'activité s'élève à 62,7 % pour les hommes et 47 % pour les femmes.

Principales religions

La République française est un État laïc, où toutes les confessions religieuses sont représentées

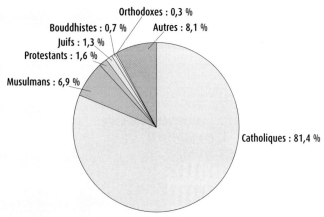

Orthodoxes : 0,3 %
Bouddhistes : 0,7 %
Autres : 8,1 %
Juifs : 1,3 %
Protestants : 1,6 %
Musulmans : 6,9 %
Catholiques : 81,4 %

Enseignement

Depuis une quinzaine d'années, les dépenses d'éducation représentent entre 7 et 8 % du PIB et plus d'1/3 du budget de l'Etat, soit un montant de 9 900 francs par habitant.
Il y a environ 30 étudiants pour mille habitants.

Proportion d'étudiants :

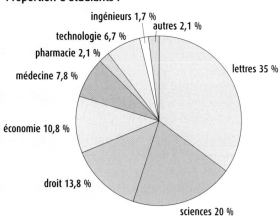

ingénieurs 1,7 %
autres 2,1 %
technologie 6,7 %
pharmacie 2,1 %
médecine 7,8 %
lettres 35 %
économie 10,8 %
droit 13,8 %
sciences 20 %

Protection sociale

La Sécurité sociale repose sur le principe de la répartition (les prestations des bénéficiaires sont assurées par les cotisations des actifs).
La dépense de protection sociale, qui représente environ 30 % du PIB, est financée au 3/4 par les cotisations des employés et des employeurs et par la CSG (Contribution sociale généralisée) qui touche tous les revenus.
Les secteurs de prestation sont:

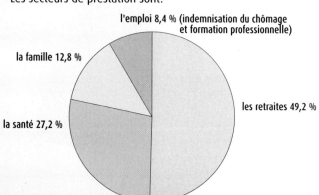

l'emploi 8,4 % (indemnisation du chômage et formation professionnelle)
la famille 12,8 %
les retraites 49,2 %
la santé 27,2 %

CULTURE

Huit domaines sont de la responsabilité du Ministère de la culture : le patrimoine, les musées, les archives et les bibliothèques, le théâtre, les arts plastiques, le cinéma, la musique et la danse, le livre et la lecture.

Le financement public de la culture est assuré pour moitié par l'État et pour moitié par les collectivités territoriales (les communes, départements et régions).
Des associations et des entreprises participent également à l'action culturelle en amenant le public à des spectacles et des manifestations artistiques ou en finançant des expositions, des films, des travaux de restauration, etc.

Pratiques culturelles des Français

Depuis ces dix dernières années, les pratiques culturelles des Français ont sensiblement évolué.
● Les bibliothèques et les médiathèques sont davantage fréquentées : la proportion d'inscrits a augmenté de 17 à 21 %.
● Le taux de fréquentation des équipements culturels est en hausse (légère) notamment pour le théâtre, la danse, les musées et surtout le cirque.
● Bien qu'environ 500 salles de cinéma aient fermé leurs portes depuis dix ans le nombre de spectateurs a augmenté.
Grâce à un système d'aide à la création, la France produit environ 130 à 140 films par an.
● Les pratiques artistiques amateurs continuent à progresser.
4 Français sur 10 ont pratiqué l'une d'entre elles l'an passé – musique (chez les jeunes), écriture, arts plastiques.
● L'écoute de la musique a beaucoup augmenté et s'est diversifiée (musique du monde, rap, techno...)
● Les Français lisent de moins en moins la presse quotidienne ; ils lisent, en revanche, beaucoup de magazines (1,4 par jour en moyenne parmi les 2 500 titres diffusés dans les kiosques).
● Les Français sont plus nombreux à lire, mais on compte moins de "gros lecteurs" (17 % lisent plus de 25 livres par an) et on trouve plus de "petits lecteurs" (32 % lisent moins de 10 livres par an). Mais, globalement, le nombre de livres achetés stagne, voire diminue. Les Français semblent s'intéresser davantage à la littérature générale et à la bande dessinée.
● L'équipement audio-visuel des foyers se poursuit : lecteurs de CD, magnétoscopes, etc. Les Français passent plus de temps – 43 heures hebdomadaires – à regarder la télévision et écouter la radio et des disques qu'à travailler.
L'utilisation d'un micro-ordinateur, d'un lecteur de cédéroms et l'accès à Internet se généralisent.
● Les Français consacrent 7,4 % de leur budget aux dépenses d'enseignement, de culture et de loisirs.

SPORTS

Environ les 3/4 des hommes et la moitié des femmes pratiquent un sport régulièrement. Viennent en tête, les sports collectifs (football, rugby, etc.) et de compétition (ski, navigation de plaisance, tennis, golf, etc.). Toutefois, les sports de découverte ou d'aventure tels le cyclisme tout terrain, la randonnée, l'escalade, le parapente, le canoë-kayak, etc. comptent de plus en plus d'adeptes.

C d V 5.20

Décrivez votre pays en vous aidant des quelques unes des catégories ci-dessous.
Faites un petit aide mémoire pour parler de votre pays en français.

superficie
relief, nature
climat
nombre d'habitants
langue(s) officielle(s) et usuelles
institutions, forme de gouvernement
partis au pouvoir
politique extérieure
société
protection sociale
ressources naturelles
économie, commerce, emploi
principales industries
nature et environnement
culture
loisirs, sports
manifestations et curiosités
spécialités culinaires
souvenirs et achats

C d V 5.21

Parler de son pays, c'est répondre à des questions très diverses. En voici six pour commencer.
Circulez dans la classe avec une série de questions (distribuées par le prof ou que vous avez préparées). Posez-vous des questions à tour de rôle. Donnez les réponses les plus précises.

a. Il y a plusieurs groupes ethniques ?
b. Quel est votre premier partenaire commercial ?
c. L'enseignement est-il gratuit ?
d. Quand ont eu lieu les dernières élections ? (parlementaires...)
e. Quelle est la place de l'agriculture dans votre pays ?
f. Quelles sources d'énergie avez-vous ?

CARTE DU JOUR 1

Pour commencer...
Je vais vous montrer...

Clés
- **Permettez-moi de vous présenter quelques modèles.**
- **Avez-vous un intérêt particulier pour une de nos gammes ?**
- **J'ai besoin de renseignements sur le cours de langue française.**
- **Je serais intéressée par votre nouvelle collection.**
- **Évidemment, il y a des qualités de soie différentes ?**

6.1.1. Dans la salle d'exposition de la SITRAM.
Mme Roy : Eh bien, nous voici dans le "showroom" où nous avons exposé les différents produits correspondant aux demandes de nos différents marchés, et donc adaptés aussi à la façon de cuisiner dans ces différents pays. Si vous le souhaitez, je vais vous montrer quelques exemples de ces différentes collections. Mais ce que je souhaiterais savoir puisque vous connaissez un petit peu notre collection : avez-vous un intérêt particulier pour une de nos gammes ?
Mme Gayard : Je serais intéressée par votre nouvelle collection.
Mme Roy : Alors dans ce cas, je pense que vous voulez parler de la gamme Noblesse.

6.1.2. Lyon. Dans son atelier-magasin de soieries, à la maison des Canuts, M. de la Calle discute avec sa cliente Mme Catherine Perroy.
Mme Perroy : Voilà, j'ai besoin de foulards pour mon équipe d'hôtesses d'accueil.
M. de la Calle : Avez-vous une idée précise ?
Mme Perroy : Ben, pas vraiment.
M. de la Calle : Permettez-moi de vous présenter quelques modèles.
Mme Perroy : Mais volontiers. Évidemment, il y a des qualités de soie différentes ?
M. de la Calle : Bien entendu. Ici par exemple, vous avez une qualité mousseline, peinte à la main par nos artistes maison et d'une légèreté extrême.
Mme Perroy : Ah oui ça, celle-ci est d'une légèreté extraordinaire.
M. de la Calle : Là, c'est...
Mme Perroy : C'est magnifique.

6.1.3. Vichy. Au Cavilam. Susan Hodra vient pour se renseigner sur les cours de langue française.

Mme Navarro : *(au téléphone)* Très bien. Au revoir, Monsieur. (...) Bonjour, Madame.
Susan : Oui, bonjour. Je m'appelle Susan Hodra.
Mme Navarro : Asseyez-vous, je vous en prie.
Susan : Merci. J'ai besoin de renseignements sur le cours de langue française, s'il vous plaît.
Mme Navarro : Oui, vous venez pour trois semaines, quatre semaines ?
Susan : Oh, trois semaines. Et qu'est-ce qui se passe dans trois semaines ?
Mme Navarro : Dans les trois semaines. Alors, vous avez donc vingt-deux heures de cours par semaine. C'est un cours collectif et qui est divisé en deux parties. Première partie, vous avez seize heures en classe. En classe, vous faites un petit peu de tout, c'est-à-dire un petit peu d'oral, un petit peu d'écrit, de la pratique, de la grammaire, du travail au laboratoire de langues de la vidéo etc. Et l'après-midi, vous avez un atelier. C'est une classe de français, toujours, dans un autre groupe avec un autre professeur, mais qui est centré sur une difficulté. Par exemple, la communication orale ou la pratique de la grammaire.

Vous êtes dans une foire-exposition, un salon, une salle d'exposition (show room)...

Côté vendeur
Vous vendez un produit ou un service

- Je peux vous renseigner ?
- Je peux vous aider ?
- Vous connaissez (déjà) nos produits / nos services ?

- Vous cherchez quelque chose de précis ?
- Vous êtes intéressé par quelque chose de précis ?

- Je vais vous montrer notre nouveau modèle.
- Si vous avez un moment, je vais vous faire une démonstration.
- Vous désirez une brochure/un dossier technique...

Vous décrivez, caractérisez le produit :
- Nous avons une gamme très complète...
- Vous avez ici le modèle "Alpha".
- Il se compose de...

 Vous argumentez :
- Il offre de nombreux avantages...
- Il est très pratique / performant / résistant / simple / fiable.
- L'avantage de ce produit, c'est sa simplicité / sa fiabilité.
- Il est facile à utiliser / à entretenir.

- C'est un modèle convivial / économique / écologique / qui consomme peu d'énergie.
- Il a été conçu pour un large public / pour un public averti / Il correspond aux besoins d'un public exigeant.
- Nous utilisons des technologies de pointe.
- Il répond à des normes de qualité exigeantes.
- Nous avons une longue expérience...
- C'est un produit haut de gamme / d'avant-garde.
- Nous avons un personnel hautement qualifié.

- Il est (très) bon marché.
- Le rapport qualité-prix est excellent.
- Nous faisons une offre spéciale de lancement.
- Nous pouvons vous offrir des prix attractifs / des conditions de paiement avantageuses.

Vous présentez un service :
- Nous vous proposons des services sur mesure.
- Notre offre de service s'adapte à vos exigences...
- Nous mettons à votre disposition notre expérience, notre personnel, nos méthodes...
- Notre personnel a reçu une formation spécifique...

Côté client
Vous êtes intéressé par un produit ou un service

- Merci. Je ne fais que regarder.

- Ce que vous présentez m'intéresse.

- Je suis intéressé par...

- Et qu'est-ce qui fait la différence avec vos concurrents ?

- Et du point de vue prix ?

C d V 6.1

A et **B** : Choisissez chacun un produit ou un service. Préparez une liste de ses avantages, de ses inconvénients. Pensez aux questions et objections du client.
Puis **A**, vendeur, présentez votre produit à **B**, client, qui demandera des précisions, fera des objections. Argumentez. Changez de rôle.

Exemples : la mini-voiture électrique ou la carte à puce ou autre produit de votre choix.

C d V 6.2

À partir d'un "objet introuvable" de Carelman, répondez aux questions:
- À quoi sert-il ?
- Comment l'appeler ?
- Quels sont ses avantages ?
Puis cherchez des "arguments de vente" à présenter oralement ou dans une brochure publicitaire.

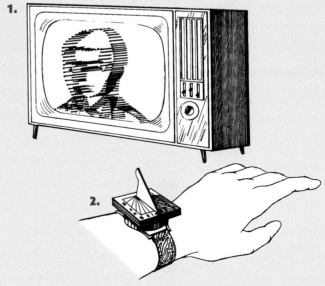

1.

2.

6

Nous sommes les meilleurs...
Encore une question...

Clés
- **Par expérience, je peux vous dire que vous allez vraiment faire des progrès.**
- **La particularité de la forme de cette poignée est de pouvoir positionner la cuillère.**
- **Tout ça, c'est une occasion extraordinaire de pratiquer la langue française.**
- **Et nous pouvons répondre à toute demande spécifique.**
- **C'est un produit haut de gamme.**

6.2.1. Dans l'atelier-magasin de soieries.

Mme Perroy : Évidemment, vous avez une foule de dessins et de coloris différents.

M. de la Calle : Bien sûr, d'ailleurs nous pouvons répondre à toute commande très spécifique. Je crois que dans notre collection, nous avons plusieurs centaines de dessins différents.

Mme Perroy : Oui, j'ai quelques idées, mais j'avoue que le choix est difficile.

M. de la Calle : Tant mieux, tant mieux. Voyez, par exemple, là vous avez une qualité en twill imprimé.

Mme Perroy : Le toucher est très agréable.

M. de la Calle : Très, très agréable.

Mme Perroy : C'est une qualité qui est belle et lourde. C'est très beau, mais je crains que ce soit trop beau pour mes hôtesses.

M. de la Calle : Oh.

6.2.2. À la SITRAM.

Mme Roy : Mais si vous rencontrez un réel problème de prix, nous pouvons peut-être penser à d'autres équipements que les équipements dorés. Et donc dans ce cas, je me propose de vous montrer une casserole avec une poignée Bakélite, mais qui a un avantage de faire repose-cuillère, c'est-à-dire que vous pouvez poser votre cuillère sur le couvercle, mais également dans la poignée.

Mme Gayard : C'est une idée nouvelle, en effet.

6.2.3. Au Cavilam.

Susan : Vous pensez, après trois semaines c'est efficace, je vais faire assez de progrès pour prendre (passer) les tests ?

Mme Navarro : Oh, bien sûr, bien sûr, vous allez être dans un environnement extraordinaire, avec un bain linguistique permanent, un bain de civilisation. Vous avez toutes les méthodes que nos professeurs développent et qui sont extrêmement modernes. Vous avez également l'aide des cédéroms, des logiciels et tout ça. Donc par expérience, je peux vous dire que vous allez vraiment faire des progrès.

Susan : Et après les classes, est-ce qu'il y a d'autres choses à faire ?

Mme Navarro : Vous avez beaucoup d'activités qui sont proposées par notre service, par un des services du Cavilam : des activités sportives, des activités culturelles, gastronomiques, récréatives, des soirées dansantes. Ça, c'est tous les jours. Et je peux vous dire que tout ça, c'est une occasion extraordinaire de pratiquer la langue française en situation tout à fait naturelle.

6.2.4. À la SITRAM.

Mme Roy : Alors, il s'agit de cette série qui est conçue dans un alliage trimétal. Cette série est également munie d'équipements très esthéthiques. C'est un produit haut de gamme.

Mme Gayard : À quoi servent ces "3 ply" ?

Mme Roy : Ce "3 ply" permet une répartition uniforme de la chaleur et, dans nos produits, la particularité d'être isotherme, c'est-à-dire de conserver la chaleur le temps entre la cuisson et le temps où vous allez pouvoir le consommer.

Quelques arguments de vente :

- Notre produit bénéficie | d'un Service après vente (SAV) performant.
  | d'une bonne image de marque...
- Notre produit présente | toutes les garanties de sécurité.
  | un excellent rapport qualité-prix.
- C'est un produit qui a fait ses preuves.
- Vous n'aurez aucun problème de fonctionnement.
- Vous êtes assuré de le garder plusieurs années.
- C'est ce que vous avez de mieux en matière | de composants
  | de design
  | de rendement...

Quelques demandes de précisions :

- Ça consomme beaucoup ?
- Pouvez-vous me préciser comment... / pourquoi...
- Et dans le domaine respect de l'environnement... ?
- Qu'est-ce qui fait la différence avec vos concurrents ?
- Ça se vend bien ?

Quelques réserves ou objections :

- Vous ne croyez pas que c'est un peu bruyant / lourd /... ?
- Je trouve que l'utilisation est un peu compliquée.
- Je n'aime pas trop la couleur / la ligne.
- Ça n'a pas l'air très solide / pratique...
- Je trouve que c'est cher.
- En matière de qualité mes clients sont très difficiles...
- Vos délais de livraison sont longs.

UNE QUALITÉ DE SERVICES QUE VOUS NE TROUVEREZ
NULLE PART AILLEURS

Le groupe Camif

c'est d'abord l'esprit de service
Pour vous offrir le meilleur confort d'achat possible, nous
améliorons et nous développons sans cesse nos services.
Comparez, et vous apprécierez notre vraie différence.

Livraison gratuite | Garantie 3 ans | Baisse en direct

NOUVEAU Nous nous engageons à vous livrer gratuitement
le gros électroménager sous 7 jours et sur rendez-vous
avec plus ou moins 1 heure de mise en service
pour les appareils de lavage.

LE PORTABLE DES PORTABLES –
®CAMÉLÉOPHONE

IL EST LÀ, CAMÉLÉOPHONE !
LE TÉLÉPHONE DU 3ÈME MILLÉNAIRE :

- Compact, de dimensions jamais vues :
  il fait 1 cm de large et 2 cm de long.
- Léger comme un papillon, il pèse moins de 20 grammes.
- Discret et secret, se déguise en bouton, en broche, en montre...
  remodelable à l'infini, selon vos goûts et vos besoins !

Son colori, changeant, s'adapte à celui de la tenue que vous
portez.
Plus de problèmes de batterie : il marche à la seule chaleur de
votre corps ! Conçu pour un public dynamique et branché, quel
que soit son âge. Fonctionne sans problème dans toutes les
circonstances : dans l'eau, dans l'air, en montagne... car il est
résistant à l'eau, au choc... et au vol ! Il est activé uniquement par
votre voix !
Il vous rappelle vos rendez-vous, vous renseigne, vous branche sur
le net... C'est votre secrétaire privé par excellence – votre
infatigable, fidèle compagnon !
Visiophone, il vous permet de voir votre interlocuteur quand vous
dialoguez avec lui.
Écologique, tout en bioplastique non-toxique et biodégradable !

QU'ATTENDEZ-VOUS DE PLUS ? CAMÉLÉOPHONE,
LE MOBILE FAIT POUR VOUS SUR MESURE !

CdV 6.3

En utilisant la présentation du "Caméléophone" :
A, vendeur, sur son stand dans un salon présente l'appareil à **B**
qui pose des questions.
A et **B** peuvent préparer ensemble la liste des avantages,
inconvénients, arguments avant de jouer la scène.

C d V 6.4

En utilisant la présentation des cours du CAVILAM :
A, client, pose des questions sur les services du CAVILAM,
B, vendeur, répond en présentant les avantages du CAVILAM

Un environnement exceptionnel

Une atmosphère internationale

Une grande diversité de loisirs

CAVILAM
BP 2678-S
14, rue du Maréchal Foch
03206 VICHY Cedex
France
Tél : 33. 4 70 58 82 58
Fax : 33. 4 70 58 82 59
Web : http://www.cavilam.com
e-mail : 106112.1000@compuserve.com

CONTACTS
• **Michel BOIRON :**
Directeur
• **Jacqueline NAVARRO :**
Responsable pédagogique
• **Marie FRADIN :**
Responsable Accueil-
Hébergement

40

CAVILAM

● CENTRE
Situé au centre de Vichy, le CAVILAM présente de très nombreux avantages : facilité de contacts avec les Français, temps de déplacements minimes, nombreuses activités. Créé en 1964, le CAVILAM accueille chaque année des stagiaires de plus de 110 nationalités différentes. La réputation du CAVILAM s'est construite sur 3 atouts majeurs : Souplesse, Efficacité, Qualité !

● COURS
Le CAVILAM est ouvert toute l'année, sans interruption. Sous tutelle pédagogique des Universités de Clermont-Ferrand, le CAVILAM propose des programmes adaptés à tous les publics et tous les niveaux : cours intensifs, préparations aux examens de la CCIP (Français des Affaires, Français de l'Hôtellerie et du Tourisme), cours de spécialités (français des médias, français diplomatique, français des relations internationales), formations pour professeurs de FLE,... Cours en classes multinationales (15 personnes maxi par classe), cours particuliers et cours pour groupes constitués sur objectifs spécifiques.
Le CAVILAM est centre de préparation et centre d'examens pour le DELF, le DALF, l'Accès au DALF, et les examens de la CCIP (Français des Affaires, Français de l'Hôtellerie et du Tourisme).

● ACCUEIL, HÉBERGEMENT, LOISIRS
Un service Accueil-Hébergement se propose de vous réserver le type d'hébergement désiré (famille, studio, hôtel,...). Un programme culturel complet est diffusé à l'ensemble des stagiaires dès leur arrivée.

C d V 6.5   **Mettez en relation**

Je voudrais...

1. un appareil qui permet de décongeler et réchauffer très rapidement des plats...
2. un appareil pour retenir les poussières, pollens, fumées...
3. une bicyclette pour aller partout
4. un appareil permettant d'écouter des cassettes ou la radio en se promenant
5. un appareil pour éteindre le feu
6. un appareil qui ne tombe pas en panne au bout de trois semaines
7. un appareil qui ne réveille pas les voisins quand il se met en marche
8. quelque chose qui ne pollue pas quand on le jette
9. un appareil qui me donne une bonne qualité de musique
10. une montre qui ne prenne pas la poussière ou l'humidité

Je vois ce que vous voulez...

a. un VTT, un vélo tout terrain

b. étanche

c. un baladeur
d. un appareil fiable

e. un micro-ondes
f. biodégradable

g. un extincteur

h. un appareil silencieux
i. haute-fidélité
j. un purificateur-ioniseur

C d V 6.6

Écoutez ce "sketch" d'Alphonse Allais
Le monsieur et le quincaillier**

Alphonse Allais (1854–1905), humoriste français, auteur de centaines de contes parus dans la presse de la "Belle Époque"
Quincaillier : commerçant qui vend des outils, des appareils, des produits pour la maison, des ustensiles de ménage...
Dans ce sketch, le client décrit l'appareil qu'il désire; le vendeur reformule ce que dit le client et répète tous les souhaits du client en commençant par "Je vois ce que vous voulez, vous voulez... "

C d V 6.7

...sur le même principe :

A, client, choisit un appareil, fait une liste de quatre ou cinq (ou six) fonctions et qualités d'un produit qu'il voudrait acheter. Il va dans un magasin pour l'acheter;

B, vendeur dans un super-marché, reformule et répète toutes les qualités ou fonctions exprimées par **A**...

Super Vacances
La location sans surprise !

Nombre de jours		7	14	21	30	45	60	*
Cat	Modèles	ESSENCE						
A	Clio 1.2 Ford Fiesta	1 926	3 440	4 223	4 996	6 355	7 658	87
B	Peugeot 306 Citroën ZX 1.4 I	2 318	4 038	4 965	5 948	7 674	9 383	114
C	Renault Laguna 1.8 Chrysler Neon	2 714	4 697	5 727	7 025	9 033	11 093	137
D	Peugeot 605	3 554	6 232	7 560	8 858	11 176	13 756	172
		ESSENCE CLIMATISÉE						
W	Renault Twingo A/C	2 100	3 750	4 603	5 446	6 927	8 350	94
C	Citroën Xantia 1.8 I	2 714	4 697	5 727	7 025	9 033	11 093	137
		DIESEL						
A	P. 106D, Fiat Punto D Citroën AX 1.5 D	1926	3 440	4 223	4 996	6 355	7 658	87
B	Peugeot 306 D Opel Astra TD	2318	4 038	4 965	5 948	7 674	9 383	114
		DIESEL CLIMATISÉE						
C1	Laguna D A/C Xantia 1.9 TD A/C	2 990	5 250	6 620	7 930	9 930	11 770	139
D1	Safrane TD A/C	3 554	6 232	7 560	8 858	11 176	13 756	172
		ESSSENCE AUTOMATIQUE						
F	Citroën ZX 1.8 I Auto Peugeot 306 XT Auto	3 389	5 696	7 107	8 302	10 588	12 875	152
		ESSENCE AUTOMATIQUE CLIMATISÉE						
X	Laguna Auto A/C Xantia 2.0 Auto A/C	3 550	6 015	7 328	8 870	11 250	13 345	155
		PRESTIGE MANUELLE ET AUTOMATIQUE CLIMATISÉE						
E	Mercedes 180 Man.A/C	4 000	6 450	8 822	11 780	14 885	18 200	225
L	Citroën XM V6 Auto A/C	6 386	10 207	12 515	15 017	19 198	23 422	282
		BREAK ET FAMILIAL						
N	Peugeot 405 Break D	4 078	6 767	8 755	10 877	14 410	17 948	236
R	Minibus Diesel	5 775	9 813	11 927	14 084	17 928	21 939	267

C d V 6.8 Louer une voiture

Trouver la réplique de **B**.

A : Bonjour, Monsieur. Je peux vous aider ?
B :
A : Très bien, Monsieur. Nous avons plusieurs modèles... Regardez, voici la liste de nos véhicules disponibles.
B :
A : Une petite voiture, automatique, très bien, une Peugeot 306 XT, par exemple. Vous la voulez pour quand et pour combien de temps ?
B :
A : Pas de problème, aujourd'hui et pour 14 jours donc ; ça vous revient à 1024 euros.
B :
A : Tout à fait. Toutes les assurances – cdw, tp, pai* – sont comprises ainsi que la TVA et une assistance technique 24 heures sur 24.
B :
A : Avec ce tarif vous avez droit à un kilométrage illimité.
B :
A : Naturellement. D'ailleurs, nous n'acceptons pas d'autre mode de règlement que la carte de crédit.
B :
A : Oui, aucun problème. Notre réseau couvre plus de 400 villes ou aéroports en France.
B :
A : Dans ce cas, je vais vous donner un formulaire à remplir et vous demander votre permis de conduire et votre carte de crédit.
B :
A : ..merci. Vous n'avez besoin de rien d'autre ?
B :
A : Si vous voulez bien signer ici...
B :
A : Elle est stationnée dans la cour, derrière l'agence. Voici la clé. Je vous accompagne. Par ici...
B :

> *
> CDW   Collision Damage Waiver
> TPC   Theft Protection
> PAI   Personal Accident and Baggage Insurance

C d V 6.9

A réserve une location de voiture (par téléphone), **B** lui donne tous les renseignements (type de voiture, durée de location, prix, services supplémentaires, etc.)
Servez-vous du tableau pour renseigner le client.

CARTE DU JOUR 3

Vous êtes sûr que... ?
Croyez-moi, je vous assure...

Clés

- **Est-ce que vous êtes en mesure de réaliser cette commande rapidement ?**
- **Comment peut-on garantir qu'il ne va pas chauffer ?**
- **J'ai l'impression que quinze c'est un peu trop, non ?**
- **Je vous l'assure : tous nos produits sont testés en laboratoire.**
- **Vous avez tout à fait raison, mais alors je peux vous recommander une autre formule.**

6.3.1. Au Cavilam.

Susan : Il y a combien d'élèves dans les classes ?

Mme Navarro : Ça dépend, entre dix et quinze. Quinze, c'est le maximum.

Susan : Bon, moi j'ai l'impression que quinze c'est un peu trop, non ?

Mme Navarro : Oui, vous avez raison, mais ça dépend un petit peu parce que nous avons des professeurs qui sont extrêmement qualifiés, qui bien sûr sont Français et nous travaillons avec des matériels tout à fait récents. D'autre part, les groupes sont formés après le test, donc ils sont homogènes.

Susan : C'est mieux si on a plus de temps pour communiquer.

Mme Navarro : Écoutez, alors vous avez tout à fait raison. Si vous voulez quelque chose de plus adapté à vos besoins, à ce moment-là, je peux vous recommander une formule à la carte.

Susan: Est-ce que vous avez le tarif pour ça ?

Mme Navarro : Oui, bien sûr. Je vais vous donner la feuille. Voilà, c'est ici. Les prix sont ici.

6.3.2. À la SITRAM.

Mme Gayard : Êtes-vous sûre que ce fond rapporté est adapté à toutes les sources de chaleur ?

Mme Roy : Oui, je vous l'assure: tous nos produits sont testés en laboratoire. La preuve en est notre signature qui est apposée sur le fond de la casserole sur laquelle tous les types de chauffe sont imprimés au laser.

Mme Gayard : En ce qui concerne cet équipement, comment peut-on garantir qu'il ne va pas chauffer ? Qu'il ne va pas se casser ?

Mme Roy : Alors, quant à la résistance, il n'y a aucun problème. Comme toutes les poignées de ce type, elles sont très résistantes et garanties. Quant à la résistance à la chaleur, nous garantissons jusqu'à deux cents degrés.

6.3.3. À la maison des Canuts, Lyon.

Mme Perroy : Oui, je suis assez pressée. Est-ce que vous seriez en mesure de réaliser cette commande rapidement ?

M. de la Calle : Bien entendu puisque nous maîtrisons totalement le processus de fabrication, du tissage jusqu'à l'impression.

Mme Perroy : Mais, c'est une fabrication industrielle ?

M. de la Calle : Non, (pas) du tout. C'est encore une fabrication manuelle puisque l'impression de ce tissu est encore faite au cadre.

Mme Perroy : Vous pourriez me donner une fourchette de prix ?

M. de la Calle : Écoutez, je crois que le mieux, c'est que je puisse vous fournir un devis sur la demande d'aujourd'hui.

Mme Perroy : Voilà. Très volontiers.

M. de la Calle : D'accord. Et bien, écoutez, c'est entendu.

Mme Perroy : Merci.

94

▶ 777 Messagerie Vocale

Nous vous offrons la Messagerie Vocale. Véritable répondeur enregistreur mobile, elle est disponible 24 h/24 sans aucun équipement supplémentaire. Pour la consulter, faites seulement 777 puis "envoi" depuis votre téléphone mobile.

▶ 712 Renseignements Directs

Sur simple appel à partir de votre téléphone mobile :
● une hôtesse vous communique le numéro recherché,
● et peut même vous mettre directement en contact avec votre correspondant !

▶ Double appel

On essaie de vous joindre alors que vous êtes déjà en ligne ? Un signal sonore vous prévient que vous pouvez prendre ce deuxième appel sans perdre le premier !

▶ 711 SVP Itineris

La clé de vos déplacements : il vous suffit de composer le 711 sur votre téléphone mobile pour avoir accès à une foule de services irremplaçables : Info Trafic, Itinéraires, Réservations, Dépannage, Météo, Taxis...

▶ 766 Mini-messages

Pour recevoir directement et en toute discrétion des messages que vous pouvez lire sur l'écran de votre téléphone mobile, gratuitement. Pour vous envoyer un mini-message, votre correspondant utilise son Minitel (3617 MEMOBIL) ou appelle une opératrice (08 36 620 766 ou 766 depuis un téléphone mobile).

▶ Renvoi d'appel

Pour faire suivre vos appels vers un autre numéro de téléphone, fixe ou mobile, en France métropolitaine.

"Tout savoir en trois coups d'œil"

"On va beaucoup plus loin avec Itinéris"

C d V 6.10

A : un client exigeant

B : un vendeur, sûr de la qualité de son produit

A Vous vous renseignez sur les possibilités, les avantages offerts par Itinéris. Préparez des questions à partir de la publicité Itinéris.

Exemples :

Qu'est-ce qu'on entend par "Messagerie Vocale" ?

Faut-il des équipements supplémentaires ?

Comment fait-on pour la consulter ? ...

B Vous répondez en vrai spécialiste à chaque question pointue de **A**, en vous aidant de la publicité Itinéris.

Au bout de quelque temps changez de rôle !

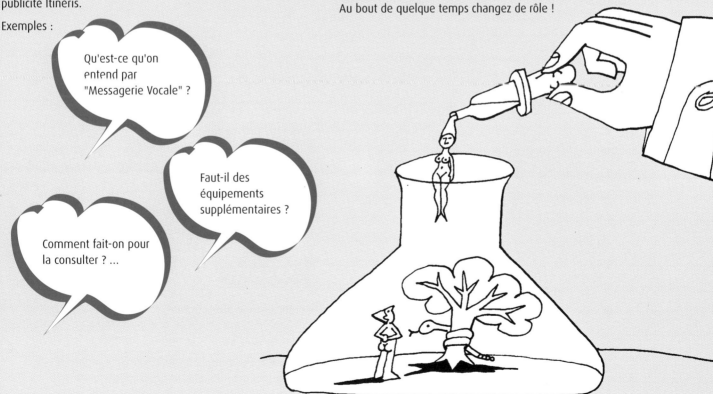

95

Société EUROFORUM

Notre métier, c'est l'organisation.
Il s'applique aux congrès, séminaires, conventions professionnelles, actions de formation ainsi qu'à la création d'événements et au lancement de produits. EUROFORUM met au service de vos projets sa rigueur, son expérience et son savoir-faire.

La Société EUROFORUM c'est
● un espace de travail adaptable à tous les besoins :
- un auditorium de 1000 places
- trois salles de 200 places divisibles en deux
- 10 salles d'ateliers d'une capacité de 30 personnes
- un foyer-bar permettant l'organisation de réceptions
- une salle "Centre de presse"
- 9 bureaux aménagés avec téléphone, télécopieur, messagerie électronique
- un studio son et vidéo
- une aire d'exposition modulable
- une salle de restauration-brasserie utilisable pour les pauses-café
- un parking de 350 places

● des moyens techniques performants pour répondre aux exigences de chaque manifestation :
- toutes les salles bénéficient d'un équipement audiovisuel et informatique complet
- quatre salles sont équipées de système de traduction simultanée de 2 à 10 langues
Par ailleurs, il est possible d'avoir accès aux principaux réseaux de transmission, notamment au réseau Internet et de mettre en place des visioconférences, au niveau national et international

● des équipes de professionnels à votre service 24 heures sur 24

● un site exceptionnel :
- en pleine campagne, à soixante kilomètres au sud de Bruxelles, accès par l'autoroute et le chemin de fer avec héliport.
- Euroforum met à votre disposition une navette pour faciliter vos déplacements.
- possibilités d'hébergement variées : 1400 chambres, à 10 km à la ronde, de la chambre d'hôte à l'hôtel 4 étoiles...
- possibilités de loisirs : tennis, golf, équitation, randonnée pédestre, pêche...

EUROFORUM vous propose aussi un éventail de services en fonction de vos souhaits et de vos besoins :

Promotion de votre manifestation
conception, rédaction, édition et routage de tout votre matériel d'information (programmes, plaquettes, affiches, badges...).

● prise en charge des inscriptions,
● accueil et hébergement des participants,
● gestion financière,
● restauration,
● conception d'un programme social,
● proposition et mise en place de circuits touristiques,
● relations publiques, relations avec la presse
● recrutement d'hôtesses, de traducteurs, d'interprètes...

Société EUROFORUM
Place des Dragons
B-6840 Milensart
Tél. : +32 (63) 24 17 00
Fax : +32 (63) 24 17 90
E-mail : euroforum@transpace.com

Groupe A : vous devez organiser un séminaire, une conférence... Définissez-la. Faites la liste de tous vos besoins, vos contraintes, puis prenez contact avec la Société Euroforum.

Groupe B : vous travaillez à Euroforum, vous répondez aux questions de A. Vous proposez des solutions...

ALLÔ !

A : C'est vous qui appelez :

1
- vous téléphonez à la société France-Europe
- vous voulez parler à M. / Mme Durand
- le projet "Eurofrance"

2
- vous appelez la société France-Europe
- vous demandez Dominique Lemaire
- vous voulez savoir quand Dominique Lemaire sera là

3
- vous téléphonez à l'association "Porte Ouverte"
- vous voulez parler à l'informateur (= informe le grand public)
- dites-lui quand vous rappelez

4
- vous rappelez l'association "Porte Ouverte"
- vérifiez que la personne est M. / Mme Lapointe
- vous voulez connaître le nombre exact des membres de l'association
- remerciez-le /-la

5
- vous téléphonez à la Société Branin
- demandez Mme Ricard
- vous vous êtes trompé

A, maintenant, c'est vous qui répondez :

6
- vous travaillez à la Société Chevelure – le téléphone sonne
- demandez l'identité de la personne
- passez-lui la personne qu'il demande

7
- vous travaillez à la compagnie d'assurances Sûrex – le téléphone sonne
- vous n'entendez presque rien, demandez-lui de répeter
- demandez-lui de refaire le numéro

8
- vous travaillez à la Société Lumilampe – le téléphone sonne
- en réunion
- revient vers 15 h

9
- vous travaillez à la réception de l'Hôtel Moderne – le téléphone sonne
- passez M. / Mme Lucas
- ça ne répond pas
- prenez le message

10
- vous travaillez à la société Balard
- avec un client
- dans l'après-midi

B : Le téléphone sonne. Vous répondez :

1
- vous travaillez à la société France-Europe – le téléphone sonne
- vous voulez savoir pourquoi **A** veut parler à M. Durand
- vous lui passez M. Durand

2
- vous travaillez à France-Europe – le téléphone sonne
- pas là
- après 14 h

3
- vous travaillez à l'association "Porte Ouverte" – le téléphone sonne
- en ligne
- demandez à la personne d'attendre

4
- vous êtes l'informateur de l'association "Porte Ouverte", M. / Mme Lapointe – le téléphone sonne
- il y a 4 678 membres dans votre association

5
- vous travaillez à la société Branin – le téléphone sonne
- il n'y a personne du nom de Ricard dans votre société

B, maintenant, c'est vous qui téléphonez :

6
- vous téléphonez à la société Chevelure
- vous voulez parler à M. / Mme Cheveu

7
- vous téléphonez la compagnie d'assurances Sûrex
- vous voulez parler à M. / Mme Giraud

8
- vous téléphonez à la Société Lumilampe
- vous voulez parler avec M. / Mme Lampette
- vous arrivez aujourd'hui à 15 h 30 par le vol AY 465

9
- vous téléphonez à l'hôtel Moderne
- vous voulez parler à M. / Mme Lucas
- demandez au standardiste de dire à M. Lucas que vous avez téléphoné

10
- vous êtes à l'Hôtel Magnifique – le téléphone sonne
- vous voulez parler avec M. / Mme Besson
- vous voulez savoir quand il / elle sera là
- demandez au standardiste de dire à M. / Mme Besson de vous rappeler

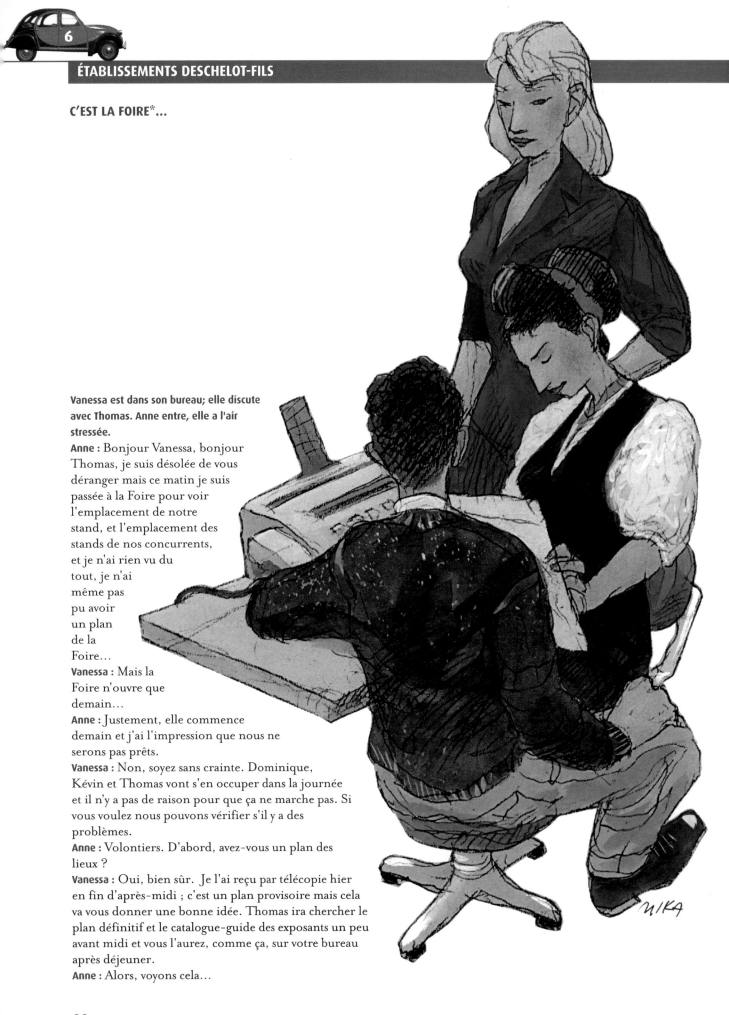

C'EST LA FOIRE*...

Vanessa est dans son bureau; elle discute avec Thomas. Anne entre, elle a l'air stressée.

Anne : Bonjour Vanessa, bonjour Thomas, je suis désolée de vous déranger mais ce matin je suis passée à la Foire pour voir l'emplacement de notre stand, et l'emplacement des stands de nos concurrents, et je n'ai rien vu du tout, je n'ai même pas pu avoir un plan de la Foire...

Vanessa : Mais la Foire n'ouvre que demain...

Anne : Justement, elle commence demain et j'ai l'impression que nous ne serons pas prêts.

Vanessa : Non, soyez sans crainte. Dominique, Kévin et Thomas vont s'en occuper dans la journée et il n'y a pas de raison pour que ça ne marche pas. Si vous voulez nous pouvons vérifier s'il y a des problèmes.

Anne : Volontiers. D'abord, avez-vous un plan des lieux ?

Vanessa : Oui, bien sûr. Je l'ai reçu par télécopie hier en fin d'après-midi ; c'est un plan provisoire mais cela va vous donner une bonne idée. Thomas ira chercher le plan définitif et le catalogue-guide des exposants un peu avant midi et vous l'aurez, comme ça, sur votre bureau après déjeuner.

Anne : Alors, voyons cela...

Vanessa : Oui, tenez, voici le plan… Éthelmédia est au rez-de-chaussée, voilà, c'est dans l'allée centrale, C61, B60, nous avons donc 2 angles, 3 façades, c'est très bien situé ; à gauche, pas loin, là, vous avez la grande cafétéria, et les salles de démonstrations et de conférences sont juste de l'autre côté.

Anne : Et en ce qui concerne la surface et l'équipement ?

Vanessa : J'ai pu obtenir ce que vous souhaitiez : 9m², moquette, cloisons, mobilier, électricité, tout…

Anne : Et tout au tarif prévu ?

Vanessa : Tout à fait, oui. Dominique a négocié cela de main de maître, vraiment, et nous sommes en-dessous du budget prévisionnel. Tenez, regardez : 2 500 euros en chiffres ronds, 2 487 exactement, assurance, inscription au catalogue-guide, enseigne "Éthelmédia" et publicité inclus.

Anne : Mais c'est parfait ! (*comme pour elle-même*) Trop parfait je crains. Est-ce que la location du matériel de démonstration, ordinateurs, projecteur vidéo, etc… , est comprise ?

Vanessa : Ah non, pour ce matériel-là, il y a eu un changement…

Anne : Mais vous ne m'avez pas prévenue, vous auriez dû me prévenir.

Vanessa : Ben, ça c'est fait ce matin… mais Thomas va vous expliquer…

Thomas : Oui, quand Kévin a vu la liste du matériel que nous proposaient les organisateurs, il a préféré prendre quelque chose de plus récent et de plus performant. Il a pas envie que ça se plante toutes les dix minutes…

Anne : Pardon ! Que ça se quoi… ?

Thomas : Que ça se plante, ça veut dire que ça s'arrête, que ça tombe en panne, que ça ne marche plus… Alors, j'irai chercher tout ça tout à l'heure chez un ami de Kévin.

Anne : Et vous pouvez m'assurer que ça va fonctionner comme il faut…

Thomas : Mais oui, Madame, Kévin connaît bien son affaire et on va faire des essais ce soir…

Anne : Bon, je vous fais confiance. Reste le problème de nos brochures et prospectus : ils sont arrivés ?

Vanessa : On va nous les livrer aujourd'hui même. J'ai retéléphoné ce matin; c'est prêt. Vous en aurez un exemplaire sur votre bureau dès leur arrivée.

Anne : Dernière chose. Le programme des présentations et démonstrations de la Foire. Est-ce que vous l'avez reçu ? Ça serait bien de vérifier s'il n'y a pas d'erreur.

Vanessa : Ah, ça non, je ne l'ai pas… (*on entend le fax qui fonctionne*) Oh, mais attendez là… Le voilà : il arrive par fax… (*le fax s'arrête au milieu de la copie avec un bruit inquiètant*) Zut! C'est pas vrai ! Il s'arrête…

Anne : J'ai l'impression que le télécopieur **se plante**… C'est comme ça qu'on dit, n'est-ce pas Thomas ?

Thomas : Voilà !

Anne : … À propos de plante, Vanessa, est-ce que vous avez pensé à mettre des plantes… vertes sur notre stand ?

C d V 6.13 **Vrai ou faux, justifiez votre choix.**

1. Anne a l'intention de passer à la Foire.
2. Elle n'a pas vu leur stand en réalité mais seulement sur un plan.
3. Elle pense que le stand ne sera pas prêt pour l'ouverture de la Foire.
4. Dominique, Kévin et Thomas ont déjà tout installé.
5. Anne aura le plan et le catalogue de la foire en début d'après-midi.
6. La location du stand va coûter plus cher que ce qui avait été prévu.
7. Kévin ne veut pas utiliser le matériel technique de la Foire.
8. C'est un matériel trop nouveau, trop moderne.
9. Il a peur d'avoir des problèmes techniques.
10. Il préfère utiliser le matériel de leur entreprise.
11. Vanessa donne un exemplaire de leurs brochures et prospectus à Anne.
12. Vanessa et Anne vérifient le programme des présentations et démonstrations.
13. Thomas va devoir dépanner le télécopieur.

NB *

Quand on dit : "C'est la foire !", on veut dire qu'il y a un grand désordre.
(équivalent : "C'est le bazar !")

FAMILIÈREMENT VÔTRE

- L'entreprise a fait des bénefs incroyables, et on nous vire.
- C'est une honte ! C'est toujours nous, les travailleurs qui casquons. Comment j'vais faire maintenant pour gagner ma croûte, à mon âge ?
- Arrête de chialer ! Viens on va arroser ça.
- Quoi ça ?
- Ta liberté ! Tu pourras enfin t'occuper d'ton potager.

bénef *m* : bénéfice
virer : mettre quelqu'un à la porte, perdre son travail.
casquer : payer
gagner sa croûte : gagner sa vie
chialer : pleurer
arroser ça : fêter un évènement en buvant

DESSOUS-DE-CARTE

LES MOBILES DES ANTI-MOBILES

La mode anti-portable se porte bien. Alors, simples réflexes de jaloux frustrés ou réelle résistance archaïque à une modernité pourtant bien inoffensive ?

Rien de plus énervant, c'est vrai, que de déjeuner avec un "accro" du portable, qui jongle entre sa fourchette et un mobile qui sonne toutes les trente secondes... La conversation, réduite à un entre-deux-appels, comme votre capacité à apprécier le menu, risquent d'être fortement compromises. Mais que dire de ces regards haineux qui se braquent sur vous dans des lieux publics (de la gare de RER à la salle d'attente du médecin qui doit vous recevoir depuis trois quart d'heure) dès que vous sortez votre petit appareil magique pour passer un appel urgent ? Et de ces réflexions aigres-douces quand votre compagnon à touches se met à vibrer ?

"La moindre des politesses", rappelle Olivier, détenteur d'un mobile depuis deux ans, "c'est de se mettre sur messagerie vocale quand on déjeune... D'un autre côté, j'ai un mobile justement pour qu'on puisse me joindre n'importe où. Je ne vais tout de même pas autocensurer mes conversations par mobile interposé sous prétexte que deux voisins de table se mettent à râler."

De la même manière que le débat fut, et reste encore, des plus animés entre fumeurs et non-fumeurs dans les lieux publics, on peut se demander si l'on ne s'achemine pas vers le même type de dialogue de sourds entre propriétaires de portable et ceux qui, par principe, y sont hostiles. À la liberté d'autrui de profiter de son dîner sans sonneries répétées, se juxtapose celle de l'utilisateur de mobile qui, en l'absence de législation en la matière, demeure libre d'appeler et d'être appelé où bon lui semble.

Ce qui reste le plus gênant, c'est que les réactions des "anti-portables" ne se produisent justement pas seulement au restaurant. Nathalie a entamé une thèse et en même temps, poursuit à plein temps son activité professionnelle. Dotée d'un portable depuis Noël, elle avoue être soulagée : "Je peux enfin suivre quelques heures de cours entre midi et deux sans m'angoisser ou chercher frénétiquement une cabine téléphonique. Si le moindre problème surgit au bureau, on m'appelle, et je peux réagir tout de suite, au lieu de stresser toute seule".

Mais ce qu'observe aussi Nathalie, ce sont les sourires narquois de ses camarades de fac : "L'autre fois, j'ai allumé mon portable, qui reste sur messagerie vocale pendant les cours : il a sonné pour me prévenir que deux messages m'attendaient. Un groupe de filles a éclaté de rire en criant bien fort "Allô, chéri, c'est moi"... Je n'ai rien dit, mais j'avoue que depuis, je cherche les endroits déserts dans les couloirs pour téléphoner."

Les anecdotes peuvent faire sourire, mais elles sont révélatrices de ce que crée le phénomène des portables. La communication tous azimuts brasse plus d'inconscient et de résistances psychologiques qu'il n'y paraît : le téléphone portable en est un avatar, et s'il focalise les critiques, c'est justement parce qu'il est une intrusion dans les univers mentaux de chacun, une forme de "grand frère" qui nous menacerait tous.

Les "anti-portables" argumentent : "C'est un fil à la patte, c'est ridicule, un coup de téléphone, ça peut toujours attendre" etc. Il n'en reste pas moins que l'utilisateur – raisonnable et modéré – du portable paye pour les fanatiques qui le promènent jusque sous leur douche et empoisonnent vos séances de cinéma à force de sonneries intempestives.

(Source: MOBILES, juin – juillet 1997)

Pour ou contre le téléphone portable ?

C d V 6.14

Relevez dans le texte "Les mobiles des anti-mobiles" les arguments pour ou contre le téléphone portable. Justifiez ces arguments.

C d V 6.15

1. Pensez-vous qu'il est possible de vivre aujourd'hui sans mobile ?
2. Comment réagiriez-vous si dans un restaurant le téléphone de votre voisin se mettait à sonner plusieurs fois pendant le dîner ?
3. Êtes-vous un "accro" du cellulaire ou un anti-mobile ?

Je pense que...
À mon avis...

1. On est facile à joindre.

2. C'est davantage de tension.

3. C'est de l'esclavage.

4. On peut s'isoler et téléphoner sans déranger les autres.

5. On peut appeler quand on veut.

6. Il est bruyant.

7. Il coûte cher (communications...).

8. Il fait gagner du temps.

9. Il évite les rendez-vous manqués.

10. C'est énervant d'écouter les autres parler.

100

LA TÉLÉPHONIE MOBILE

Mariage d'une nation avec le mobile !

La Finlande est bien le pays du téléphone cellulaire. En 1998, une personne sur deux en est équipée. Le pays était prédisposé à un tel engouement : les Finlandais ont leurs résidences secondaires au milieu des forêts dans des zones souvent retirées et sous-équipées en infrastructures téléphoniques. Le mobile était donc la solution la moins coûteuse. D'autre part, la Finlande est une jeune nation moderne qui vit le présent sans la pesanteur du passé et de fortes traditions culturelles, d'où cette volonté frénétique et cette aisance à assimiler et à acquérir toutes les nouvelles créations technologiques.

B.L.

LE PORTABLE AUSSI INDISPENSABLE QUE LA VOITURE !

Accessoire de mode puis réel outil de travail, le téléphone portable a réussi à se rendre indispensable, mais aussi à se démocratiser grâce à des prix toujours plus bas. Malheureusement, ceux qui ne disposent pas encore de leur propre mobile ont souvent du mal à s'y retrouver tant les offres des opérateurs et des fabricants sont diverses et nombreuses.

Messageurs ou mobiles

Pour améliorer la communication avec les effectifs nomades des entreprises, deux systèmes sont possibles : le **téléphone mobile**, bien sûr, mais aussi le **pager** ou, en français, le **messageur**. En janvier 1999, la France comptait 12 millions de **portables**, alors que les propriétaires de messageurs n'étaient que de 2 millions. Le **mobile** est-il l'arme absolue ? Pas sûr. Tout dépend des besoins de l'entreprise. Contrairement à ce que sous-entend la pub, le messageur n'est pas réservé aux adolescents. Léger (il se glisse facilement dans la poche), moins dérangeant et plus discret qu'un **cellulaire**, il permet de recevoir des messages envoyés par l'intermédiaire d'une **opératrice** ou d'un **répondeur**, par Minitel, par **ordinateur** ou encore par **Internet**.

C d V 6.16

1. Quels sont dans le texte les synonymes du mot "mobile" ?
2. Quels sont les moyens existants qui permettent à un message d'arriver sur un pager ?
3. Donnez l'autre nom du messageur.

11. La sonnerie dérange tout le monde.

12. On a plus de liberté.

13. On se fait plus d'ami(e)s.

14. On ne vit plus en paix.

15. On téléphone plus souvent et inutilement.

16. On est moins stressé.

17. Il permet de sauver des gens en danger.

18. On passe moins de temps au téléphone (messagerie).

19. On est plus libre.

20. On n'est plus libre.

Des gestes qui parlent...

Alors, j'en suis sûr, il y aura un mouvement positif...

CdV 6.17

Le cyberlibraire et l'atelier multimédia

La journaliste : Comment vous est venue l'idée de monter un atelier multimédia ?

Le cyberlibraire : J'ai acheté une petite librairie de quartier en 1993. Passionné d'informatique et de multimédia, j'avais installé quelques CD-ROM (cédérom) sur une étagère. Et puis un jour j'ai décidé de créer cet atelier.

La journaliste : Et quels sont les services que vous proposez ?

Le cyberlibraire : Je propose des formations pour enfants à Internet, le mercredi surtout.

La journaliste : C'est ce que vous appelez les "ateliers du cybercredi" n'est-ce pas ?

Le cyberlibraire : Oui, c'est cela. Mais ils viennent aussi souvent le samedi avec leurs parents.

La journaliste : Et est-ce que vos petits Internautes apprennent vite ?

Le cyberlibraire : Ce sont de vrais génies. Après quelques jours de pratique, ils sont déjà capables de créer un mini-site sur le Net (réseau). En quelques semaines, la conception d'un site Web complet n'est plus un mystère pour ces jeunes en culotte courte.

La journaliste : Et ils restent combien de temps dans votre Cybersalon ?

Le cyberlibraire : En moyenne, deux à trois heures. Le Web a remplacé les jeux électroniques, et le zapping à la télé. Pour être branché aujourd'hui il faut savoir naviguer (surfer) sur Internet et être capable d'envoyer des messages.

La journaliste : J'ai vu que vous aviez aussi des machines payantes.

Le cyberlibraire : Effectivement. Ce sont des stations multimédias. Elles sont réservées surtout aux adultes. Pour les utiliser vous avez besoin d'une carte à puce prépayée. On appelle ça, le télépaiement.

La journaliste : Et quels services offrent-elles ?

Le cyberlibraire : En plus d'Internet, vous pouvez consulter votre courrier électronique, utiliser des logiciels culturels, ludiques ou de traitement de texte.

La journaliste : Est ça coûte combien ?

Le cyberlibraire : Environ 80 centimes la minute.

La journaliste : Est-ce que je peux inscrire ma fille ? Nous habitons dans le quartier et je suis sûre qu'elle sera très heureuse de venir ici.

Le cyberlibraire : Pas de problème. Elle est la bienvenue !

Vocabulaire : atelier multimédia *m*, atelier cybercredi *m*, carte à puce *f*, CD-ROM *m* (cédérom), courrier électronique *m*, cyberlibraire *m/f*, cybersalon *m*, informatique *f*, internaute *m/f*, jeu électronique *m*, logiciel *m*, mini-site *m*, naviguer, Net *m*, site Web *m*, station multimédia *f*, traitement de texte *m*, zapping *m* (du verbe zapper)

CdV 6.18

Complétez avec les mots ci-dessous :

En 1996 j'étais chômeur. Passionné d'_____ je décidai de monter un _____ grâce à une subvention de la Région. C'était pour moi un très grand _____ que je me devais de gagner absolument. Je louai une petite boutique dans un quartier calme de la ville et j'y installai une dizaine de _____ reliés au _____ . Pour pouvoir les utiliser, les clients devaient acheter une _____. Cela leur permettait d'avoir accès non seulement ^ _____ , mais aussi d'envoyer et de recevoir du _____ , de travailler à la création de _____ personnels. Dès le début mon _____ marcha très fort. Les _____ étaient presque toujours toutes occupées tant les _____ étaient nombreux. Ils passaient en moyenne 2 heures devant les _____ dont une bonne heure à _____ sur le _____ . Aujourd'hui je possède trois ateliers et ça ne me laisse pas beaucoup de temps pour faire autre chose.

Stations multimédias, informatique, PC, courrier électronique, Net, naviguer, cybersalon, Web, internautes, sites, carte à puce, défi, moniteurs, atelier multimédia, internet

CdV 6.19

1. Dans votre travail, quel rôle l'ordinateur joue-t-il ?
2. Pensez à ce qui a changé depuis l'arrivée des ordinateurs.
3. Avant, comment faisait-on – maintenant comment fait-on ?
4. Il y a une panne générale du système informatique dans votre entreprise. Que se passe-t-il ?
5 . L'ordinateur, ami ou ennemi de l'homme ?

Il est vrai que... mais...   D'une part... mais d'autre part...

6. Qu'est qui a changé depuis la publication de ce livre ?

Le Minitel ou l'Internet Franco-Français

Le Minitel est né en France en 1983. Les Français ont donc une forte culture télématique. Les premières années France Télécom le donnait gratuitement. Ce vidéotex offre à plus de 7 millions de foyers un accès direct à plus de 23 000 services. Les minitélistes peuvent par exemple réserver un billet d'avion, faire des achats, dialoguer avec d'autres personnes ou s'incrire dans les universités françaises. On le trouve même aux États-Unis où 800 000 unités ont été installées dans 14 États américains.

Aujourd'hui Internet menace le Minitel. Afin de le sauver il vient d'être connecté au Net. Malgré ce sursaut, le célèbre code 36.15 survivra-t-il au WWW ? La question reste ouverte.

Vocabulaire : Le minitel, un(e) minitéliste, un vidéotex

Le micro-ordinateur et ses équipements

L'IMPRIMANTE : Elle imprime des textes et des dessins sur le papier. Les imprimantes matricielles (à jet d'encre) sont les plus simples. Pour un résultat rapide et de grande qualité équipez-vous d'une imprimante laser.

LA MÉMOIRE CACHE : Cette mémoire très rapide permet de stocker les données dont le micro a le plus souvent besoin. Elle doit faire au moins 512 Ko (kilooctets). Le processeur commence par rechercher ses informations dans cette mémoire, seulement ensuite il sollicitera la mémoire vive (Ram).

L'ÉCRAN : Appelé aussi "moniteur", il existe en différentes tailles, exprimées en pouces (14",15"...). Autre critère : le "pas de masque", ou pitch (la résolution). Il est souvent de 0,25 mm. La plupart des écrans sont encore à tube cathodique, mais les écrans liquides (LCD) ou à plasma arrivent.

L'UNITÉ CENTRALE : C'est le cœur de l'ordinateur. Elle est souvent équipée de deux lecteurs de disquettes et d'un disque dur.

LE PROCESSEUR : C'est le moteur de l'ordinateur. Plus il est puissant, plus la circulation et le traitement des informations sont rapides. Ses performances se mesurent en mégahertz (Mhz) : 233 Mhz semble un minimum.

LA RAM : Appelée aussi "mémoire vive". Elle est l'espace de travail dans lequel l'ordinateur appelle les données et les logiciels qu'il est en train d'utiliser. La Ram se mesure en mégaoctets (Mo).

LE DISQUE DUR : Appelé aussi "mémoire centrale". Il sert d'"armoire" pour stocker toutes les données (texte, image et son) de l'ordinateur, dont les logiciels. Sa capacité doit être de 3 Go (gigaoctets), voire de 4,3 pour mémoriser plusieurs logiciels ou pour garder en mémoire des images.

LA CARTE GRAPHIQUE : Elle est indispensable pour les jeux en 3D ou les logiciels graphiques. Elle possède sa propre mémoire. Choisissez une carte de 4 mégaoctets minimum.

LE PORTABLE : Micro-ordinateur autonome à écran plat. Son faible poids facilite son déplacement.

LA CARTE SON : Elle gère les fonctions sonores du micro et permet d'écouter un CD audio.

LE FAX-MODEM : Il sert de lien entre l'ordinateur et la prise téléphonique. Grâce à lui, on peut surfer sur Internet, consulter le Minitel ou envoyer un fax. Ses performances sont exprimées en milliers de bauds (Kbps). Choisissez un débit de 56 Kbps.

LE CLAVIER : Composé de touches, il sert à saisir des textes, des nombres, et a donné des consignes à l'ordinateur.

L'ORDINATEUR DE POCHE : Appelé aussi "assistant personnel ou PC de poche". Petit portable ayant les mêmes fonctions que le portable (transfert et exploitation de fichiers), mais qui n'est pas adapté à la réalisation de graphiques ou de fonctions multimédias.

LA SOURIS : On clique sur elle pour déplacer la flèche qui se trouve sur l'écran. Elle est beaucoup plus rapide que les touches du clavier.

LES ENCEINTES : Appelé aussi "haut-parleur". Désormais stéréo, elles sont indispensables pour les jeux et les films.

LE LECTEUR DE CD-ROM : Il permet de lire les CD-Rom, mais aussi les CD audio. Sa vitesse est exprimée par un nombre suivi d'un "x". 24x signifie que le lecteur est 24 fois plus rapide que la vitesse des tout premiers modèles. À la fin de l'année, les lecteurs de DVD, d'une capacité sept fois supérieure, vont faire leur apparition sur les ordinateurs grand public.

LE SCANNER : Les scanners à main, de qualité moyenne, sont pratiques pour scanner une partie d'un document. Pour numériser une page A4, il est préférable de s'équiper d'un scanner à plat.

103

CARTE DU JOUR 1

Comment dirais-je ?
Pour être plus clair...

Clés
- **Je ne suis pas sûr d'avoir bien compris.**
- **Je n'ai pas bien saisi le nom de la personne qui remplace monsieur Schwarz.**
- **Comme on dit en français...**
- **Pardonnez-moi de revenir sur la date, Michel.**
- **Permettez-moi de rectifier.**

7.1.1. Conférence sur les chemins de fer à l'hôtel Métropole à Bruxelles.

Une secrétaire d'organisation : J'ai une annonce à vous faire concernant l'atelier de monsieur Schwarz. Pour des raisons de santé, monsieur Schwarz ne sera pas en mesure d'animer son atelier et sera remplacé par madame Briey. L'atelier aura lieu vendredi à 14 h 30 au lieu de jeudi 11 h 30, dans la salle 2 au lieu de la salle 4.

M. Roykens : Pardon, je ne suis pas sûr d'avoir bien compris. L'atelier de jeudi est déplacé, c'est bien cela ?

Un participant : Oui, c'est ça, en effet, il est reporté au vendredi 14 h 30. Mais personnellement, je n'ai pas bien saisi le nom de la personne qui remplace monsieur Schwarz. L'avez-vous entendu ?

M. Roykens : Madame Briey.

Le participant : Ah, merci beaucoup.

7.1.2. Conférence sur les chemins de fer.

M. Roykens : Mais si on persiste à autoriser les gens à se promener dans les compartiments avec des fenêtres ouvertes, je pense qu'il y a là véritablement un danger...

M. Boucher : Excusez-moi de vous interrompre, mais vous avez employé le mot danger. Est-ce que danger n'est pas un peu trop alarmiste ?

M. Roykens : Oui, vous avez peut-être raison, donc pas danger, mais... comment dirais-je alors, inconvénient ou plutôt non, risque, risque. Pour être plus clair, je voudrais parler de risque, plus exactement. Cela vous va, Monsieur Boucher ?

M. Boucher : Je vous remercie de cette précision, mais je crois que, comme on dit en français, ça clarifie ou ça éclaire...

Une participante : Clarifie.

M. Boucher : Oui, ça clarifie le débat.

7.1.3. Vichy. M. Boiron, directeur du Cavilam, parle avec sa secrétaire, Mme Fradin.

Mme Fradin : Pardonnez-moi de revenir sur la réunion de Paris, Michel, mais je crois que vous ne pourrez pas y assister la semaine prochaine, car vous êtes à l'étranger.

M. Boiron : Oui oui, c'est exact, je serai en Suède la semaine prochaine, oui.

Mme Fradin : Quand est-ce que nous pourrions la prévoir ?

M. Boiron : La semaine suivante ? Ça serait bien peut-être.

Mme Fradin : Oui, la semaine suivante. Début de semaine ?

M. Boiron : Début de semaine, c'est parfait.

Mme Fradin : Ah, non ! Permettez-moi de rectifier. Vous êtes à Madrid mardi. Peut-être pour la fin de semaine ?

M. Boiron : Bon, c'est d'accord pour la fin de semaine.

Mme Fradin : Vendredi ?

M. Boiron : Vendredi ? Quelle heure ?

Mme Fradin : Le train part à 9 heures. Je pense en tout début d'après-midi.

M. Boiron : Vers 14 h 30 ?

Mme Fradin : Oui, vous seriez à Paris assez tôt en début d'après-midi, oui.

M. Boiron : D'accord.

MAL ENTENDU ? MALENTENDU ?

Comment dirais-je ?

- Je ne comprends pas.
- Je ne suis pas sûr d'avoir bien compris / de vous avoir compris.
- Je n'ai pas très bien saisi : son nom / l'explication / ce qu'il voulait dire.
- Qu'est-ce que vous voulez dire (par là) ?
- Qu'est-ce que vous voulez dire par flexibilité ?
- Qu'est-ce que vous dites ?
- Comment dites-vous en français ?
- Pouvez-vous répéter, s'il vous plaît ?
- Pourriez-vous m'expliquer ce que...
- Excusez-moi, je n'ai pas bien entendu.
- Excusez-moi, je n'ai pas très bien compris.
- J'ai rien pigé à ce qu'elle a dit. *(fam.)*

Comment expliquer ?

- Je me suis mal exprimé / j'ai dû mal m'exprimer.
- Attendez, je vais vous expliquer.
- Ce que je veux dire c'est que...
- Je voulais dire que...
- Pardonnez-moi de revenir sur...
- Permettez-moi de rectifier.
- Je voudrais apporter une précision supplémentaire.
- Je voudrais éclaircir ce point précis.

 C d V 7.1

On fait une annonce. Écoutez plusieurs fois phrase par phrase et prenez des notes.
A ne comprend pas bien l'annonce, il demande à **B** des précisions. Utilisez les bulles et les expressions du *Ça se dit.*

1. Où ?
2. Quand ?
3. Quand et où ?
4. Thème ? Comment intervenir ?
5. Comment faire pour obtenir la réduction ?
6. Pourquoi changer de chambre ?
7. Difficile à comprendre !

 C d V 7.2

Écoutez les nouvelles suivantes, prenez des notes et retrouvez les sigles à l'aide de la liste page 159.

 C d V 7.3

Des précisions, des éclaircissements : le micro ne marche pas bien ! Écoutez l'annonce.
A, vous n'avez pas tout entendu ou compris, vous demandez des éclaircissements à **B**. Consultez le *Ça se dit.*
B, répondez aux questions de **A**, consultez la page 175.

Maintenant, je comprends !

- Ah bon, je comprends maintenant !
- Ça y est, j'ai compris !
- Ah ! Voilà !
- Ah ! J'y suis !
- Je comprends ce que vous voulez dire.
- Je sais de quoi il est question.
- C'est bien ce que j'avais cru comprendre.
- Maintenant, j'ai pigé ! *(fam.)*

 **C d V 7.4**

Complétez ce dialogue à l'aide des répliques suivantes :

1. Ah bon, je comprends maintenant !
2. Je ne suis pas sûr d'avoir bien compris.
3. Excusez-moi, Monsieur Villard, je n'ai pas bien entendu l'heure.
4. Qu'est-ce que vous voulez dire ?
5. Je voudrais éclaircir ce point précis avec vous.

Ça n'arrive qu'aux autres !

- Mme Wenbeck arrivera de Bruxelles à 16 h 05.
- ....
- 16 h 05, Monsieur Leroy. Vous irez la chercher avec la voiture de service, et vous descendrez à l'hôtel Mercure du Mans où vous passerez la nuit avec madame Wenbeck.
- ....
- Que vous resterez au Mans avec elle ! Vous l'inviterez à dîner, et vous lui parlerez du contrat d'exclusivité que nous tenons absolument à signer avec elle. Je compte sur vous, monsieur Leroy, pour qu'elle passe une soirée inoubliable.
- ....
- Venez, allons dans mon bureau. ....

Deux minutes plus tard :
- .... Mais vous me prenez pour qui, Monsieur Villard ?
Puisque c'est comme ça, je préfère rentrer chez moi immédiatement !

CARTE DU JOUR 2

Je peux vous aider ?
J'ai un problème concernant...

Clés

• **Bonjour, Madame. Est-ce que je peux vous aider ?**
• **J'ai un problème concernant le programme de vendredi prochain.**
• **Vous pouvez m'aider à le mettre dans mon coffre, s'il vous plaît ?**
• **Vous êtes très aimable, Madame, mais je ne voudrais pas vous déranger.**
• **À votre service, Madame.**
• **Merci. Au revoir. Bonne journée.**

7.2.1. Bruxelles, à la "Communauté française de Belgique".
La réceptionniste : Bonjour, Madame. Je peux vous aider ?
Mme Dumas : Bonjour, Madame. Oui, je dois rencontrer monsieur Daniel Soil à 9 heures. Nous avons une réunion avec les lecteurs. Il est 9 h 20 et il n'est toujours pas là.
La réc. : Oui, un petit instant, je vais regarder.
Mme Dumas : Merci. Vous êtes très aimable, Madame, mais je ne voudrais pas vous déranger.
La réc. : La réunion est annulée, Madame.
Mme Dumas : Mmmm.
La réc. : Oui. Est-ce que vous voulez que je demande à sa secrétaire de venir vous renseigner, de vous demander…
Mme Dumas : Volontiers, Madame. Je vous en remercie.
La réc. : Oui, un petit instant.

7.2.2. Dans la gare de Vichy.
Susan : Oh, excusez-moi, Madame. Est-ce que tu peux aider moi (Est-ce que vous pouvez m'aider) ?
Une voyageuse : Je suis désolée, je suis très pressée. Voulez-vous demander à une des employées de la gare ?
Susan : Merci. Merci, Madame.
…
Une dame chargée de bagages entre dans la gare.
Un jeune homme : Attendez, Madame. Je vais vous aider.
La dame : Merci, c'est très aimable. Merci.
Le jeune homme : De rien. C'est bien naturel.

7.2.3. Dans la gare de Vichy
Susan : Pardon, pardon, Monsieur. Est-ce que…
Un employé de la gare : Oui, bonjour.
Susan : … tu peux aider moi (vous pouvez m'aider) à faire composter les billets parce ce que je ne suis pas trop sûre comment ça marche ?
L'employé : Bien sûr. Je vais vous montrer. Vous me suivez ?
Susan : Oui oui oui, bien sûr. Merci.
L'employé : Alors, vous prenez votre billet…
Susan : Oui.
L'employé : … et vous le passez.
Susan : Ok, merci bien.
L'employé : Voilà, et prenez le train. À votre service, Madame.
Susan : Merci, au revoir. Bonne journée.
L'employé : Au revoir.

7.2.4. Dans la gare de Vichy, à l'accueil - information.
Kirsti : Bonjour, Monsieur.
L'employé : Bonjour.
Kirsti : Pourriez-vous me dire où part le train pour Paris ?
L'employé : Oui, il part sur le quai numéro 1.
Kirsti : Sur le quai numéro 1. Et à quelle heure, s'il vous plaît ?
L'employé : Il part à 13 h 53.
Kirsti : Ça va. Merci beaucoup.
L'employé : Je vous en prie.
Kirsti : Au revoir.
L'employé : Au revoir.

7.2.5. Dans la rue, une dame chargée de paquets veut ouvrir le coffre de sa voiture.
Un jeune homme : Vous voulez un coup de main ?
La dame : Ah, oui. Je veux bien, merci.
Le jeune homme : Pardon, je vous en prie.
La dame : Pouvez m'aider à les mettre dans mon coffre, s'il vous plaît ?
Le jeune homme : Oui, bien sûr. Voilà.
La dame : Je vous remercie beaucoup, Monsieur.
Le jeune homme : Je vous en prie.
La dame : Au revoir.
Le jeune homme : Bonne journée. Au revoir.

7.2.6. À Bruxelles. Conférence sur les chemins de fer.
M. Berger : Excusez-moi, Mademoiselle.
Une secrétaire d'organisation : Oui, bonjour. Je peux faire quelque chose pour vous ?
M. Berger : Oui, j'ai un problème concernant le programme de vendredi prochain. Alors, qui s'occupe de ces questions de programme ? J'aimerais bien le rencontrer.
La secrétaire : Je pense qu'il vaut mieux contacter madame Moutteau. C'est elle qui s'occupe de ce genre de problème. Si vous voulez bien patienter.
M. Berger : Oui, oui, certainement.
La secrétaire : Elle sera ici dans quelques instants.
M. Berger : Merci, merci.
La secrétaire : Au revoir.

ÇA SE DIT 2

DEMANDER ET OFFRIR DE L'AIDE

1. Demander de l'aide

- **Pourriez-vous** m'indiquer... ?
- Pardon, **est-ce que vous pourriez** me dire.... ?
- Pardon, **est-ce que vous pouvez** m'aider ?
- **Excusez-moi de** vous déranger, mais est-ce que vous pourriez... ?
- **Je peux** vous déranger ?
- Excusez-moi, M. / Mme, **j'ai un problème**...
- **Voudriez-vous** me passer / me donner / m'apporter / ... ?
- **Auriez-vous** la gentillesse de...?

- Merci, Madame.
- Je vous remercie, Monsieur.
- Tant pis.

- Avec plaisir.
- Mais, bien sûr Mademoiselle / Madame / Monsieur.
- Mais, je vous en prie.
- Tenez, voilà.
- Je suis désolé(e)

> Je regrette, mais...

> Oui, oui, je comprends.

2. Offrir de l'aide

- **Je peux** vous renseigner ?
- **Si vous voulez**, je peux vous donner un coup de main ?
- **Je vous donne** un coup de main ?
- **Que puis-je faire** pour vous ?
- **Puis-je** vous aider ?
- Excusez-moi, **je peux** vous aider si vous voulez ?

- Avec plaisir / grand plaisir.
- C'est très gentil (de votre part), merci.
- C'est sympa (de votre part), merci.
- Vous êtes très aimable.
- Volontiers, merci.
- Merci, mais ça va.

 C d V 7.5

Qu'est-ce que vous dites dans ces situations ?

1. Vous voyez une vieille dame porter une grande valise.

2. Vous devez téléphoner à quelqu'un mais votre mobile est en panne. Votre collègue a le sien.

3. Vous voulez consulter le plan de la ville. Peut-être qu'ils en ont un à la réception de l'hôtel ?

4. Vous êtes devant un distributeur automatique de tickets de métro. Vous n'avez pas de monnaie.

5. Vous voyez un touriste dans la rue, le plan de la ville à la main. Il a l'air perdu.

6. Vous voulez prendre le RER pour aller à l'aéroport. Voilà un monsieur – peut-être qu'il sait quelle ligne c'est ?

7. Vous voulez demander quelque chose à une personne que vous ne connaissez pas. Demandez d'abord la permission de lui poser une question.

8. Vous êtes dans un restaurant. Vous n'avez pas de carte. À la table d'à côté, il y a deux cartes.

9. Vous êtes garçon de restaurant. Vous voyez qu'un touriste ne sait pas comment manger un plat de votre pays.

10. Vous voulez remplir un formulaire, mais vous n'avez pas de stylo.

C d V 7.6

À la gare, un voyageur ne sait pas où et comment composter son billet de train. Il s'adresse à un employé de la S.N.C.F.

> - Pardon, est-ce que vous pourriez m'expliquer comment on composte les billets de train ?

> - Attendez, je vais vous montrer. Voilà le composteur, alors vous mettez le billet dans la fente, vous poussez... CLIC ! et voilà c'est fait.

Vous allez entendre 12 phrases où quelqu'un demande de l'aide ou propose de l'aide ou apporte de l'aide. Écoutez phrase par phrase et reconstituez la situation : qui, à qui, quoi, où, quand, comment, pourquoi... ce qu'ils se disent avant, après...
Il y a plusieurs scénarios possibles.
Ensuite, jouez la / les situation(s).

7

Comment répondre à une question difficile ?

C d V 7.7 Choisissez la / les formule(s) qui vous semble(nt) la / les plus appropriée(s). Puis, discutez !

A : Monsieur, auriez-vous un instant ? Je voudrais vous parler.

B : Eh bien... voyons. De quoi s'agit-il ? / C'est à quel sujet ?

A : Il s'agit... / C'est au sujet...

... des licenciements dans votre service
... des accidents de travail dans votre service
... de la visite de la délégation française
... du rapport qui devait être prêt à la fin du mois.
... de vos absences
... de mon stage de français
... du compte-rendu des travaux en cours
... du discours du Ministre. Est-il prêt ?
... des coupes dans le budget
... de l'initiation au travail des nouveaux stagiaires
... des documents disparus
... de ma demande de congé de formation

B :

1. Je vais donner suite à votre demande.
2. Je suis désolé, En ce moment je n'ai pas le temps.
3. Je n'en sais rien, moi.
4. Tout dépend...
5. Je vais voir ce que je peux faire.
6. Voyons, voyons. Ce n'est pas grave.
7. Ce n'est pas mon domaine.
8. Première nouvelle !
9. C'est M. Durand qui s'en occupe.
10. Il doit y avoir une erreur...
11. Je ferai de mon mieux, je vous l'assure.
12. Rassurez-vous, on va arranger cela.
13. C'est une question délicate, il faut y aller doucement.
14. J'étudierai la question.
15. Je vais vous contacter dès qu'il y aura du nouveau.
16. Je vous tiendrai au courant de nos décisions.

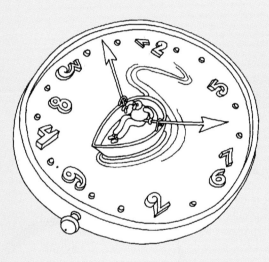

Le programme de séjour de Mme Anne VATANEN

FAX TÉLÉCOPIE - FAX TÉLÉCOPIE

À L'ATTENTION DE   Mme Anne VATANEN
DE LA PART DE   Vanessa Augé

Je vous fais parvenir le programme de votre séjour à Lyon, du lundi jusqu'au jeudi. Nous pourrons mettre au point les journées suivantes dès votre arrivée.

En ce qui concerne votre rendez-vous chez le coiffeur, il n'y avait que deux possibilités : le lundi à 17 h 30 ou le mercredi à 11 h 30. Faites-moi savoir ce que vous préférez afin que je puisse confirmer le plus tôt possible.

Voulez-vous que je réserve une soirée spectacle lundi ou mardi ?

Meilleures salutations.

Vanessa

Des gestes qui parlent...

Apprendre le français me paraît primordial.

C d V 7.8

Anne Vatanen (vous) envoie un message pour répondre aux deux questions de Vanessa.

Lundi

13 h 50	Arrivée à Lyon-Satolas, vol Swissair 957
	Accueil : Vanessa AUGÉ.
vers 14 h 15	Hôtel Royal, Place Bellecour, tél. 0478375731
à partir de 14 h 30	Rencontre avec M. DESCHELOT
16 h 30	Réunion avec M. GRANGER ; examen des résultats financiers, étude des maquettes des documents publicitaires
(?) 17 h 30	Salon de coiffure, Place des Terreaux
-	Soirée spectacle (?)

Mardi

10 h 30	Discussion sur les nouveaux projets, avec M. GRANGER et le nouvel informaticien
12 h 00	Déjeuner avec M. DESCHELOT et le PDG de Imaginex, restaurant ? M. DESCHELOT vous prendra au bureau.
14 h 00	Inauguration de la nouvelle salle de conférence de la Chambre de Commerce et d'Industrie
16 h 00	Visite de nos nouveaux locaux à la Cité Internationale
17 h 30	Réunion de tout le personnel : le point sur l'installation et l'aménagement du stand pour la foire.
	Sortie (?)

Mercredi

9 h 00	Réunion sur les nouveaux postes à créer
10 h 30	Rendez-vous avec M. CLERGERIE, "cyberlibraire", 21, rue de la Désirée
(?) 11 h 30	Salon de coiffure, Place des Terreaux
15 h 00	Prise de contact avec M. COLLIN de "Lyon International", association d'accueil pour étrangers
19 h 00	Dîner chez Dominique GRANGER

Jeudi

10 h 00	Foire
vers midi	Apéritif et déjeuner "Chez M. Paul" (M. DES-CHELOT viendra vous chercher sur le stand)
14 h 00	Réunion : les modalités de la campagne publicitaire
15 h 30	Foire
16 h 30 à 18 h 00	Présentation-démonstration de nos produits à la presse et aux professionnels
18 h 15	Cocktail offert par Ethelmédia
20 h 00	Restaurant (?) tous ensemble

Dans un récit au passé, certaines expression de temps changent :

maintenant	→	à ce moment-là
aujourd'hui		ce jour-là
ce soir		ce soir-là
lundi		ce lundi-là
hier		la veille
demain		le lendemain
la semaine prochaine		la semaine suivante
la semaine dernière		la semaine précédente
le mois prochain		le mois suivant
le mois dernier		le mois précédent

IMPARFAIT, PASSÉ COMPOSÉ, PLUS-QUE-PARFAIT

Après son voyage à Lyon, Anne Vatanen rencontre son ami suisse qui lui demande:
- Où est-ce que tu étais la semaine dernière ?
- J'étais à Lyon, je travaillais avec notre partenaire français. Il faisait un temps magnifique...
- Comment ça s'est passé ? Qu'est-ce que tu as fait ?
- Je vais te raconter en détails; le lundi, je suis arrivée en début d'après midi, on m'a déposée à l'hôtel , puis un peu plus tard, j'ai rencontré Édouard Deschelot, notre partenaire, nous avons discuté et après j'ai eu une première réunion avec le responsable du marketing. Nous avons d'abord examiné les résultats financiers et ensuite nous avons étudié les documents publicitaires...

Dans le passé
- pour exprimer des états, des situations "statiques" on utilise l'imparfait. J'étais à Lyon.
- pour exprimer une situation "dynamique", quelque chose en train de se passer, un processus, on utilise aussi l'imparfait. Je travaillais...
- pour exprimer des événements considérés comme accomplis, comme les résultats d'actions, on utilise le passé composé. Je suis arrivée..., j'ai mis mes valises à l'hôtel..., j'ai rencontré Édouard...

On peut combiner l'imparfait et le passé composé.
- Je suis arrivée à l'aéroport, personne ne m'attendait. Je commençais à m'inquiéter.
- Pendant que je discutais avec Édouard, Dominique est arrivé et nous avons pris un expresso. C'était la première fois que je buvais un café si fort.
Pour des évènement antérieurs, on utilise le plus-que-parfait.
- Le soir, je suis allée à l'opéra . Ce n'était pas mal! Vanessa m'avait réservé une place la semaine précédente .

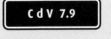

C d V 7.9

Entraînez-vous ! Vous êtes Anne, racontez votre séjour à Lyon.
1. D'abord, à l'aide du programme envoyé par Vanessa, comme une suite d'actions accomplies (au passé composé).
Exemple : Mardi dernier, à 10 h 30, nous avons discuté... ; à midi... ....

2. Ensuite, ajoutez des verbes exprimant des états, des commentaires, des actions en "processus"... (à l'imparfait), des actions antérieures (au plus-que-parfait)
Exemple : Mardi dernier, il pleuvait un peu, j'avais rendez-vous à 10 h 30. Nous avons discuté de projets nouveaux ; il y avait un jeune informaticien ; je l'avais rencontré une heure avant quand je prenais un café...

J'ai une réclamation...
Je regrette beaucoup...

Clés
- Je vous appelle au sujet des casseroles.
- Je suis très, très ennnuyée.
- ...mais, d'un autre côté, soyez sans crainte, on est encore dans les délais.
- Je suis désolée, mais peut-être si vous me passiez le texte de votre allocution...
- Mais, là, malheureusement je ne peux rien faire.

7.3.1. À la Sitram. Mme Gayard appelle, Anne décroche le téléphone.

Anne : Allô ?

Mme Gayard : Bonjour. Madame Gayard à l'appareil. Je vous appelle au sujet des casseroles.

Anne : Oui, je me souviens. Alors, vous êtes satisfaite ?

Mme Gayard : Eh bien, non. Pas du tout. Je téléphone justement pour une réclamation. Je n'ai pas reçu les casseroles la semaine dernière alors que vous me l'aviez promis. Et comme vous le savez, le marketing a commencé, vous comprenez ?

Anne : Tout à fait. Un instant, je vais vérifier les bordereaux d'envoi.(...) Oui, alors, en effet, les casseroles sont parties à part le lendemain. Normalement, si tout se passe bien, vous devriez les avoir aujourd'hui ou demain au plus tard.

Mme Gayard : C'est très ennuyeux. Je ne suis pas sûre de les avoir à temps et je pense que vous auriez pu me prévenir.

Anne : Je regrette beaucoup que ce ne soit pas encore arrivé, mais on me dit qu'il y avait une note avec le premier envoi.

Mme Gayard : Ça ne résoud pas mon problème.

Anne : Vous avez vraiment raison et soyez sûre que je suis désolée, mais d'un autre côté, soyez sans crainte, on est encore dans les délais. Et si vous ne les aviez pas ce soir, je peux vous expédier en chronoposte un lot de remplacement pour vous dépanner.

Mme Gayard : Je compte sur vous et je vous remercie. Au revoir.

7.3.2. À l'hôtel Métropole à Bruxelles.

M. Berger : Merci, merci, merci.

M. Bredael : Voilà. Pardon, pardon. Je voudrais bien dire un mot à madame Moutteau. Madame Moutteau, s'il vous plaît ?

Mme Moutteau : Dites, Monsieur Bredael. Je vous écoute.

M. Bredael : Dites, Madame Moutteau. C'est au sujet de ce changement dans la date de l'atelier de monsieur Schwarz. Moi je suis très, très ennuyé, je devais intervenir jeudi et vendredi je ne suis absolument pas libre.

Mme Moutteau : Oui, je sais, c'est regrettable, mais vous avez compris : il s'agit d'un cas de force majeure. Madame Briey...

M. Bredael : C'est vrai, mais est-ce qu'on aurait pas pu consulter les intervenants avant de prendre la décision. Cela aurait quand même été mieux ?

Mme Moutteau : Tout à fait. Vous avez raison. Je suis désolée, mais peut-être si vous me passiez le texte de votre allocution, madame Briey pourrait peut-être le lire.

M. Bredael : Oui, bien sûr. Mais je crains que ce ne soit pas exactement la même chose si je ne suis pas là pour répondre aux questions qu'on va poser.

Mme Moutteau : Oui, je vois. Mais malheureusement, là, je ne peux rien faire.

7.3.3. À l'usine d'eau minérale de St.Yorre. M. Holzer reçoit un coup de téléphone de M. Llacer.

M. Holzer : Oui, allô ?

M. Llacer : Allô ? Oui, monsieur Holzer ? Bonjour. C'est Gérard Llacer à l'appareil. J'ai un petit problème, là, sur notre dernière expédition. Nous avons des bouteilles qui ont perdu un petit peu de gaz, là.

M. Holzer : Oui. Vous les avez stockées où ?

M. Llacer : Eh bien, il semblerait qu'il y ait eu un stock... exposé au soleil, effectivement. Mais je ne suis pas sûr.

M. Holzer : Ah, oui, si vous les avez stockées au soleil, c'est sûr qu'elles ont dû perdre du gaz puisque le PVC n'est pas totalement étanche au gaz. Mais faites-moi confiance, je vais vous arranger ça.

M. Llacer : OK, bon, je vous remercie beaucoup, Monsieur Holzer, de nous changer cela et à un de ces jours.

M. Holzer: Oui, on vous fera le nécessaire pour l'échanger.

M. Llacer : Merci beaucoup, Monsieur Holzer.

M. Holzer : Mais il n'y a pas de quoi. Au revoir.

PETIT DICO

la fenêtre
le cintre
la lampe
le miroir
la prise
la douche
le savon
la serviette
la serviette de bain
le verre
...limatiseur
la femme de chambre
le robinet
le lavabo
le traversin
l'oreiller
le drap
la couverture
le lit
les w.c.
le papier hygiénique

Problèmes et réclamations à l'hôtel / au restaurant

Le client :
- J'ai une réclamation à faire...
- Il doit y avoir une erreur...
- Je voudrais parler au...

L'employé vérifie la situation :
- Il y a un malentendu...
- Vous êtes sûr que... ?
- Un instant je vous prie ! Je vais vérifier.

Le client apporte une preuve de sa bonne foi :
- J'ai le reçu / la copie de...
- J'ai le fax de la réservation.

L'employé admet son erreur :
- Je suis désolé(e).
- Il y a eu une erreur. / C'est une erreur de notre part.
- Nous allons faire le nécessaire.
- On va s'occuper de vous immédiatement

L'employé trouve que le client a tort :
- Vous avez raison, c'est un problème, mais...
- Vous avez dû oublier ...
- Je regrette, mais on ne peut rien faire pour l'instant.
- ...je dois vous signaler que...
- Il était spécifié dans le contrat que...

Le client accepte l'excuse / l'explication :
- Il n'y a pas de mal.
- Ce n'est pas grave.
- Ça arrive.

Le client n'accepte pas l'excuse / l'explication :
- Je voudrais parler au / à la gérant(e) / au / à la patron(ne) / au/à la directeur(trice), s'il vous plaît !
- Vous devez régler ce problème immédiatement !
- Je suis désolé(e), mais...
- Ce n'est pas normal !
- C'est quelque chose d'inadmissible !
- C'est un scandale !
- C'est une honte !
- Je demande à être remboursé !
- Dans ce cas-là, préparez-moi la note, s'il vous plaît.

NB
à l'hôtel on demande la note
au restaurant on demande
l'addition

Faites coïncider les phrases **I** avec celles de **II**.

I - Monsieur / garçon / Madame / Mademoiselle,
il y a un problème. / Je crois qu'il y a une erreur. / J'ai une
réclamation à faire :

1. **J'avais réservé** une chambre avec vue sur la mer, mais vous m'avez donné une chambre qui donne sur la cour.
2. **Il n'y a pas de** lumière dans ma chambre / d'eau chaude / de savon.
3. J'avais conmmandé un poulet basquaise, pas un canard à l'orange !
4. Le chauffage **ne marche pas**.
5. **Il y a trop de sel** / de poivre.
6. Les toilettes sont **sales**.
7. La climatisation **ne fonctionne pas**.
8. Le miroir / la lampe de ma chambre **est cassé(e)**.
9. **On n'a pas changé** les draps.
10. Le bruit de la rue **me dérange**.
11. **Je crois qu'il y a** une erreur dans l'addition... J'ai commandé une bière, **pas deux !**
12. Les voisins d'à côté **parlent trop fort**.
13. **Je ne peux pas** dormir **à cause de** la circulation.
14. Le lavabo **est bouché**.
15. La fenêtre **est bloquée**, je ne peux pas l'ouvrir.
16. **Il n'y a pas de** lait chaud.
17. J'attends mon steak minute **depuis une demi-heure !**

II - Oh, je suis désolé(e) / navré(e), Madame...
- Toutes nos excuses, Madame / Monsieur / Mademoiselle...

a. **On va arranger ça** tout de suite.
b. **...c'est que nous sommes à court de** personnel à cause de l'épidémie de grippe. Nous pouvons vous offrir un digestif, c'est la maison qui offre.
c. **Je vais envoyer quelqu'un** faire le nécessaire.
d. **...on a dû se tromper**. Nous allons changer ça tout de suite.
e. **Nous pouvons vous donner** une autre chambre au 5ème étage.
f. Un instant **je vais vérifier**... oui, effectivement, il y a une erreur. **Je suis désolé**, excusez-nous !
g. Malheureusement l'hôtel est complet. **Si vous voulez bien attendre** jusqu'à demain.
h. **Je regrette Madame**, mais ici, ce n'est pas un hôtel cinq étoiles.
i. **Je regrette Madame**, mais **vous aviez bien demandé** une chambre qui donne sur la rue.
j. **Mais vous avez bien commandé** un steak au poivre !
k. **Je regrette Monsieur**, mais nous ne pouvons rien faire.
l. **Il y a une erreur / un oubli**, mais ce sont des choses qui arrivent.
m. **Je regrette beaucoup, mais** je vous demande de patienter un instant.

D'autres problèmes / réclamations

En vous servant des expressions du *Ça se dit*, jouez les rôles du client (**A**) qui fait une réclamation et (**B**) employé. Vous pouvez, de plus, avoir besoin de ces expressions :

- Nous vous envoyons les produits tout de suite / sans délai / aussitôt que possible.
- Nous allons / pouvons vous rembourser.

1 **A :** Dans un magasin, vous avez choisi un manteau qui vous plaît à 348 euros (prix de départ). Dans la vitrine, on affiche : "Tout soldé à 50 %". Cependant, quand vous voulez payer à la caisse on vous demande 348 euros.

B : Caissier / caissière : vous pensez que le client a trouvé le manteau là où se trouvent les modèles pour la prochaine saison.

2 **A :** Vous avez réservé une chambre à l'Hôtel Magnifique. Quand vous vous présentez à la réception, on ne trouve pas de réservation à votre nom. C'est la fête et tous les hôtels sont complets.

B : Posez des questions pour vérifier quand et comment le client a fait sa réservation et qui l'a prise. Peut-être que le client se trompe d'hôtel ? Sinon, votre dernier recours : le directeur garde toujours une chambre vide pour les membres de sa famille.

3 Trouvez une nouvelle situation de réclamation

CAMÉLÉOPHONE
FAX 13 00 13 00

À l'attention du service après-vente

Messieurs,

Je suis très étonné par la mauvaise qualité de vos produits et de vos services. Il y a une semaine, j'ai commandé votre nouveau téléphone miracle Caméléophone. Je dois vous signaler qu'en effet, c'est un miracle qu'il soit si nul, votre téléphone – il ne marche pas du tout ! De plus, il est impossible à contrôler, il change de forme et de couleur sans cesse, et il fait un bruit continu qui me rend fou. J'insiste pour qu'on me le rembourse sans délai. Sinon, je vais devoir contacter l'Association des Consommateurs. J'ai essayé à plusieurs reprises de vous joindre, mais ni votre Caméléophone ni votre Caméléofax ne répondent à mon attente. Dans l'attente d'une prompte réponse de votre part, Salutations,

Jean BAVART

- Allô ?
- Oui, c'est moi. Vous me téléphonez à quel sujet ?

- Ah oui ? Vous voulez dire ma réclamation ?

- Bon... ce n'est pas grave. Ça arrive.

- Oh, ce n'est pas nécessaire...
- Merci, Monsieur, et au revoir.

- Allô... c'est bien Madame Lectrice ?
- Ici Monsieur Désolée, de la part de la Librairie Livre-compagnon. Je vous téléphone au sujet de votre lettre...
- C'est ça. En effet, nous avons trouvé une copie de la lettre où vous nous demandiez de débiter votre carte VISA. C'est une omission de notre service de facturation et nous en sommes vraiment désolés.
- Est-ce que nous pouvons vous envoyer un petit cadeau en guise d'excuses...? Le dernier roman de Richard Jonty, par exemple ?
- Mais si, Madame. Nous insistons.
- Au revoir, Madame.

ALLÔ !

C d V 7.12 — Réclamations par téléphone

1 A : Vous participez à un cours d'espagnol. On vous avait assuré que ce serait un petit groupe. Vous êtes au premier cours, il y a 16 personnes dans votre groupe. Vous pensez qu'on ne peut rien apprendre dans ces circonstances.
B : Seize personnes, c'est un petit groupe ! Rassurez le client, vos méthodes sont conçues pour un groupe de 10 à 16, vos profs sont expérimentés... Cependant, vous voulez vous montrer compréhensif.

2 A : Vous aviez commandé dix ordinateurs de bureau. La livraison devait avoir lieu le 15. Mais on est le 17 et vous n'avez rien reçu à ce jour.
B : Posez-lui des questions pour vérifier les dates exactes et les conditions de livraison. Admettez votre erreur et expliquez-en la raison.

3 A : Vous avez loué un chalet pour deux semaines dans les Alpes, pour faire du ski. Vous êtes quatre, avec vos deux enfants. Cependant, quand vous arrivez, vous vous rendez compte qu'il y a déjà une famille installée dans la maison. Vous devez donc partager la maison avec cette famille. Vous téléphonez à l'agence.
B : Demandez des précisions, les références du contrat. Dans le chalet, il y a quatre chambres à coucher. Deux sont louées à une famille, deux à une autre. Ils ont donc payé pour deux chambres uniquement.

Plus, pluss ou pluz ? – un petit plusss...

PLUS se prononce
[ply]   devant une consonne
[plyz]   devant une voyelle
[plys]   en finale (sauf avec une négation)

quelques exemples :

- négation ne... plus [ply]
- Je ne bois plus, je ne fume plus...
on ne prononce jamais le -s

- comparatif, superlatif [plys]
- Il est plus cher que l'autre ?
- Oui, c'est le plus cher.

- adverbe
(davantage) Je voudrais un peu plus [ply] de fromage.
- D'accord, je vous en donne un peu plus [plys]. Lequel voulez-vous ?
- C'est celui-là que j'aime le plus [plys].

- substantif
"Qui peut le plus [ply] peut le moins."
Vos connaissances des langues, c'est un plus [plys] pour ce travail.

- le signe + [plys]
- 17 plus (+) 3 font 20
- Il fait chaud, plus (+)35°

> **NB**
> Dans la langue familière on ne construit pas la négation avec NE :
> Je ne l'aime plus [ply] ' je l'aime plus [ply]
> qui est différent de "je l'aime plus" [plys] = je l'aime davantage

---

C d V 7.13

Dans ce texte, cherchez les [ply], [plyz] et [plys]. Lisez le texte, et puis comparez avec l'enregistrement.
"J'avais une petite amie mais elle ne m'aime plus. Cela fait plus de deux semaines qu'on ne se parle plus. En plus, elle ne me fait même plus un sourire. J'aimerais qu'on se rencontre un peu plus, mais elle m'évite. C'est de plus en plus pénible. Moi, j'aimerais qu'on se voie plus. C'est d'autant plus important que cela nous permettrait d'y voir plus clair. Juste une bonne discussion, rien de plus."

Mme Jeanne Lectrice
28, rue Livresque
75021 Paris

V/réf RF 200100

Librairie Livre-compagnon
101, place de la Communication
92179 Vanves

Messieurs,

Je tiens à vous faire savoir mon mécontentement, car j'ai reçu un rappel pour une facture que j'avais réglée dès son arrivée le 20 décembre. Par ma lettre du 21 décembre, je vous avais demandé de débiter ma carte VISA pour la somme de 43 euros.

Dans l'attente d'une prompte rectification, je vous prie d'agréer, Messieurs, mes salutations distinguées.

Jeanne Lectrice

ÇA VA S'ARRANGER !

Dans quelques minutes la Foire ouvre ses portes. Sur le stand B60, le stand de Éthelmédia, tout le monde s'affaire. Anne a entre les mains le programme des différentes manifestations. Elle appelle Dominique.

Anne : Dominique ! Tu as vu le programme de la Foire ?

Dominique : Non, je n'ai pas encore eu le temps.

Anne : Eh bien, je crois qu'il y a une erreur ; regarde, ils ont mis notre présentation de vendredi à 17 h 30 ; on avait bien dit 16 h 30 ?

Dominique : Absolument, je me souviens très bien, de 16 h 30 à 18 h. C'est moi qui ai envoyé les horaires au secrétariat de la Foire. Ça alors !

Anne : C'est complètement fou ! On a notre cocktail dans la grande salle de réception à 18 h 15, on a envoyé des invitations, j'ai fait convoquer la presse spécialisée à 16 h 30 pour la présentation de produits et à 18 h 15 pour le pot... Bon, il faut trouver une solution. Vanessa, est-ce que vous pourriez me prendre rendez-vous avec la personne responsable du programme, s'il vous plaît ?

Vanessa : Avec Madame Azzédine ? Tout de suite Anne, tout de suite.

Quelques instants plus tard...

Mme Azzédine : Bonjour Mme Vatanen, votre assistante m'a expliqué : je suis tout à fait désolée, c'est une erreur de notre part, j'ai vérifié et...

Anne : Nous sommes très ennuyés, qu'est-ce que vous comptez faire ?

Mme Azzédine : Eh bien, nous allons rectifier sur le système de panneaux électroniques et sur les panneaux d'affichage des salles. Et puis, nous ferons quelques annonces publiques au cours de la journée. De toute façon, demain nous ferons un nouveau tirage de ce programme et là, soyez sûre, il n'y aura pas d'erreur. Est-ce que cela vous convient ?

Anne : Oui, merci, je crois que cela devrait suffire...

Mme Azzédine : Encore une fois, je vous prie de nous excuser...

Anne : Bon, ce sont des choses qui arrivent. Au revoir Madame.

114

Anne revient au stand...

Anne : Bonjour Édouard. Vous êtes au courant de ce qui nous est arrivé ?

Édouard : Mais oui, mais n'y pensez plus. Tenez, pour vous changer les idées, je vous invite à déjeuner chez Monsieur Paul, c'est un "bouchon* lyonnais" à deux pas d'ici. Vous venez Dominique, vous venez Vanessa ?

Anne : Vous êtes sûr qu'il y aura de la place ?

Édouard : Certain, j'ai réservé hier. Allez en route.

Chez Monsieur Paul

Le garçon : Bonjour m'sieur-dames. C'est, euh, pour manger ?

Édouard : Oui...

Le garçon : Désolé, il n'y a plus de place, mais repassez dans vingt minutes...

Édouard : Comment ! Mais j'ai réservé pour midi, pour quatre personnes. Dites donc jeune homme, où est le patron ?

Le garçon : À la cuisine, ah, le voilà...

M. Paul : Bonjour M. Deschelot, comment allez-vous ?

Édouard : Mal, mon cher Paul, très mal. J'ai une réclamation, la première depuis vingt ans que je viens ici...

M. Paul : Une réclamation ? *(au garçon)* Qu'est-ce qui s'est passé Bernard ?

Édouard : *(théâtral)* Je prends la peine de réserver la veille et ce jeune homme me refuse l'entrée.

M. Paul : Ah bon, ce n'est que ça, j'ai eu peur, j'ai cru que c'était au sujet de la cuisine ; nous allons arranger ça. Passez dans l'arrière-salle, vos places vous attendent... Excusez-le, il ne travaille ici que depuis une semaine. Soyez tranquille, maintenant nous allons vous soigner. N'est-ce pas Bernard ?

C d V 7.14 **Vrai ou faux, justifiez votre choix.**

1. Anne est la première à lire le programme de la Foire.
2. On a mis leur présentation une heure plus tard.
3. On peut sans problème faire la présentation une heure plus tard.
4. Ils vont changer l'heure de la réception.
5. C'est Dominique qui a fait une erreur en communiquant les heures.
6. La responsable du programme ne peut malheureusement rien faire.
7. Le lendemain, il y aura un nouveau programme.
8. Anne est satisfaite.
9. Édouard voulait manger au restaurant de la Foire mais il change d'idée et ils vont dans un "bouchon".
10. Il y vont en taxi.
11. Le garçon leur conseille de revenir un peu plus tard.
12. Édouard demande à voir M. Paul.
13. Édouard est toujours obligé de faire des réclamation dans ce restaurant.
14. M. Paul trouve des places au fond de la salle.
15. Le garçon est jeune et inexpérimenté.
16. Le garçon va faire particulièrement attention au service..

*Les "bouchons" sont des petits restaurants où on peut déguster les spécialités lyonnaises en buvant un pot de beaujolais ou de morgon. Certains "bouchons" sont devenus des restaurants de luxe.

FAMILIÈREMENT VÔTRE

- Si on allait en boîte, ce soir, ça nous f'ra pas d'mal !
- D'acc ! c'est une idée géniale, et puis c'est une bonne occase pour faire un peu plus connaissance.
- Bon, faut que j'me magne, j'ai encore des courses à faire.
- Pense à t'acheter des pompes, et n'débarque pas en survêt, on va pas à une partie d'foot.

boîte *f* : discothèque
d'acc : d'accord
occase *f* : occasion, circonstance
se magner : se dépêcher
pompes *f/pl* : chaussures
débarquer : arriver
survêt *m* : survêtement de sport

Philippe GELUCK et le CHAT

Né à Bruxelles en 1954, Philippe Geluck commença sa carrière comme comédien de théâtre, puis, tout en continuant le théâtre, il devint animateur d'une émission de télévision pour les

jeunes, faite de sketches poétiques, baroques, assez subversifs qui attirèrent vite un public d'adultes. Il participa ensuite à de nombreuses émissions de télévision et de radio – le "Jeu des dictionnaires", "Le docteur G. répond à vos questions"… – et c'est pour se reposer un peu qu'il abandonna le théâtre… prit ses crayons, passa à la BD* et créa le personnage du Chat qui parut d'abord dans "Le Soir de Bruxelles", grand quotidien belge du soir, puis, en France, dans "Info-Matin".

"Au début, les gens ne comprenaient pas trop, et puis c'est devenu un peu l'image du journal. A tel point qu'après trois mois de présence, un sondage a révélé que 74 % des lecteurs commençaient la lecture du journal par mes dessins."

L'ironie, l'autodérision, la touche de surréalisme belge du Chat… et de Geluck se sont imposées : il y a maintenant une dizaine d'albums du Chat, deux livres du Docteur G. (avec CD), une encyclopédie illustrée, "Le Petit Roger : encyclopédie universelle", et toujours des animations à la radio et à la télévision…

*bande dessinée

LES FRANÇAIS ET L'HUMOUR

Les Français n'ont rien à envier à leurs voisins en matière d'humour, car il y a dans l'Hexagone une longue tradition appelée "l'esprit français" incarnée par Voltaire, Sacha Guitry, Molière, Alphonse Allais, Guy Bedos, et bien d'autres encore.

Avoir le sens de l'humour est perçu comme une qualité. C'est une carte de visite avantageuse, et appréciée dans la vie sociale et professionnelle, mais aussi en amour. Les femmes, ne déclarent-elles pas qu'un homme doit les faire rire pour les séduire.

Comme tous les habitants de la planète les Français adorent se moquer :

- des groupes sociaux et professionnels, où le snobisme de la grande bourgeoisie et la lenteur des fonctionnaires sont ridiculisés.
- des hommes politiques
- des stéréotypes régionaux et nationaux. Rire de son voisin en racontant des blagues est un exercice aisé et très apprécié. Il permet de transférer sur les autres les défauts que l'on a soi-même. Les Belges, naïfs, sont souvent en première ligne, et les histoires amusantes les concernant sont légion. On raconte aussi des blagues sur les Provençaux bavards et menteurs, les Bretons têtus, les Auvergnats avares, les Corses paresseux.

D'autre part, les humoristes dénoncent souvent la bêtise des gens et la perversité de la société : le racisme, l'exclusion sociale…

L'humour a pour rôle de faire rire, et lorsque les Français rient, il faut être un peu initié pour comprendre à quel Gaulois on a à faire. Effectivement, on rencontre en France trois rires différents, ceux des trois classes sociales de ce pays que la Révolution de 1789 a curieusement si bien préservées :

- le rire populaire, plutôt vulgaire, et qui ferait mal aux oreilles
- le rire bourgeois, distingué
- le rire intellectuel, plutôt plein d'esprit.

Mais parlons du rire que l'on rencontre le plus couramment, le populaire. Il aborde presque toujours le sujet dont les Français sont les spécialistes, et dont ils ne rougissent plus depuis bien longtemps : le sexe. On assaisonne ces histoires cochonnes à toutes les sauces généralement autour d'une bonne table (bon appétit !).

L'humour français porte aussi beaucoup sur le langage. On aime faire des jeux de mots. On se moque de la manière dont les journalistes et les intellectuels s'expriment.

Que cet humour s'exerce à la télé ou dans la rue, qu'il soit vulgaire, spirituel ou satirique, il est presque toujours moqueur. On en rit, on en pleure, mais on en meurt rarement.

ET LE CONTACT HUMAIN DANS TOUT ÇA ?

ENLÈVE TON COUDE DE MON CLAVIER

L'HUMOUR...

Les mots d'esprit / le non-sens ou l'absurde
· jeux de langue, jeux de mots, allusions fines et légères
Des Belges : Geluck, Momo...
Des Français : Fernand Raynaud, Raymond Devos...

La gauloiserie / plaisanteries grivoises
· allusion au sexe de manière lourde, blagues douteuses, cochonnes, histoires paillardes
La plupart des Français

Le populaire
· on y parle des perversités de la société : le racisme, l'exclusion sociale, politique...
Coluche, Les Inconnus, Guy Bedos, Muriel Robin...

L'humour et le cinéma
· de situation, mais aussi de langage
Michel Blanc, Josiane Balasko et Gérard Jugnot dans "Les bronzés font du ski" ; Christian Clavier et Valérie Lemercier dans "Les visiteurs"; Pierre Richard dans "Le grand blond à la chaussure noire" ; Louis de Funès dans "La grande vadrouille" ; Tati dans "Les vacances de M. Hulot"...

L'humour et la bande dessinée
Goscinny et Uderzo pour Astérix, Goscinny et Morris pour Lucky Luke, Hergé pour Tintin, Franquin pour Gaston...

On peut se demander pourquoi dans un pays comme la France, où l'humour est une institution – les cassettes humoristiques se vendent très bien (350 000 pour Les Inconnus, 150 000 pour Muriel Robin) – le rire n'occupe aujourd'hui que 5 mn de notre journée pour 19 mn en 1939, époque pourtant peu réjouissante. Le stress de notre vie moderne, le chômage, l'endettement des ménages, la société de consommation, et la crise économique internationale y sont sûrement pour quelque chose.

C d V 7.15

Vrai ? Faux ? Ça se discute ?
Écoutez les extraits d'interview et répondez aux questions.

A. Rire français ?
Selon M. Thel...
1. Il est facile de définir un humour "français".
2. Il y a de nombreuses variétés d'humour en France.
3. Il y a un mélange d'origines qui fait évoluer les choses, qui est très créateur.
4. Il n'y a pas un seul "rire" en France.

B. "Histoires belges"
1. L'humour français et l'humour belge sont assez semblables.
2. Les Belges racontent des histoires pour ridiculiser les Français.
3. Les Belges sont capables d'autodérision.
4. Les Français, aussi, sont capables de se rendre ridicules.

C d V 7.16

1. Dans votre pays, raconte-t-on des blagues sur les autres nations, provinces... ? Quels en sont les sujets ?
2. Racontez en français une blague populaire de chez vous. Mission impossible ? Quels sont les sujets qui font le plus rire chez vous ?
3. Est-ce qu'on rit moins aujourd'hui qu'avant ?

HISTOIRES DE BISTRO

1. Après une semaine de vie quotidienne, c'est plus de la vie quotidienne, c'est de la vie hebdomadaire.

2. - C'est pas toi qui m'a dit bonjour, hier, sur l'autoroute ?
- Non.
- Quelqu'un m'a dit bonjour hier sur l'autoroute.
- Pas moi.
- C'est qui, alors ?
Je connais personne sur l'autoroute.

3. Quand tu regardes toutes les régions de France différentes avec la montagne et tous les produits de la mer, ou les vins, quand tu traverses du nord au sud de la France, c'est déjà une Europe un peu dans son genre miniature, alors pourquoi en faire une autre grande qui sera pas à nous.

4. Les Américains nous ont libérés, c'est vrai, d'accord, merci, mais bon, nous aussi on les avait libérés bien avant, et on fait *pas tout un plat* [1]...

5. Dans la jungle, on n'a pas construit des habitations, sinon, il faudrait arroser les plantes de la jungle, dès qu'on construit, faut arroser, c'est radical.

6. *Encore heureux* [2] que la Corse soit au milieu de l'eau, parce que quand on voit les incendies tous les ans, on se dit... On se dit *encore heureux* !

7. On peut pas nourrir tous les humains, alors il faut faire moins d'enfants.
- Moi j'ai pas d'enfant et je *bouffe* [3] comme quatre, alors c'est plus compliqué que ça.

8. Le bébé anglais, l'anglais *ça lui rentre comme dans du beurre* [4], le bébé français, le français *ça lui rentre comme dans du beurre*, pour apprendre les langues le mieux c'est d'être bébé.

9. Tu pars de Paris à huit heures sept et t'arrives à Londres à dix heures treize, ça te fait trois heures six minutes de voyage et après deux heures et quart avant de *bouffer* [5].
- Moi je bouffe à une heure.
- Alors ça te fait presque trois heures d'attente avant de te mettre à table.

10. Et *d'une* [6], en *TGV* [7] tu vas plus vite qu'en avion, *et de deux* [8], le *TGV* ne vole pas, ce qui est un progrès, *je trouve* [9]...

(Source: J.M. Gourio : Brèves de comptoir, Michel LAFON)

---

[1] toute une histoire / beaucoup de bruit
[2] quelle chance
[3] je mange
[4] il l'apprend facilement
[5] manger
[6] d'abord
[7] train à grande vitesse
[8] ensuite
[9] je pense

Ouverture

Clés

- **Mesdames et Messieurs, je déclare la séance ouverte.**
- **J'aimerais que nous commencions d'abord par un tour de table.**
- **Je vous rappelle que nous sommes réunis pour discuter ensemble du projet.**
- **Je souhaiterais, comme une sorte d'avant-propos, vous le présenter brièvement.**
- **Il va donc nous entretenir des tendances actuelles de la recherche ferroviaire.**

8.1.1. À l'hôtel Métropole à Bruxelles. Conférence sur les chemins de fer.
M. Bredael : Mesdames et Messieurs, je déclare la séance ouverte. Vous avez été très nombreux, je le vois, à trouver intéressant le débat que nous allons mener sur les chemins de fer à grande vitesse, et d'emblée, je voudrais remercier en mon nom personnel, mais je pense au nom de toute l'assemblée, monsieur Roykens qui nous a fait l'honneur de sa présence parmi nous. Bien que vous soyez déjà très nombreux à le connaître, je souhaiterais, comme une sorte d'avant-propos, vous le présenter brièvement. Monsieur

Roykens est sorti très jeune de l'école, il a d'abord travaillé comme directeur des projets TGV à la SNCF, puis comme président de la Mission Grande Vitesse des chemins de fer européens. Poursuivant ses recherches, monsieur Roykens a publié sur la recherche ferroviaire de nombreux ouvrages en français et même en anglais, et ses travaux sont aujourd'hui connus dans tous les milieux scientifiques. Si nous l'avons invité parmi nous, c'est que les fruits de ses dernières recherches nous ont paru particulièrement intéressants. Il va donc nous entretenir des tendances actuelles de la recherche ferroviaire et de ses domaines stratégiques. Monsieur Roykens, si vous voulez bien, je vous laisse la parole.

M. Roykens : Merci, Monsieur le Président. Je vais donc vous parler de la recherche ferroviaire telle qu'elle se présente aujourd'hui dans le monde. Ce que je vous propose, c'est d'ouvrir le débat d'emblée et de faire un tour d'horizon sur la planète recherche pour mieux cerner les problèmes. Sur bien des points, cela nous permet de considérer les problèmes au niveau international comme étant d'une difficulté absolument majeure.

8.1.2. Vichy. En réunion au Cavilam. Le président, Michel Boiron, ouvre la séance.
M. Boiron : Bon, nous nous retrouvons aujourd'hui dans le cadre d'une réunion prévue pour savoir si nous allons pouvoir faire entrer l'agence Vichy Développement dans le cadre de notre nouveau site du pôle Lardi. Et j'aimerais que nous commencions d'abord par un tour de table pour que chacun puisse se présenter.
- Bonjour. Eh bien, je m'appelle Bernadette Gérard et je travaille pour l'agence Vichy Développement.
- Bonjour. Je m'appelle Barbara Querotes. Je suis étudiante et je représente les étudiants étrangers du Cavilam.
- Bonjour. Je m'appelle Marie-Joseph Bonnet. Je suis enseignante au Cavilam depuis dix-huit ans et je représente le groupe des professeurs.
- Bonjour. Je suis Laurence Chapeau et je suis journaliste à La Montagne.
- Marie Fradin. Je suis chargée de la partie financière du projet.
- Bonjour. Je m'appelle Véronique Laurent et je suis l'assistante de direction du Cavilam.
- Bonjour. Je suis Rodolphe Bouchet, l'architecte chargé du projet Lardi.
M. Boiron : Merci beaucoup. Bon, nous devons maintenant désigner qui sera la personne qui fera le compte-rendu. Vous voulez bien vous en occuper ?
Mme Laurent : Oui, si vous voulez.
M. Boiron : Je vous remercie.

LES RÉUNIONS

Il y a de nombreux types de réunion
● selon le but, la fonction de la réunion :
information, résolution de problème, discussion,
négociation, recherche d'idées, prise de décision...
● selon le degré de formalité :
conseil d'administration, conseil ou comité permanent,
assemblée générale, conférence, réunion publique,
réunion de service, réunion de projet, de bilan,
remue-méninges (brainstorming), impromptue, tête à tête...

INTERROMPRE
Pardon, vous permettez... Une remarque rapide...

OUVERTURE
La séance est ouverte. Passons à l'ordre du jour.

CLORE
Je vous remercie de votre participation. La séance est levée.

LANCER LE DÉBAT
La parole est maintenant à l'assemblée. Avez-vous des suggestions ?

DISTRIBUER LA PAROLE
D'abord M. Callais, ensuite Mme Maury.

PASSER AU POINT SUIVANT
Puisqu'il n y a pas d'autres remarques, nous passons au point suivant.

RENDRE LA PAROLE
urais un mmentaire faire.

GARDER LA PAROLE
Ne me coupez pas. Je disais que...

Ouvrir le congrès / la conférence / la réunion / la séance
- Je déclare le congrès ouvert / la réunion ouverte.
- Mesdames et Messieurs, je déclare la séance ouverte.
- La séance est ouverte.
- Je déclare ouverte la conférence mondiale sur...
- J'ai l'honneur de déclarer ouverte la conférence sur...

Ordre du jour
- Passons a l'ordre du jour.
- Le premier point de l'ordre du jour est...
- À l'ordre du jour de nos travaux figure...
- L'ordre du jour concerne la fermeture de notre filiale de Pékin.

Présenter un intervenant / un conférencier
- Mesdames et Messieurs, j'ai le plaisir de / l'honneur de vous présenter Madame Rimini...
- Chers collègues. Nous avons l'honneur d'avoir parmi nous, Monsieur Féret, de notre filiale de Pékin...
- Nous sommes très heureux d'accueillir autour de notre table, M. Lemoine, Directeur de la Chambre de commerce de Reims.
- J'aimerais que nous commencions par un tour de table.
- Monsieur Fournier va donc nous entretenir des tendances actuelles de la recherche ferroviaire.

Lever une séance / une réunion
- Je déclare donc la séance levée, et je vous remercie de votre participation.
- Je déclare la session ajournée jusqu'à 15 heures.
- Je propose que nous suspendions les débats pendant une quinzaine de minutes.

Votes
Vérifier le quorum :
- Le quorum est atteint / obtenu.

Mettre une question aux voix :
- Je mets aux voix le projet de résolution de la conférence.

Voter :
- Le vote se déroulera à main levée.
- Ceux qui sont pour lèvent la main.
- Ceux qui sont contre lèvent la main.
- La majorité s'est prononcée en faveur de la proposition.
- Le projet de résolution est adopté.
- La motion est adoptée par 12 voix contre 9, et 2 abstentions.
- La motion est rejetée.

Divers
- Est-ce qu'il y a d'autres points sur lesquels vous aimeriez discuter ?
- Il nous reste encore le dernier point de l'ordre du jour.
- Nous devons encore examiner le problème de...

Clore une conférence / un débat
- Je déclare close la Conférence internationale sur l'environnement.
- Nous vous remercions de votre attention / participation.

8

La direction d'une petite entreprise a consulté les employés sur la question suivante : il y a 12 000 euros dans le budget destinés aux activités de loisir du personnel – comment les utiliser ? Les employés ont préparé des propositions qu'ils ont déposées dans la boîte à idées. Voici l'ordre du jour avec la liste des propositions reçues :

Ordre du jour

1. Ouverture de la séance et désignation d'un secrétaire de séance
2. Les propositions soumises :
 1. des vacances "anti-stress" dans une station balnéaire
 2. une soirée culturelle (concert, théâtre, opéra...)
 3. des vacances de ski dans une station alpine
 4. un dîner dansant au restaurant (champagne, caviar...)
 5. un camp de survie en Laponie
 6. une carte d'abonnement pour un club de mise en forme
 7. un voilier grand luxe à la disposition du personnel pendant une semaine
3. Clôture de la séance

Vous vous réunissez pour voter pour la meilleure proposition. Déterminez à chaque fois le mode de vote, ensuite votez.
Le directeur (**A**) : Vous avez tous reçu l'ordre du jour avec la liste des propositions, je n'y reviens pas. On passe au vote. Première proposition : des vacances "anti-stress" – ceux qui sont pour lèvent la main. ..."
Le secrétaire de séance (**B**) prend des notes, compte les votes et proclame les résultats.

"Les PME face aux NTIC"

"Les Petites et Moyennes Entreprises face aux Nouvelles Technologies de l'Information et de la Communication."

les 6, 7 et 8 octobre
Au Centre de congrès "EUROFORUM"
Rencontres organisées à l'initiative de la Chambre régionale de Commerce du Conseil régional d'Euro-PME, avec le soutien de la DG XXIII (Direction Générale de la Politique d'entreprise, du commerce, du tourisme et de l'Economie sociale)

et placées sous la Présidence de Madame Laurence MORAIS, Secrétaire d'État chargée des Petites et Moyennes Entreprises.

Programme

Lundi 5.10. à partir 15 h 00 jusqu'à mardi 6.10. 8 h 30 :

Accueil et réception des participants
Remise du badge, des documents complets de la Conférence et d'une documentation pratique et touristique.
Sauf indication spéciale, toutes les manifestations se tiendront dans la "GRANDE SALLE".

Mardi 6 octobre :

9 h 00 *Ouverture officielle* par Madame Laurence MORAIS, Secrétaire d'État chargée des Petites et Moyennes Entreprises
9 h 15 Allocution de M. Alain MÈGEVANT, Président de la Chambre régionale de commerce
9 h 45 "Informatique et télécommunications au service de l'entreprise", *conférence d'ouverture* par M. Pierre LE GARREC, Directeur de recherches à Intercom-Europe
10 h 30 Pause-café, rafraîchissements
11 h 00 "Les besoins des entreprises en technologie de l'information" par Mme Nathalie GUSTIN consultante à BMI
11 h 30 "La communication électronique entre les entreprises et l'administration, le point sur la question" par M. Paul DESPEL, Chargé de mission au Ministère des Finances
12 h 00 Déjeuner au restaurant-brasserie du Centre de Congrès
14 h 00 *Table ronde* : "Nécessité et opportunités des NTIC pour les PME" Président : M. Jean-Pierre LE GARREC de Intercom Europe ; Intervenants : Mme Rachel MISKOVITCH de la Faculté Polytechnique de Mons, M. Dominique GRANGER de Éthelmédia, M. Benoît CHESNAY de Imaginex
16 h 00 Pause-café, rafraîchissements
16 h 30 *Démonstrations* multimédia, Auditorium 1 par M. William WERNER de Imaginex
17 h 30 *Réception* offerte par la Chambre régionale de Commerce au "Foyer"
20 h 30 Dîner au restaurant "Le Grenadin"

Mercredi 7 octobre :

9 h 30 "Comment développer ses exportations avec Internet" par M. Olivier FRASIER de Interexport
11 h 15 "Internet et le commerce électronique" par Mme Aline JENOTE de Vector SA
11 h 45 Présentation des ateliers, confirmation des inscriptions aux groupes de travail, choix des modérateurs et des rapporteurs
12 h 15 Déjeuner au restaurant-brasserie du Centre de Congrès
14 h 30 *Ateliers* :
 - atelier 1 : "Les transactions bancaires électroniques", salle C4
 - atelier 2: "Les outils de conception multimédia", salle C5
 - atelier 3 : "Internet et Intranet", salle C6
 - atelier 4 :"Le pourquoi et le comment d'un site Internet", salle C9
16 h 30 Fin des ateliers, pause-café.
19 h 30 Dîner au restaurant "À la mode de chez nous", spécialités régionales

Jeudi 8 octobre :

9 h 00 *Synthèse* des ateliers par les rapporteurs, suivie d'un *débat* animé par Olivier PERRAULT, Maître de conférence à l'Institut des technologies de la communication

10 h 30 *Visite* de INFOCITÉ, centre de recherches et de développement des TIC ; départ en car, buffet-vin d'honneur sur place

14 h 30 Rencontre avec la presse et les médias, salle B 3. Café, rafraîchissements.

15 h 45 *Conférence-débat* sur le thème : "Les technologies au service de la mercatique et du développement commercial". Intervenants : Mme Sheila BLOT de Télétel, M. Paul DEL CORRAL de Intertech. Animatrice : Mme Françoise DE COSSET, rédactrice en chef de la revue "Entreprendre"

17 h 00 *Discours de clôture* par M. René TRODOUET, Président du Conseil régional *Réception de clôture* offerte par le Conseil Régional

ATTENTION ! Dernière minute !

Rectificatif : Mme de COSSET, rédactrice en chef de la revue "Entreprendre", vient de nous faire savoir qu'elle ne sera pas en mesure d'animer la conférence-débat du jeudi 8 octobre, 15 h 45. Elle sera remplacée par M. NGUYEN, journaliste à Télécité.

NB
Documents sur le thème des Rencontres, page 135 : Stratégie Internet, Encore plus branché.

C d V 8.2

Dans les réunions, il y a toujours une ou plusieurs personnes qui ont besoin d'informations, qui veulent poser des questions... À l'aide du programme, répondez aux demandes de renseignements. Écoutez :

> Je suis désolé de vous déranger mais j'aurais quelques petites questions à vous poser...

> Mais, je vous écoute...

Programme social

La société EUROFORUM propose, dans ses services, la mise en place de programmes touristiques et culturels pour les personnes qui accompagnent les congressistes.

Programmes pour les personnes accompagnantes

Mardi 6 octobre

11 h 30 *Excursion* en car dans la région : *repas* à "L'Auberge du faisan d'or" *visite* du château renaissance de Molinal et de ses jardins, *spectacle* de danses folkloriques retour vers 16 h 00

17 h 30 *Réception* offerte par la Chambre régionale de Commerce au "Foyer "

20 h 30 *Dîner* au restaurant "Le Grenadin"

Mercredi 7 octobre

10 h 30 Départ en car pour le Centre d'art contemporain : *exposition* "Jeunes photographes Roumains"

C d V 8.3

Groupe **A** d'une part et groupe **B** d'autre part : Préparez chacun un programme pour les personnes qui accompagnent des congressistes dans le pays et la branche de votre choix. Proposez ce programme à l'autre groupe, discutez...

PETIT DICO

une réunion (non-officielle)	une table ronde
un congrès	un échange de vues
une convention	un débat
une assemblée générale / plénière	une conférence-débat
une conférence	une discussion
une rencontre	
un symposium	un comité d'accueil
un colloque	un formulaire d'inscription
un séminaire	les modalités d'inscription (*f*)
	les conditions d'hébergement (*f*)
une séance	
une séance inaugurale	un conseil d'administration
une séance plénière	un comité, une commission
une séance spéciale	une commission de vérification des comptes
un discours	un groupe de discussion
une allocution	
une communication	charger une commission d'une tâche
un exposé	se réunir, siéger
une présentation	fixer le programme
une intervention	convoquer en session extraordinaire
(soumettre) un résumé	renvoyer à ... / annuler une réunion
	désigner comme délégué
	être chargé de représenter
	participer à titre d'observateur
	être en mesure d'assister à

ALLOCUTION DE BIENVENUE

Réunions grandes ou petites, congrès, conférences... sont l'occasion de prononcer des allocutions de porter des toasts, de formuler des vœux...

- Chers amis et collègues. J'ai le plaisir de vous souhaiter la bienvenue à...

Plus formel :
- Nous avons le plaisir et l'honneur de vous souhaiter la bienvenue...
- J'ai l'agréable mission de vous souhaiter la bienvenue au nom de...
- Nous sommes très contents que vous soyez des nôtres...

Dans l'allocution, on peut
- présenter ses collaborateurs
- parler du programme de la journée
- évoquer des rencontres antérieures, des discussions, passées ou à venir, et leurs résultats
- souligner les bonnes relations qu'on entretient avec les visiteurs et leur pays
- faire un commentaire sur le temps qu'il fait, les manifestations publiques en cours, la cuisine du pays
- raconter une anecdote ou faire de l'humour. Mais attention ! Ce qui vous fait rire n'est pas forcement amusant pour un public francophone ou international.

- Je voudrais profiter de cette occasion pour vous dire que / rappeler que...
- Nous sommes ici réunis pour...
- Nous vous souhaitons une agréable visite dans notre pays...
- Nous ferons tout pour que votre visite soit agréable et profitable...
- Nous souhaitons que ces discussions puissent rapprocher nos deux pays.

PORTER UN TOAST

- Levons nos verres en l'honneur de...
- Buvons au succès de notre projet / à la santé de....

En réponse :
- Nous vous remercions de votre aimable accueil / invitation.
- C'est pour nous un grand plaisir de pouvoir assister à...
- C'est pour moi un grand honneur et un réel plaisir de...
- Je vous remercie (de tout cœur) d'avoir organisé...
- ... et je souhaite (moi aussi) que...

Deux allocutions :
1. Arrivée d'une nouvelle collaboratrice dans une P.M.E. bretonne
2. Visite de clients canadiens au siège d'un fabricant de meubles

En vous inspirant des documents enregistrés (exercice 4), préparez une allocution de bienvenue
1. pour une personne qui va collaborer avec vous
2. un groupe de personnes en visite dans votre pays / entreprise / administration...
Les allocutions doivent être assez courtes, mais personnalisées. Tenez compte du degré de formalité de l'occasion.
Ensuite, **A** prononce son allocution devant le / les visiteur(s); **B** répond.
On change de rôle

Encore une allocution :
Inauguration du 25ème Salon de l'agro-alimentaire

Voici quelques canevas d'allocution ou toasts de salon, congrès...
Complétez deux ou trois entre eux et présentez-les aux autres.

a. Ouverture, allocution d'accueil, message...

Madame / Monsieur la/le Ministre de...
Madame / Monsieur la/le Président(e)   J'ai l'honneur et le plaisir de...
Mesdames, Messieurs les...
Mesdames, Messieurs

b. Intervention du Président ou Président d'honneur...

"La Conférence sur le tourisme dans les régions arctiques" est
une initiative à la fois originale et généreuse.
Originale, parce qu'elle a pour but de faire découvrir à un large
public un monde inconnu, une faune et une flore exceptionnelles .
Cette initiative est aussi généreuse, dans la mesure où elle
permettra de trouver des solutions aux problèmes de
développement de ces régions.
Je vous souhaite le plus grand succès dans vos travaux ...

Faites votre "allocution officielle" en changeant quelques
éléments : le titre de la conférence, *quelques adjectifs*
(on peut en ajouter un ou deux), les buts de la conférence ...

Vous êtes:

**c. Le maire de la ville ou une autre autorité accueillant
la conférence...**

"La Ville de _____ est très honoré(e) d'accueillir la
conférence de "*nom de la conférence*" _____ " , du _____
au ___. Je me réjouis que notre ville, après avoir accueilli,
en_____, " *autre conférence*", reçoive aujourd'hui " _____
" sur la question de _____.

J'attache une grande importance aux discussions engagées dans
le cadre de cette rencontre car j'ai pu constater l'importance
de _____. Je forme des vœux de grand succès pour cette
rencontre. J'adresse la bienvenue à tous les participants et les
invite à découvrir la beauté de notre ville."

**d. Une personnalité qui prononce une allocution à l'occasion
d'une réception...**

Mesdames, Messieurs
Je suis particulièrement heureux qu'à l'occasion de cette
Conférence, organisée par _____, nous soyons réunis ce
soir. Au nom de tous, je tiens à remercier son président,
M. _____ , et ses membres de cette excellente initiative.
Cette rencontre me paraît, en effet nécessaire et courageuse.
Nécessaire, parce que _____, courageuse, enfin,
car _____. Avant de vous souhaiter le plus grand succès
dans vos travaux, permettez-moi d'ajouter que _____...

e. Porter un toast, pendant / à la fin d'une réception
Permettez-moi de vous dire le grand plaisir que j'ai eu à me
trouver parmi vous, à faire votre connaissance et à passer cette
soirée avec vous. (...)
Je lève mon verre en votre honneur, M. X., et en celui de tous
les participants à cette rencontre, ainsi qu'au succès de *"Intitulé
de la conférence"*.
Je forme des voeux de réussite à ...

f. Un organisateur à la presse
Mesdames, Messieurs,
Je vous remercie de votre présence.
Je suis heureux de pouvoir vous adresser quelques mots, à
l'occasion de cette conférence, *"Intitulé de la conférence"* (...) Je
voudrais donc vous présenter...
Naturellement, je dirai aussi quelques mots au passage
concernant...

Pour présenter un conférencier
- Je n'ai pas besoin de présenter M. / Mme Roux.
- Ses travaux / ses recherches / ses études sont connu(e)s de
tous.
- Je rappellerai quand même / je dirai simplement que M. /
Mme Roy a...

**Dans un débat, on présente aussi le modérateur ou
l'animateur**
- ...et c'est M. Gris, chercheur / chercheuse en sociologie à
Paris X qui animera les débats.

Monsieur, vous avez la parole.

Clés
- **La parole est maintenant à l'assemblée. Y a-t-il des questions ?**
- **Avez-vous des remarques ou des suggestions à proposer ?**
- **Je voudrais attirer votre attention sur le fait que dans le domaine...**
- **Il y a une chose que j'aimerais ajouter.**
- **Excusez-moi de vous interrompre mais votre scepticisme m'étonne.**

8.2.1. Vichy. Au Cavilam.

M. Boiron : Je crois qu'il sera difficile de réussir effectivement à réaliser ce projet dans les conditions qui ont été définies ainsi. Avez-vous des remarques ou des suggestions à proposer ? Marie ?

Mme Fradin : Oui. Ce projet d'implantation de Vichy Développement sur le site de Lardi me paraît une très bonne idée. Mais tant que nous n'avons pas bouclé le plan de financement et l'étude, j'émets de fortes réserves.

M. Boiron : Oui, bon. Je crois alors qu'en fait, le projet est a priori un projet difficile à réaliser véritablement. Bon, avez-vous des remarques ou des suggestions qu'on pourrait... ?

Mme Gérard : Oui. J'ai noté certaines choses sur ce que vous disiez et j'aimerais savoir s'il serait possible de faire appel pour cette étude à un cabinet extérieur.

M. Boiron : Je crois que Marie Fradin voulait prendre la parole.

Mme Fradin : Oui. Alors si je comprends bien, vous voudriez refaire une nouvelle étude.

Mme Gérard : Non, pas complètement, juste sur la partie qui concerne les enjeux de l'installation ou non de l'agence sur ce pôle. C'est tout.

Mme Fradin : Et par qui souhaiteriez-vous la faire faire ?

Mme Gérard : Je pense qu'il faudrait faire appel à un cabinet extérieur parce qu'on a besoin d'objectivité et il faut absolument que les personnes qui réalisent l'étude ne soient pas partie prenante du projet.

Mme Fradin : Mais il y a quand même quelque chose que je voudrais rajouter : il faudrait que ce soit fait sur le plan local, par un cabinet local.

Mme Gérard : ...mais pas de problème. Moi, je n'ai jamais dit le contraire. Il y a de très bons cabinets sur la région.

Mme Fradin : ...je pense que c'est une bonne idée.

Tout le monde parle en même temps...

M. Boiron : S'il vous plaît, s'il vous plaît. Ne parlez pas tous en même temps, monsieur Bouchet avait demandé la parole.

M. Bouchet : Oui, excusez-moi, il est quand même important de rappeler quelque chose : dans l'état actuel de mon travail, je n'ai pas du tout prévu la place de Vichy Développement sur le projet Lardi.

8.2.2. Conférence sur les chemins de fer.

M. Roykens : En conclusion, il est nécessaire, me semble-t-il, que nous nous intéressions de très près à ces nouvelles révolutions technologiques. Par ailleurs, je pense qu'il est indispensable que nous nous intéressions au problème de la congestion du trafic qui nous menace aujourd'hui. Je vous remercie.

M. Bredael : Merci, Monsieur Roykens. Je vous remercie de cette présentation. La parole est maintenant à l'assemblée. Y a-t-il des questions ? Allons, je suis sûr qu'il y a des questions. Monsieur, vous avez la parole.

Un participant : Oui, merci. Nous avons tous écouté avec beaucoup d'attention et d'intérêt votre présentation qui, c'est vrai, apporte énormément d'idées nouvelles. Cependant, permettez-moi d'être très sceptique quant au financement de la réalisation de ces projets. En effet, pensez-vous vraiment que le secteur public puisse répondre et assumer les besoins considérables que vont entraîner ces infrastructures nouvelles ?

M. Radermecker : Excusez-moi de vous interrompre, mais d'après monsieur Roykens, la question n'est pas de faire assumer toute la responsabilité financière par le secteur public, mais d'arriver à un financement mixte. Mais je crois que sur ce point, nous nous éloignons un peu du sujet.

M. Roykens : Si vous me permettez, je voudrais attirer votre attention sur le fait que dans le domaine des grands projets structurels ferroviaires, selon les acteurs auxquels on s'adresse, qu'ils soient de domaine public ou de domaine privé, nous avons des résultats très divergents, en tout cas diamétralement opposés, pourrait-on dire.

Michel Boiron :

Prendre la parole
Quand quelqu'un veut prendre la parole, il fait un signe de la main et ensuite on lui donne la parole. C'est la manière la plus normale de prendre la parole. Mais dans la réalité, c'est la personne la plus extravertie qui prend la parole et parfois la même personne monopolise la parole pendant toute la réunion. C'est ce qui arrive.

Garder la parole
Pour garder la parole, en fait, c'est la loi du plus fort, c'est la personne qui a vraiment la voix la plus forte qui garde la parole. Ce n'est pas très poli, mais c'est la réalité.

Le président de séance donne la parole :
- Mme / M., je vous donne / cède la parole.
- Vous avez la parole...
- La parole est à Mme Roland.
- Je passe maintenant la parole à M. Richard qui va nous parler de...

remercier :
- J'aimerais remercier M. Dupuis pour son intervention très intéressante.
- Je remercie M. / Mme Chablis de sa contribution.

lancer le débat, faire réagir sur une intervention :
- La parole est maintenant à l'assemblée...
- Avez-vous des remarques, des suggestions... ?
- Quelqu'un veut ajouter quelque chose ?
- Madame Vallais, que pensez-vous de cette proposition ?

distribuer la parole :
- M. Richard a demandé la parole. Je vous en prie...
- D'abord M. Richard, ensuite M. Saintener et puis Mme Vallais...
- Ne parlez pas tous en même temps ; d'abord Mlle Bertrand...

faire respecter le temps de parole :
- Laissez finir, je vous prie...
- M. Truche conclut et je vous passe la parole...
- Désolé, M. Truche avait demandé la parole.

limiter le temps de parole :
- Je vous demanderai d'être bref / de respecter la limite de trois minutes par intervention.
- Désolé de vous interrompre M. Durieux, vous avez dépassé votre temps d'intervention.
- Concluez, M. Durieux, c'est maintenant le tour de Mme Vallais...

passer au point suivant :
- Puisqu'il n'y a pas d'autres remarques / d'autres questions, nous passons au point suivant.

rappeler quelqu'un à l'ordre à l'occasion d'une digression :
- Ne nous écartons / éloignons pas du sujet !
- Revenons à notre sujet.
- Je regrette mais ce n'est pas à l'ordre du jour / vous sortez du sujet.

éviter de répondre :
- Votre question pose plusieurs problèmes. Nous ne pouvons pas les traiter tous.
- Nous allons discuter de cela ultérieurement.

Intervenant / le conférencier :
- Je vous remercie, Monsieur le Président. Je vais vous parler de...

demander, prendre la parole :
- J'aimerais intervenir.
- Je pourrais répondre... ?
- J'aurais une question à poser / un commentaire à faire...
- Une remarque (rapide) seulement !

interrompre :
- Excusez-moi de vous interrompre...
- ...Je voudrais dire que...

garder la parole :
- Je termine...
- Je n'ai pas terminé.
- ... encore quelque mots et je vous laisse la parole...
- Je conclus rapidement en disant que...

insister pour garder la parole :
- S'il vous plaît, je peux terminer ?
- Je n'ai pas terminé. Je disais que...
- Ne m'interrompez pas, s'il vous plaît.
- Mais laissez-moi parler. Ne me coupez pas !

Ordre du jour
1. Ouverture de la séance et désignation d'un président, d'un secrétaire de séance...
2. Adoption de l'ordre du jour
3. Approbation du compte rendu de la dernière réunion
4. Liste des points ou problèmes à traiter ...
(éventuellement) motions ou votes
5. (éventuellement) Rapport financier
7. Questions diverses
8. Préparation de la prochaine réunion
9. Clôture de la séance

 8

C d V 8.8

"Le président l'a dit pendant la réunion !"
Remettre ces phrases dans l'ordre :

1. Avant de rappeler les objectifs de cette réunion, j'aimerais savoir si tout le monde a bien reçu l'ordre du jour et le compte rendu de la dernière réunion ?
2. En ce qui concerne ce quatrième point, j'ai demandé à Mme du Précis de nous faire un rapport sur la question, elle va nous le présenter...
3. ...14 présents, 3 absents excusés, 2 absents ; le quorum est atteint, nous pourrons voter...
4. Laissez finir M. Kahn, Mme du Précis ! Vous pourrez répondre juste après... puis la parole sera à M. Juillet...
5. ...rien d'autre dans "questions diverses" ? Eh bien, je vais récapituler ce qui a été dit et nous allons fixer la date et le contenu de la prochaine réunion...
6. C'est donc M. Escrivera qui sera secrétaire de séance.
7. ...bien, nous allons passer à l'approbation du compte rendu de la dernière réunion...
8. Je vous remercie. La séance est levée!
9. Quelqu'un veut-il ajouter un point à l'ordre du jour ? Non ? L'ordre du jour est adopté.
10. ...je vous remercie de votre intervention ; je crois que maintenant nous pouvons passer au point 4 de notre ordre du jour...
11. Il est 11 h 10, je déclare la séance ouverte...
12. Merci Mme du Précis. Je vois que M. Kahn n'a pas l'air d'accord. Je vous en prie, vous avez la parole...
13. ... je pense que nous sortons du sujet, M. Thévard, si vous le voulez bien, nous reviendrons sur cette question à la prochaine réunion. Passons aux "questions diverses".

  C d V 8.9

A : Vous êtes le président-directeur-général d'une entreprise. Au cours d'une discussion vous faites le point sur la situation actuelle. Parlez lentement, posément, en laissant après chaque point, à vos auditeurs, quelques secondes pour réagir.
Les auditeurs (**B**, **C**) vous interrompent chaque fois qu'ils entendent des informations incorrectes.
Comme vous le savez déjà sans doute, l'année dernière a été une année excellente pour nous. Notre chiffre d'affaires a triplé. Cela nous a permis d'embaucher de nouveaux employés.
Près de 50 % de nos cadres sont des femmes, donc, vous voyez, nous attachons une grande importance à l'égalité entre hommes et femmes.
Et je suis bien heureux de vous le dire, notre personnel est très motivé et content de travailler dans notre maison.
Cette année, nous avons élargi notre marché européen, et nos produits se vendent bien également en Amérique Latine, notamment au Gabon.
La valeur de nos actions a augmenté de 20 %. Nous avons introduit le système d'options de souscription ouvert à tout le personnel.
Nos investissements à l'étranger ont rapporté plus de 2 millions d'euros.

NB

En réunion formelle, on attend, généralement, la fin d'une intervention pour demander la parole mais on peut aussi demander la parole en faisant signe au président ou en commençant à parler (en coupant par 3-4 syllabes) pendant qu'un intervenant s'exprime :
- Pardon, vous permettez...
- Je voudrais dire / répondre...
- Un mot...
- Une (petite) remarque...
Le président régule les interventions.

Dans une discussion plus informelle on marque son désir de prendre la parole en coupant par une intervention très brève (3-4 syllabes) celui qui parle ; l'intervenant lui-même
1. laisse la parole
2. finit de s'exprimer avant de laisser la parole : "...et je finis en disant que..."
3. montre qu'il veut encore garder la parole
4. manifeste son refus de laisser la parole

B, **C** : Selon vos sources d'information...
- le chiffre d'affaires a doublé

- les femmes-cadres sont moins bien payées que les hommes

- 50 % des employés ont quitté leur emploi cette année

- le Gabon se trouve en Afrique

- nos actions ont chuté de 6 %
- les options de souscription ont déjà toutes été achetées par le PDG lui-même
- l'entreprise a perdu 4 millions d'euros dans des spéculations douteuses à l'étranger

CONVOCATIONS

Convocation par fax

COMMISSION EUROPÉENNE
EUROPEAN COMMISSION

REF. : 01/10701

OBJET : 1875ème réunion du Comité de gestion du lait et des produits laitiers, le mercredi 14 novembre 2001, de 9 h 00 à 13 h 00, 130 rue de la Loi, 11ème étage, salle B.

1. Échange de vues et avis sur un projet de règlement relatif à

14. Divers

Interprétation prévue: de FR-DE-EN-IT-ES-NL-P-EL-DK
vers FR-DE-EN-IT-ES-NL

La Commission prendra en charge les frais de voyage de deux délégués par État membre sur la base des billets de train ou, si applicable, des billets d'avion classe économique.

M. FAVROS
Directeur

La responsable de la communication est en déplacement, la secrétaire de M. Lestrain la prévient du changement de date par fax :

Télécopie
date: 19.11.

À l'attention de : Mme Marie BOUCHARD,
Responsable de la communication
de la part de : Eliane MARTINEZ,
assistante marketing

Chère Marie,
La réunion prévue pour le 21.11. est reportée au 28.11., même heure, même salle. Mme Charbonnier a la grippe. M. Lestrain compte sur votre présence ; si vous avez un empêchement prévenez-moi. Merci.

Salutations,
Eliane

Note de service 17/DM_____ date: 14.11.

De: M. Lestrain, Directeur du marketing
Destinataires: Directeur des ventes
Responsables des ventes
Responsable de la communication
Objet: Réunion : étude de marché

La réunion aura lieu le 21.11. à 15 h 30 en salle de réunion, 3ème étage. Mme Charbonnier présentera le rapport de synthèse de l'enquête marketing.

Note de service 19/DM_____ date: 18.11.

De: M. Lestrain, Directeur du marketing
Destinataires: Directeur des ventes
Responsables des ventes
Responsable de la communication
Objet: Date de la réunion étude de marché.

En raison de la maladie de Mme Charbonnier, la réunion du 21.11. est reportée au 28.11. à 15 h 30 en salle de réunion, 3ème étage.

C d V 8.10

A téléphone à un collègue (**B**) pour savoir où et quand aura lieu la prochaine réunion du Comité de gestion du lait et des produits laitiers. **B** vient juste de recevoir la télécopie de convocation.

C d V 8.11

Marie répond, par fax, à Eliane : la date lui convient mais elle a un rendez-vous jusqu'à 16 h 30. Rédigez le message.

8

CARTE DU JOUR 3

Procédons au vote...
Clôture

Clés
- **La majorité s'est prononcée en faveur de la proposition.**
- **Il nous reste encore le dernier point de l'ordre du jour.**
- **Je déclare donc la séance levée et je vous remercie de votre participation.**

8.3.1. Vichy. La réunion se poursuit, on passe au vote...

M. Boiron : Bon, je suggère que nous en restions là pour aujourd'hui. Je vous propose que nous votions sur le projet d'étude préalable de la venue de Vichy Développement dans ce site. Bon, je pense qu'il n'est pas nécessaire de voter à bulletin secret.

Des participants : Non. Non.

M. Boiron : Vous êtes d'accord. Je vous propose de faire un vote à main levée.

Des participants : À main levée, oui. D'accord.

M. Boiron : Qui est pour le projet ?

Des participants : Pour. Pour. Je suis pour.

M. Boiron : D'accord. Qui est contre ?

Un participant : Contre.

M. Boiron : Bien. Une voix contre. Vous vous abstenez ?

Un participant : Je m'abstiens, oui.

M. Boiron : D'accord, donc une abstention, donc... je crois qu'on peut dire : c'est décidé. ... Très bien. Il nous reste encore le dernier point de l'ordre du jour. Je propose de le traiter maintenant.

Des participants : OK. C'est bon. D'accord.

8.3.2. Conférence sur les chemins de fer, suspension des travaux...

M. Bredael : Bon, je pense que la majorité s'est prononcée en faveur de la proposition. Il n'y a plus de questions maintenant, j'imagine, non ? Il est tard et je propose que nous suspendions nos travaux pour aujourd'hui. Nous reprendrons la séance demain à 9 heures comme convenu. Je déclare donc la séance levée et je vous remercie de votre participation.

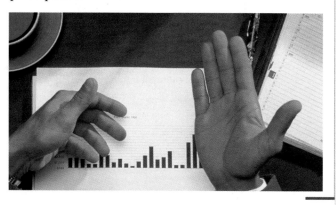

ÇA SE DIT 3

FAX FAX FAX

affaire suivie par[1] :
A. Sampierri
poste : 2284

Objet : voyage d'études en France
Ref : votre lettre D.E.125, du 24 avril 20...

J'ai l'honneur de vous faire parvenir, ci-joint, un projet de programme pour votre voyage d'études en France, du 26 au 29 juin. Je vous serais reconnaissant de bien vouloir me faire parvenir vos remarques et, le cas échéant, les modifications que vous souhaiteriez apporter à ce programme.
Par ailleurs, il...

[1] personne qui s'occupe toujours du même dossier

Proposition de programme de visite pour un groupe de cadres administratifs :

Première journée : lundi 26 juin

14 h 00	Arrivée à l'aéroport de Roissy Charles-de-Gaulle
14 h 30	Accueil par M. Mollet, chargé de mission au Ministère de l'Intérieur, qui accompagnera la délégation tout au long de sa visite. Départ pour l'hôtel, en car.
15 h 15	Installation à l'hôtel "Mme de Sévigné", 6 rue de Sévigné, 4ème arrondissement.
16 h 15	Réception de bienvenue de M. Chèramy, Directeur des relations internationales au Ministère de l'Intérieur, à la mairie du 4ème arrondissement
17 h 45	Visite du quartier du Marais avec un guide des "Monuments historiques".
19 h 30	Dîner au restaurant "Jo Goldenberg", rue des Rosiers

Deuxième journée : mardi 27 juin

7 h à 9 h	Petit déjeuner à l'hôtel
9 h 00	Départ du car devant l'hôtel pour l'École Nationale d'Administration
9 h 30	"La décentralisation, les différents niveaux d'administration territoriale", présentation de Mme Isabelle Dupréssis, professeur à l'Université de Paris II, suivie de questions.
10 h 45	Pause-café.
11 h 15	Exposé de M. Jean-Philippe de Seitoux, professeur à l'École des Hautes-Études : "Bilan de 20 ans de décentralisation en France", suivi d'une discussion.
13 h 00	Déjeuner au restaurant de l'ENA
14 h 00	Visite de l'ENA
14 h 45	Après-midi libre
19 h 00	Rendez-vous à l'hôtel pour, éventuellement, aller dîner dans un bar à vin du quartier "Le coude fou".

Contactez M. Mollet pour les réservations.

Troisième journée : mercredi 28 juin

7 h à 8 h	Petit déjeuner à l'hôtel
8 h 00	Départ en autocar devant l'hôtel pour la Région Centre
9 h 30	Hôtel de Région à Orléans :Rencontre avec le Président de Région et des membres de l'exécutif régional.
10 h 00	Possibilité d'assister à une séance de l'Assemblée régionale et de s'entretenir avec des conseillers régionaux
12 h 30	Vin d'honneur, buffet offert par le Conseil régional
14 h 30	Départ en car pour Châteauroux
16 h 30	Rencontre à la Préfecture avec les responsables de la mission-emploi, suivie de la visite d'un Centre de

	formation pour adultes
18 h 00	Départ pour Argenton-sur-Creuse un peu avant 19 h installation à l'hôtel "Le Manoir de Boisvillers"
19 h 00	Dîner au "Relais du Boischaut"
20 h 30	Promenade dans le vieil Argenton et sur les bords de la Creuse

Quatrième journée : jeudi 29 juin

7 h à 9 h	Petit déjeuner à l'hôtel
9 h 30	Entretien avec le Maire et le Conseil municipal d'Argenton Discussion, échange de vues
11 h00	Visite du Laboratoire de restauration archéologique régional
12 h 00	Vin d'honneur et repas offerts par la municipalité à "La maison des associations". Discussion avec divers acteurs du milieu associatif.
14 h 00	Visite des usines de montage Airbus
15 h 00	Retour à l'hôtel et départ pour Paris via Chartres. Possibilité de visiter le musée Léonard de Vinci à Amboise ou un château de la Loire
17 h 30	Arrivée au Ministère de l'Intérieur, place Beauvau (8e). Cocktail de départ.
18 h 15	Départ en car pour l'aéroport
19 h 30	Arrivée à l'aéroport
20 h 55	Retour par le vol AF 231

CdV 8.12

A: responsable d'une délégation
B: responsable du programme

A, vous avez demandé qu'on vous organise un voyage d'études sur "Les structures administratives et la décentralisation"pour une délégation de votre pays. Vous n'avez encore rien reçu. Vous téléphonez au responsable, **B**, qui vous donne les grandes lignes du projet de programme. Vous demandez quelques précisions. On peut changer de rôle pour chaque journée.

pour **B** : Sur le programme de visite, on emploie des substantifs : arrivée, départ, accueil... En présentant le programme, utilisez surtout des verbes – c'est plus dynamique – et personnalisez :
- Vous arrivez ..., vous partez...
(au présent, au futur proche ou au futur simple)

Donnez à **A** la possibilité de demander des précisions. Exemple :
B - Le lundi 26, à 14 h vous arrivez à l'aéroport Roissy Charles-de-Gaulle.
A - C'est loin de Paris ?

A :
Où a lieu ...?
Où est / sont ? ...
Où se trouve(nt)... ?
Comment s'appelle...?
Est-ce que je peux...?
Pouvons-nous... ?
Combien de temps dure(nt)... ?
Combien coûte(nt)...?
À quelle heure commence / finit... ?
Quel est le sujet / le thème de... ?

B :
vous prenez le petit déjeuner...
vous vous installez...
vous avez la possibilité de...
vous pouvez assister à...
vous visitez...
vous partez pour...
vous passez la journée / la soirée...
vous participez à...
vous travaillez de... à...
vous allez à...
vous revenez...

C d V 8.13

La délégation a reçu par télécopie, la proposition de programme.
La discussion commence :
- Comment trouvez-vous ce projet de programme ?
- Trop léger ? Trop chargé ? Pourquoi ?
- Comment l'améliorer ?
- Qu'est-ce que vous voudriez changer ?
Le responsable de la délégation mène le débat...

C d V 8.14

On prépare un message électronique avec des propositions de modifications.

C d V 8.15   Vrai ? Faux ? Ça se discute ?

"Une petite ville sur les bords de la Creuse"

1. Argenton est située au Sud de la France.

2. Elle n'est pas très loin de Paris.

3. Les industries sont très récentes à Argenton.

4. L'industrie de la chemise travaille pour les grands couturiers.

5. Il n'y a pratiquement pas de travail pour les femmes.

6. Le hommes travaillent dans la métallurgie, notamment pour Airbus Industrie.

7. Le tourisme est très développé.

C d V 8.16

Maintenant dans le cadre de votre entreprise / ministère / direction générale... , préparez un programme pour un groupe de visiteurs (étrangers).
On peut utiliser d'autres substantifs comme réunion, excursion, tour des locaux...

Des gestes qui parlent...

Je l'ai dit, je le répète,
nous devons coopérer.

C d V 8.17

Vous êtes chargé de préparer un petit guide pratique sur votre pays pour les participants à un congrès / à un voyage d'études / à des stagiaires...
Voici quelques rubriques possibles. Adaptez la liste à votre pays.

1. Formalités d'entrée et de séjour

2. Vaccinations

3. Formalités douanières

4. Heure locale

5. Climat, vêtements à emporter

6. Langues

7. Religion, lieux de culte

8. Devises, change, cartes de crédit

9. Pourboires

10. Spécialités gastronomiques

11. Restaurants

12. Vie nocturne

13. Achats recommandés

14. Heures d'ouverture
   - des magasins, marchés
   - des banques
   - de la poste
   - des administrations
   - d'autres services

15. Services de santé

16. Téléphone

17. Presse

18. Musées

19. Courant électrique

20. ...

C d V 8.18  ALLÔ !

Changements de dernière minute
Voir, éventuellement, le programme
de la page 120.

1.
A : Vous devez faire une présentation dans un congrès, le mercredi à 9 h 30. Il vous est impossible d'arriver avant 11 h. Vous prévenez l'organisateur / organisatrice de ce contre-temps...

B : l'organisateur / organisatrice – Vous rassurez **A**. Il y a une solution : inverser l'ordre des présentations de la matinée ; **A** pourra intervenir à 11 h 15 à la place de **C**.
Ensuite, **B** téléphone à **C** pour lui demander s'il peut intervenir à 9 h 30 au lieu de 11 h 15.

2.
A : Vous devez participer en tant qu'expert(e) à une table ronde organisée dans le cadre d'un congrès, le mardi 6 octobre à 14 heures. Vous avez un empêchement de dernière minute (un cas de force majeure) et vous ne pourrez pas venir ce jour-là.
Vous téléphonez à l'organisateur du congrès pour annoncer la mauvaise nouvelle. Vous vous excusez, bien sûr, et vous proposez des solutions : vous pourriez venir le lendemain, vous connaissez un collègue qui serait en mesure de vous remplacer, vous pouvez envoyer une cassette vidéo de votre intervention...

B : Vous êtes l'organisateur ; vous essayez de trouver la meilleure solution : reporter la table ronde au lendemain, changer l'intervenant...
Selon la solution retenue vous passez deux ou trois "coups de fil" pour réorganiser la table ronde.

ÉTABLISSEMENTS DESCHELOT-FILS

AVIS PARTAGÉS

Édouard, Anne, Dominique, Kévin, Vanessa sont réunis et discutent depuis déjà quelques minutes ; la discussion semble animée.

……

Édouard : … Attendez, attendez Dominique, avant de passer à la discussion sur le choix des médias pour notre campagne publicitaire, je voudrais être sûr que nous sommes tous bien d'accord sur la cible : les jeunes de 16 à 25 ans. Mais… vous n'avez pas l'air d'accord Anne…

Anne : Si, si je suis d'accord, c'est notre cible principale, mais ce que je disais tout à l'heure, c'est que nous ne devons pas oublier un public plus âgé, passionné par les nouvelles technologies…

Dominique : On est tous d'accord là-dessus mais je pense que le support de notre publicité doit concerner les 16–25 ans et je pense que la presse lycéenne et étudiante convient tout à fait parce que…

Anne : Est-ce que vous êtes…

Kévin : Je voudrais dire que…

Dominique : Attendez, je termine et je vous laisse la parole ; j'étais en train de dire deux choses: d'abord, que la presse lycéenne et étudiante est largement diffusée…

Kévin : Largement diffusée, attention…

Édouard : Kévin ! Laissez parler Dominique…

Kévin : Juste une information, Dominique, et je te laisse finir…

Dominique : Vas-y !

Kévin : Cette presse spécialisée jeune est peut-être largement diffusée, comme tu dis, mais il faut savoir qu'elle est, en fait, très peu lue par les jeunes ; d'après les statistiques, moins de 6 % la lisent réellement…

Vanessa : Oui, ça c'est vrai, ils ne la lisent pas vraiment mais tout le monde la "regarde" et c'est ça qui est important pour nos annonces publicitaires…

Dominique : Écoutez, je voudrais arriver à mon deuxième point ; c'est que le coût des annonces est très avantageux et donc, avec un budget limité, nous pourrions être présents beaucoup plus longtemps que sur un autre média, et le facteur temps me paraît…

Anne : Je ne crois pas que ce soit important de faire une campagne longue, de jouer sur le temps, j'ai plutôt le sentiment qu'il faut un impact fort mais je…

Kévin : Tout à fait d'accord, un impact…

Anne : …je reconnais que la question budgétaire est primordiale…

Kévin : Oui, personne ne peut dire le contraire, mais reparlons de l'impact… Moi je pense que si on passe des annonces sur les radios locales on touche un public…

Édouard : Vous voulez dire sur ces radios qui ne diffusent que des chansons anglo-saxonnes ou du rip…

Vanessa : Rap.

Édouard : Oui, rap, si vous préférez…

Kévin : Il n'y a pas que cela… l'avantage c'est que ces radios sont très écoutées par les jeunes mais aussi par les moins jeunes dans leur voiture, et là je crois qu'Anne sera d'accord avec moi, donc…

Vanessa : Non non, c'est très bien tout cela, bien sûr, mais vous ne croyez pas que ça manque d'originalité, que c'est pas très imaginatif ? Moi, je pense à un support moins conventionnel, je ne sais pas moi, comme la carte à puce par exemple, les cartes téléphoniques…

Kévin : Les jeunes ont tous un portable…

Dominique : Trop cher Vanessa, trop cher…

Vanessa : Attends, ne m'interromps pas, il n'y a pas que les cartes téléphoniques, il y a toute sorte de cartes à puce maintenant, pour les transports, les cantines, les parkings…

(Thomas entre)

Thomas : Excusez-moi, je suis désolé de vous déranger, j'ai juste un renseignement à demander à Vanessa pour une course urgente.

Édouard : Vous tombez bien Thomas ; au milieu d'un remue-méninges pour trouver des idées pour notre campagne publicitaire…

Thomas : Ah ben moi, j'avais pensé à un concours avec comme premier prix un voyage au Futuroscope de Poitiers ou à la Cité des sciences ou un truc comme ça :

Kévin : Moi, je crois que…

Dominique : Il faudrait…

Anne : Ça c'est… *(fondu)*

FAMILIÈREMENT VÔTRE

J'vais à l'usine en mob, parc'que c'est plus facile à cause des bagnoles, mais faut pas croire que j'roule à toute pompe, j'tiens à la vie. Quéqu'fois on crève de chaud, quéqu'fois on crève de froid. Ça dépend des saisons. Quéqu'fois j'en ai ras le bol, et j'm'en balance, et de tout. Mais ainsi va la vie !

mob *f* : mobylette / vélomoteur
bagnole *f* : voiture
rouler à toute pompe : aller vite
crever de froid / chaud : avoir très froid / chaud
en avoir ras le bol : en avoir assez
je m'en balance : je m'en moque / ça m'est égal

DESSOUS-DE-CARTE

LE FRANÇAIS D'AILLEURS

Si de nombreux pays ont la langue française en commun, il ne faut pas croire qu'elle est parlée partout de la même façon. En plus de l'accent qui peut être très prononcé, les mots et les expressions varient d'un pays à un autre.
Voici un petit lexique qui vous évitera des malentendus.

Quelques mots français de Wallonie :

aller à la cour : aller aux toilettes
l'amigo : le poste de police
auditoire m : salle de cours f
bonbon m : biscuit sec m
calepin m : cartable m
carte-vue f : carte postale f
donner une baise : embrasser
drap m : serviette de toilette f
drève f : l'avenue
farde m : dossier m / chemise f / cahier m
pain français m : baguette f
pâté m : petit gâteau à la crème m
pralines fpl : chocolats mpl
quartier m : petit appartement m
sacoche f : sac à main m.

le dîner m'a bien goûté : le repas était délicieux
avoir une fourche dans son planning : un temps libre

"S'il vous plaît" signifie à la fois : comment ?, pardon ?, excusez-moi, voici, merci et je vous en prie.

Quelques mots de Suisse romande :

cheni m : désordre m, objet sans valeur m, petites saletés fpl
cornet m : sac en papier m
crevée f : 1. une grande quantité 2. une grosse bévue
dévaloir m : vide-ordures m
donner une bonne-main : donner un pourboire
fourrer un livre : recouvrir un livre
lavette f : carré de tissu-éponge m (pour se laver)
livret m : table de multiplication f
poutser : nettoyer énergiquement
réduire ses vieux souliers : ranger ses vieilles chaussures
tâches fpl : devoirs (pour l'école)

Quelques mots en français canadien :

amarrer* (ses chaussures) : attacher (ses chaussures)
s'appareiller* : s'habiller
assez : très, beaucoup
bleuets fpl : myrtilles fpl
cartable m : classeur m
char m : voiture f
chaussette f : pantoufle f
(se) chavirer : se faire du souci, devenir fou
chialer : râler
chien chaud m : hot-dog m
débarbouillette f : gant de toilette m
dispendieux : cher
espérer* : attendre
grand bord* m : salle de séjour f
(se) gréyer, (se) dégreyer* : s'habiller, se déshabiller
hardes* mpl : vêtements mpl
le large* m : la grande forêt f
linge m : vêtements mpl (extérieurs)
magasiner, faire son magasinage : faire ses courses, ses achats
mousse m : un petit garçon m
(c'est) pas pire : (c'est) très bien
pratiquer : s'entraîner
sacoche f : sac de dame m
valise f : coffre de la voiture m

*en Acadie principalement

Sorties de la bouche des Canadiens :

Le téléphone n'a pas dérougi.
Le téléphone n'a pas cessé de sonner.

Elle plume des patates pour le dîner.
Elle épluche des pommes de terre pour le déjeuner.

(Source : Henriette Walter, le Français dans tous les sens. Coll. La Fontaine des sciences chez Robert Laffont)

134

STRATÉGIE INTERNET

Deux PME sur trois ont déjà ouvert un site Web.

Aujourd'hui, en France, 24 % des PME de moins de 200 salariés sont connectées à Internet, et ce taux devrait doubler d'ici peu. Jamais une technologie ne se sera propagée aussi rapidement dans les entreprises françaises. Même le fax avait mis plus de temps pour se généraliser ! C'est désormais un fait acquis : tout le monde veut "en être"... Mais pour quoi faire, et de quelle façon ? Selon l'enquête réalisée par UFB-Locabail, 67 % des PME internautes utilisent le courrier électronique, alors que seulement 15 % disposent d'un intranet. Courrier, mini-site, site ou intranet : comment trancher ?
L'important est de comprendre qu'Internet est un contenu à élaborer en fonction d'objectifs commerciaux précis... et d'un public déterminé. (...)

Source : L'ENTREPRISE, septembre 1998

<u>Autres noms :</u> fax *m*, télécopieur *m*
télécopie *f* (document)

ENCORE PLUS BRANCHÉ !

À la tête d'une petite boutique, vous voulez utiliser Internet comme outil de prospection : une première stratégie, consistant à n'utiliser que le courrier électronique (ou e-mail), est parfaitement indiquée. Moins coûteux et plus rapide qu'un courrier traditionnel, il vous permet d'envoyer du texte, mais également d'y joindre un fichier texte, une illustration, une photo, etc.

Pour disposer d'une boîte aux lettres à partir de laquelle vous pourrez envoyer ou recevoir du courrier, il suffit d'ouvrir un compte chez un fournisseur d'accès à Internet (on parle aussi de provider). Afin que vous repériez votre cible sur Internet, il sera sûrement préférable pour vous d'acheter ou de louer un fichier d'adresses électroniques, même si la pratique n'est pas encore très développée. Si votre prospect n'a pas d'adresse électronique, n'hésitez pas, dans ce cas, à lui proposer l'ouverture d'une boîte aux lettres électronique : certaines messageries sont utilisables depuis un Minitel, et l'ouverture d'une boîte est gratuite. (Pour en savoir plus, consultez le 3615 PAGESM, rubrique Internet par Minitel).

Si vous êtes amené à faire fréquemment des offres promotionnelles, le simple e-mail ne suffit plus : il vous faut du texte, des photographies, voire des images vidéo. Une bonne stratégie consiste alors à mettre en place un mini-site, constitué de un à dix écrans. Le mini-site constitue un nouvel espace de communication, véritable plaquette présentant les informations générales concernant votre entreprise.

Le mini-site touche un public plus large que le courrier électronique... et grâce à la mise en place de bandeaux publicitaires, vous pouvez jouer sur un effet de lancement. Il peut être soit "statique" affichant toujours le même message, soit "animé", faisant apparaître en boucle un message différent à intervalles de temps réguliers. Un mini-site éphémère, constitué par un ensemble de pages Web reliées à un bandeau publicitaire (on parle dans ce cas de "micro-site"), peu coûteux et rapide à concevoir. Il est idéal pour transmettre un message ciblé.

Votre site ne doit pas se borner à un inventaire de produits en dessous de la "jolie photo du président"... Contrairement à un rapport annuel, il exige de fréquentes remises à jour, des ressources humaines qualifiées (travail pour un webmaster)...

Vous pouvez faire gagner du temps à vos clients en intégrant à votre site des fonctions avancées, tels des moteurs de recherche par mot clés. L'internaute est alors renvoyé sur un produit de votre catalogue en ligne.

En plus d'une base de données produits, vous pouvez construire une base de données clients : en suivant vos clients à la trace sur Internet, vous pouvez élaborer des profils personnalisés. Il vous suffit pour cela d'envoyer un cookie (ou mouchard) sur le micro-ordinateur de l'internaute dès sa première visite sur votre site.

Avec plus de 100 salariés, votre entreprise dispose d'un catalogue de produits très important... Vous pouvez éprouver le besoin de constituer une base documentaire collective. Intranet (en sus d'un site Web) sera la stratégie la plus adaptée. Elle vous permettra de mettre en place des forums internes et de capitaliser l'information. Vous pouvez également, par le biais d'un extranet, ouvrir votre réseau à vos partenaires commerciaux, à vos fournisseurs ou à vos clients.

Source : L'ENTREPRISE, septembre 1998

LE CYBERCOMMERCE

Porté par le succès d'Internet, le commerce électronique devient une vitrine et un magasin virtuel de choix, à la portée de toute entreprise. Il est en pleine expansion et, surtout, de plus en plus accessible au grand public. Pour l'acheteur potentiel, les avantages sont multiples. Faire ses achats sur Internet représente un gain de temps, avec la possibilité de comparer rapidement les prix. Il suffit au client de disposer d'un micro-ordinateur multimédia et de souscrire un abonnement auprès d'un fournisseur d'accès.

Vous voulez vendre vos produits sur Internet ? Créez une boutique virtuelle sur un site. Attention : vendre sur Internet ne s'improvise pas... Vous pouvez également envisager de rejoindre une "galerie marchande virtuelle". Vous devrez acquitter un droit d'entrée (variable selon la notoriété de la galerie), et une commission sur vos ventes.

Source : L'ENTREPRISE, septembre 1998

C d V 8.20

Vous avez décidé de créer votre propre cybercommerce.

1. Imaginez ce que vous pourriez y vendre.

2. De quel(s) appareil(s) allez-vous équiper votre bureau ?

3. Quel type de multimédia allez-vous utiliser ?

Responsabiliser les enfants

Les futurkids apprennent vite à chercher des informations sur le Net, les plus grands à créer leur Web-page.
Les enfants participent à des concours avec tous les correspondants étrangers, ils peuvent travailler sur des projets en commun avec un Futurekids chilien ou norvégien.

Source : Le Monde, 1er juin 1997

Cyberis met le multimédia en libre-service

Les premières machines sont apparues l'an dernier chez Burger King et à la Fnac. Aujourd'hui, on compte en France plus de 400 stations multimédias Cyberis, installées dans des lieux publics. Henri Delavigne, patron et fondateur de Cyberis, est persuadé que ses machines remplaceront rapidement le Minitel. Pour les utiliser, il suffit d'être muni d'une carte à puce prépayée, du même type que la télécarte de France Télécom. Vous pouvez alors accéder à Internet, consulter votre courrier électronique et utiliser différents logiciels.

Source : L'EXPANSION, 22 janvier 1998

BIENVENUE

Messagerie du Net

Avec une activité réalisée à 87 % à l'exportation, la messagerie électronique devient un moyen de communication indispensable. Auparavant, l'entreprise faisait appel aux services d'une société informatique pour réceptionner les messages de ses correspondants étrangers et les lui faire suivre par télécopie. Aujourd'hui, l'e-mail n'a plus de secrets pour tous les salariés.

Dernier projet de Didier Chabert, patron de Chabert et Guillot : l'utilisation du voice-mail (courrier vocal), qui offre la possibilité de laisser et de recevoir des messages vocaux.

Spécialistes réseaux : un nouveau métier

"Il y a dix ans, la téléphonie relevait des services généraux de l'entreprise et l'informatique d'un service spécialisé qui gérait les gros réseaux locaux. Aucun expert maison en télécoms n'existait, on faisait appel aux constructeurs ou aux sociétés d'études spécialisées, se souvient Samir Thomé, professeur à l'Ecole nationale supérieure des télécommunications (ENST). C'est le couplage téléphone-informatique et l'apparition des réseaux internes (dont le dernier en date est l'intranet) qui ont suscité l'apparition de ce nouveau métier possédant la double culture, informatique et télécoms."

Source : L'ENTREPRISE, supplément au numéro 155, septembre 1998.

CARTE DU JOUR 1

Qu'est-ce que vous pensez de... ?

Clés

- **Lyon est une ville que j'apprécie énormément.**
- **Je trouve qu'on est quand même très, très bien situé.**
- **Et ce que j'aime beaucoup, c'est la différence entre la vieille ville de Lyon devant toi et derrière la ville moderne.**
- **Mais ce que je n'aime pas beaucoup, c'est cet opéra à gauche.**
- **Mais par contre, ce qui est important pour moi et qui est intéressant dans une ville, ce sont les relations.**

9.1.1. À Lyon. Roland et Christophe admirent la ville de la Colline de Fourvière.

Christophe : Roland, tu as devant toi, la plus belle vue sur la ville de Lyon. Et ce que j'aime beaucoup, c'est la différence entre la vieille ville de Lyon devant toi et derrière la ville moderne avec ses gratte-ciel qu'on appelle la Part-Dieu.

Roland : Avec le "Crayon"*. Et sais-tu qu'entre la vieille ville et la Part-Dieu, il y a ce qu'on appelle la Presqu'île ?

Christophe : Et donc, devant nous, la grande Place Bellecourt, une des plus grandes places d'Europe. Mais ce que je n'aime pas beaucoup, c'est cet opéra à gauche. Et à gauche, qu'est-ce que c'est ?

Roland : C'est la colline de la Croix-Rousse sur laquelle se sont installés les canuts qui travaillaient le tissu et notamment la soie. Lyon est très connue pour ses soyeux. Et avec un peu de chance tout à l'heure, quand le soleil va se lever, tu aperceveras la grande chaîne des Alpes, avec le Mont-Blanc, la plus haute montagne d'Europe, et derrière l'Italie.

Christophe : L'Italie, l'Allemagne, la Suisse. Lyon est un carrefour de l'Europe et avec les Alpes et la mer à moins de deux heures, Lyon est magnifiquement située géographiquement.

Roland : Mais dis-moi, je ne comprends pas, à Lyon, il y a pourtant deux fleuves, pourquoi dit-on qu'il y en a trois ? Je ne vois que la Saône et le Rhône derrière nous.

Christophe : Et bien parce que, à quelques kilomètres de Lyon, il y a ce qu'on appelle le Beaujolais.

Roland : La région du vin ?

Christophe : La région du vin ! Et le vin est le troisième fleuve de Lyon.

Roland : Ils ont beaucoup de chance, les Lyonnais.

Christophe : Lyon est très connue pour sa gastronomie.

* une tour qui ressemble à un crayon

9.1.2. Astrid et Sabine dans le vieux Lyon.

Astrid : Alors, est-ce que tu t'es bien faite à ta vie lyonnaise ?

Sabine : Ah, écoute. Lyon est une ville que j'apprécie énormément : c'est une très belle ville, l'architecture y est magnifique, les couleurs… on sent beaucoup l'influence florentine avec toutes les couleurs chaudes.

Astrid : Oui.

Sabine : Mais par contre, ce qui est important pour moi et qui est intéressant dans une ville, ce sont les relations. Et il est vrai que les Lyonnais, c'est des gens un petit peu froids.

Astrid : On est fidèle à notre réputation.

Sabine : Oui.

Astrid : Moi, j'aime beaucoup ma ville. Je trouve qu'on est quand même très, très bien situé : on n'est pas très loin de Marseille, on est à côté des montagnes, on est à côté de Paris aussi.

Sabine : Non, c'est une très belle ville !

Astrid : Est-ce que tu comptes y rester ou juste y passer quelque temps ?

Sabine : Écoute, comme tu le sais, je ne suis pas Lyonnaise, je viens de la ville de Marseille, et j'avoue que la mer Méditerranée me manque énormément. Alors même si Lyon est une ville splendide où il y a beaucoup de choses intéressantes à faire, j'apprécie quand même ma ville d'origine qui est Marseille.

Astrid : Bon.

PROPOSITIONS

proposer
- Nous pourrions peut-être... / Peut-être faudrait-il...
- Puis-je faire une suggestion ?
- Est-ce que je peux proposer quelque chose ?
- Je suggère / je propose que nous construisions* une autoroute.
- À mon avis, il faudrait (absolument) construire...

appuyer une proposition
- J'appuie la proposition de M. Dupont. *(réunion formelle)*
- J'apporte mon soutien à la construction... à M. Dupont.
- Vous avez mon soutien.
- J'accepte votre proposition (dans les grandes lignes).
- Je suis pour.
- Je suis | (d'accord) pour la construction ...
           | favorable à la construction ...
           | en faveur de la ...

s'opposer à la proposition de quelqu'un
- Ne serait-il pas mieux / moins cher de... ?
- En principe, je suis pour, mais...
- Je suis contre la construction...
- Je ne peux pas appuyer votre proposition. *(réunion formelle)*
- Je suis (totalement) opposé(e) à la construction...
- Je m'oppose (catégoriquement) à la construction...
- Il n'est pas question de construire... / (Il n'en est) pas question.
- Je n'accepterai jamais cela.
- Jamais de la vie !

conclure (président)
- Sur la proposition de M. Durand, nous remettons la décision à plus tard.

* subjonctif

"Comment relancer l'économie, améliorer la compétitivité et lutter contre le chomâge ?"

C d V 9.1

Vous êtes des politiciens invités à une table ronde pour résoudre un problème. Proposez vos solutions, à l'aide de la liste suivante. Vous pouvez exprimer des opinions avancées ou dépassées, libérales, conservatrices, de droite, de gauche, comme bon vous semble.

A : proposez une solution.
B, C, D ... appuyez la proposition de A /opposez-vous à la proposition de **A**. ▯ : concluez.

1. On encourage les gens à se mettre à leur compte (devenir entrepreneur).
2. On encourage les femmes à rester à la maison.
3. On baisse / augmente considérablement les salaires.
4. On aménage le temps de travail.
5. On offre à tous les travailleurs la possibilité d'acheter des options de souscription (stock-options) à un prix avantageux.
6. On réduit la journée de travail de moitié.
7. On subventionne les entreprises pour employer des chômeurs de longue durée.
8. On baisse les impôts pour inciter les gens à consommer.
9. On investit fortement dans de grands travaux (européens).
10. On oblige les chômeurs à prendre n'importe quel travail.
11. On encourage la mobilité.
12. On mise d'avantage sur la formation professionnelle.
13. On allonge les congés payés.
14. On partage le travail.
15. On développe les possibilités de télétravail.
16. On facilite la participation à la formation continue.
17. On supprime les allocations-chômage.
18. On taxe le travail fait par les machines et les robots.
19. On paye les employés en fonction des résultats de l'entreprise.
20. On allège les charges sociales de l'employeur.
21. On abaisse / remonte l'âge de la retraite.
22. On augmente la taxation des revenus du capital.
23. On renvoie les immigrés chez eux.
24. On mène une politique d'austérité (des coupes dans le budget de l'État, des licenciements de fonctionnaires etc.).
25. On favorise la diversification des activités rurales (agriculture bio, produits artisanaux, tourisme vert etc.)
26. On encourage les investissements.
27. ...

Compte rendu

- Le compte rendu est un résumé de l'essentiel de la réunion.
- Le procès-verbal restitue la discussion dans son intégralité, il a un caractère juridique.

Le compte rendu est généralement au présent ; si on le rédige au passé il faudra tenir compte de la concordance des temps : Voir encadré – quelques verbes utilisés dans un compte rendu ou un procès verbal.

Compte rendu de la réunion de l'association "Contresida" tenue le 21 janvier à 16 h 30, salle 3 de la "Maison des associations".

présents : Vincent, François, Paul, Jean, Catherine, Marie, Lucie, et Colette.
absent excusé : Jacques
absents : Laurence, Henri

I. La séance est présidée par Vincent. François fait fonction de secrétaire. Le président souhaite la bienvenue à tous.

2. Vincent lit l'ordre du jour. Paul demande qu'on ajoute un point concernant le projet "Rêve". L'ordre du jour est adopté à l'unanimité avec la proposition de Paul.

3. Le compte rendu de la réunion du 20 décembre est lu par le secrétaire et approuvé sans modification.

4. – Le premier point concerne la collecte de fonds pour la recherche médicale contre le SIDA. Marie en fait le bilan : elle a été moins bonne que prévue. Colette suggère qu'on informe la presse avant chaque collecte, Vincent approuve et charge Lucie de cette tâche.
– Point 2 : Jean rend compte de sa visite au Maire de la ville. Il confirme que les subventions seront augmentées de 1,3 %. Marie craint que ce soit insuffisant.
– Point 3 : Vincent présente les différents projets de brochure de présentation de l'association. Une vive discussion s'engage ; il est décidé de revenir sur ce point à la prochaine réunion. François est désigné pour rassembler de nouvelles propositions.
– Point 4 : Paul annonce qu'il a obtenu des Magasins Dino un financement supplémentaire pour le projet "Rêve". Julia fait remarquer que la sponsorisation (le parrainage) peut être une solution aux baisses des subventions communales. Marie regrette cet état de fait.

5. La prochaine réunion est fixée au 23 février, à 16 h 30, salle 2.

6. La séance est levée à 18 h.

Vincent   François
Président   Secrétaire

PETIT DICO

exprimer une opinion :
ajouter
assurer
faire remarquer
insister sur
noter
préciser
signaler
souligner

faire une proposition :
proposer
soulever un problème
suggérer

exprimer un accord, un soutien :
approuver
confirmer
appuyer
donner son accord / assentiment

exprimer des craintes, des réserves :
s'inquiéter de
regretter
déplorer

marquer une opposition, un désaccord :
infirmer
objecter
contester
désapprouver
réfuter
nier

Faites le compte rendu de la réunion de l'exercice 9.1

Les compte rendus de travaux ou les communications à la presse peuvent être rédigés au **passé composé**, au **présent** ou au **futur** :

Le conseil
- a procédé à un débat sur la communication dans l'entreprise
- a entendu la déclaration de Mme Di Placido
- a examiné les différents problèmes concernant l'absentéisme
- a pris connaissance de la nouvelle réglementation sur les congés payés
- a pris acte de la démission de son secrétaire général
- a approuvé une rallonge budgétaire de 100 000 euros pour stimuler les exportations
- a envisagé la fermeture de l'usine de Nantes

- se réjouit de constater que 1500 emplois seront créés
- lance un appel d'offres pour la construction d'une garderie municipale
- envisage de développer le télétravail

- soumettra ses suggestions aux autres états membres
- entreprendra des démarches officielles pour faire libérer les techniciens de l'entreprise retenus en otage

Dans les résolutions finales on utilise le présent :
Le conseil
- exige la fermeture de l'usine avant la fin de l'année
- décide de ne pas participer aux discussions de paix
- réitère ses appels en faveur d'une plus grande solidarité internationale

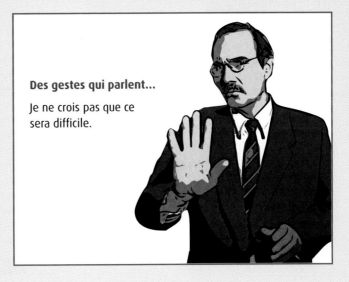

Des gestes qui parlent...

Je ne crois pas que ce sera difficile.

NB

Dans les résolutions, on utilise d'une part, le participe présent et le participe passé pour ce qui vient avant les décisions ou la justification des décisions :
- ayant examiné le rapport, nous pouvons affirmer que la compagnie ne survivra pas sans le remplacement d'une partie de ses avions
- préoccupé par la baisse des achats, le Directeur a décidé de s'attaquer à la vente par correspondance (VPC)

Quelle est votre opinion sur... ?

Clés

- **C'est vrai, c'est vrai. Je suis d'accord avec toi.**
- **Je dois admettre que ce rayonnement international lui a beaucoup profité.**
- **Il est vrai que la pollution vient des industries mais...**
- **Je ne suis pas de ton avis.**
- **Je ne crois pas qu'on puisse dire cela.**
- **À mon avis c'est plus les industries qui polluent, plus que les voitures.**

9.2.1. Dans les rues de Lyon, Christophe et Roland.

Christophe : Tout à l'heure, nous avons vu Lyon sous un aspect historique, maintenant nous découvrons Lyon comme une ville moderne. Du reste, est-ce Lyon ou déjà New York ?

Roland : Nous sommes bien toujours à Lyon, car Lyon est une cité internationale.

Christophe : Ah, il faut reconnaître que depuis deux ans, lors de l'organisation du G7 à Lyon, on parle beaucoup, effectivement, de Lyon comme cité internationale.

Roland : Tout à fait. Et sais-tu qu'il y a de grandes entreprises qui sont installées à Lyon : Euronews, Interpol, la Recherche Internationale contre le cancer...

Christophe : Oui, mais moi j'ai un autre aspect sur la question à développer : ces grandes entreprises à Lyon, elle créent quand même beaucoup de concurrence pour les petites sociétés.

Roland : Ah, je ne crois pas qu'on puisse dire cela. Connais-tu le taux de chômage en France ?

Christophe : En France, le taux de chômage est de douze pour cent.

Roland : Et bien, à Lyon, il est de neuf pour cent.

Christophe : Ah, je dois admettre que ce rayonnement international lui a beaucoup profité. Mais pour que Lyon soit vraiment une grande cité internationale, comme on dit, encore faudrait-il que les billets d'avion soient moins chers qu'à Paris.

Roland : Oh.

9.2.2. À Lyon. Dans la rue.

Astrid : Sabine !

Sabine : Astrid ! Comment vas-tu depuis hier ?

Astrid : Bonjour. Ah, je suis un petit peu fatiguée.

Sabine : Ah bon ?

Astrid : Oui, je suis sortie hier soir, alors.

Sabine : Tu es encore venue en voiture ?

Astrid : Ah oui, ça alors là, j'ai été paresseuse et puis c'était quand même plus confortable de prendre...

Sabine : Comment peux-tu trouver agréable de venir en voiture avec tous ces embouteillages ?

Astrid : J'ai ma petite musique et puis les embouteillages, je ne les vois pas, je suis tranquille dans ma voiture.

Sabine : Ah, c'est sûr, c'est confortable, mais et la lutte contre la pollution...

Astrid : À mon avis, la pollution, elle vient plus des industries que des voitures.

Sabine : Je ne suis pas d'accord avec toi. Il est vrai que la pollution vient des industries, mais les voitures participent également à la pollution. Il faut que tu prennes ton vélo !

Astrid : Peut-être, mais le vélo, je trouve ça beaucoup plus dangereux.

Sabine : C'est vrai qu'il y a des couloirs maintenant à Lyon pour se déplacer à vélo, mais la Ville de Lyon construit des routes, et tout ça, c'est au détriment des espaces verts. Alors qu'est-ce que tu en penses ?

Astrid : Les espaces verts, il y en a quand même beaucoup à Lyon : tu as toutes les collines de Fourvière, la colline de Sainte-Foi, le parc de la Tête d'Or, toutes les places, toutes les avenues qui sont bordées d'arbres...

Sabine : Tu as raison, mais il faut quand même développer ces espaces verts à Lyon : on en manque.

Astrid : C'est vrai.

Sabine : Eh bien, où vas-tu ?

Astrid : Je vais dans le Centre. Tu viens avec moi ?

Sabine : Allons-y !

Astrid : C'est parti.

OPINIONS

demander l'opinion / l'avis de quelqu'un

- M. Dupont, qu'est-ce que vous pensez de... ?
- Quelle est votre opinion de....
- Pourriez-vous me donner votre opinion ?
- M. Dupont, j'aimerais avoir votre avis (sur)...
- Madame, j'aimerais connaître votre opinion sur...
- À votre avis / Selon vous, que faudrait-il faire ?
- (- Vous êtes pour ou contre .... ?)

exprimer son opinion

- (Personnellement / En ce qui me concerne) Je pense / trouve que...
- J'ai l'impression que...
- À mon avis / selon mon point de vue...
- Je suis pour ... / favorable à .../ en faveur de ...
- Je suis contre... / (catégoriquement) opposé(e) à...

éviter de répondre

- Je ne saurais pas dire.
- Je n'ai pas d'opinion précise (là-dessus).
- Cela dépend (de...)
- Tout dépend de ce qu'on veut dire par...

exprimer son accord

- Je partage votre avis / l'avis de M. Dupont (sur ce point).
- Je suis tout à fait d'accord avec vous (sur ce point).
- Je pense comme vous. / Comme vous, je pense que...
- Je suis du même avis que vous sur ce point.
- Vous avez (entièrement) raison (de dire cela).
- Absolument !
- Tout à fait !

concéder, mais...

- Il est vrai que ... mais / cependant...
- Je suis en grande partie d'accord avec vous, mais...
- Vous avez raison (de dire que ...), mais il ne faut pas oublier que...
- En principe, vous avez raison, mais en réalité...
- D'une part, vous avez raison, mais d'autre part...

exprimer son désaccord, contredire

- Sans vouloir vous contredire, il me semble que...
- Eh bien moi, je pense que...
- Je m'étonne de (votre prise de position). À mon avis...
- Je ne partage pas votre point de vue / opinion.
- Je crois que vous faites une erreur. Selon les dernières études...
- Vous n'avez pas raison (de dire que...)
- Vous avez tort (de dire que...).

résumer une discussion

- En somme, nous pouvons dire que...
- Alors, je vais faire une résumé sur...
- Maintenant, je vais faire la résumé de notre discussion.

C d V 9.3

Opinions sur le travail :
A Demandez l'opinion de **B** sur une affirmation de la liste suivante.
B Exprimez votre opinion.
C Exprimez votre accord ou votre désaccord avec **B**
(**D** Exprimez votre accord ou désaccord avec **B** et **C**)
A : Résumez la discussion.
Changez de rôle.

1. Le chômage est moins dur pour les jeunes que pour les autres.
2. Il y a toujours du travail pour celui qui veut travailler.
3. Le harcèlement sexuel est un véritable problème sur les lieux de travail.
4. Les syndicats jouent un rôle important dans la protection des intérêts des travailleurs.
5. À partir de 40 ans on n'a plus de chance sur le marché du travail.
6. La robotique a nettement amélioré les conditions de travail.
7. L'absentéisme est un grand problème.
8. Les femmes manquent d'ambition.
9. Les travailleurs sont surmenés, on leur en demande trop.
10. Il faut des quotas pour assurer des postes à responsabilité aux femmes.
11. L'employeur préfère embaucher un homme plutôt qu'une femme, même si les compétences, l'expérience et les diplômes sont équivalents.

C d V 9.4

En deux groupes. Discutez sur une des questions ci-dessous :
groupe **A** est d'accord avec l'affirmation
groupe **B** n'est pas d'accord.
Puis, changez de rôle pour la question suivante.

> Personnellement, je trouve que...

> Tout à fait !

> En principe, vous avez raison, mais en réalité...

> Je m'étonne de votre prise de position. Selon les dernières études...

> Vous avez tort de dire que...

1. L'interdiction de fumer sur les lieux de travail et dans les lieux publics est (serait) une bonne chose.
2. Les allocations-chômage sont trop élevées.
3. Le travail est nécessaire pour l'épanouissement d'une personne.
4. À travail égal il faut payer un salaire égal.
5. Il faut rendre obligatoire le congé de paternité.

C d V 9.5

Vous allez entendre huit propositions ou opinions présentées avec **ce que...** , **c'est qui...** .
Reformulez ce qu'a dit votre interlocuteur.

Exemple :
"Ce que nous voulons, c'est qu'on réduise de moitié la semaine de travail." Répondez : "Il veut qu'on réduise de moitié la semaine de travail."

C d V 9.6

Réunion du personnel : échangez vos points de vue, proposez des solutions.

Ordre du jour
1. Choix du cadeau de 50ème anniversaire du Directeur général.
2. Le personnel est surmené. Analyse des causes. Solution(s).
3. Fête annuelle du personnel : date, lieu et programme.
4. Augmentation de l'absentéisme : analyse des causes et recherche de solution.
5. Dégradation de l'ambiance au bureau.
6. Formation linguistique : il faut que l'ensemble du personnel parle couramment au moins deux langues étrangères dans un délai de 3 ans.

C d V 9.7

Vous ne pouvez pas venir à une réunion. Vous préparez une note pour un collègue qui présentera vos suggestions à la réunion.

Il y a (il y aurait) une façon "très française" de présenter un sujet, de faire un exposé.

En général, un exposé, une conférence "à la française" est très organisé - le sociologue américain E. Hall utilise le mot 'sophistiqué'. Un exposé classique commence, d'abord, par une introduction où l'on présente le sujet et le plan qu'on va suivre pour le traiter : on pose le problème. Puis, c'est le développement en (souvent) 3 points, 3 idées-clés ; on constate un fait, on analyse ses conséquences, on argumente, on réfute des contre-arguments. Enfin, la conclusion : reformulation des idées développées et ouverture à une réflexion plus large.
D'autres formes de plan sont possibles :
• le plan-scénario ou chronologique,
• le plan par association de thèmes,
• le plan linéaire, l'exposé dialectique :
- la thèse : arguments, preuves favorables à votre démonstration,
- l'antithèse : arguments défavorables et leur réfutation et ensuite,
- la synthèse où l'on affirme son point de vue...
Chaque orateur adapte ces "modèles" à sa personnalité, à son public. Il introduit son sujet de façon amicale, affective, provocatrice quelquefois. Au moment de conclure il relance l'attention et prépare le débat. Les regards, les gestes, le rythme, les pauses... sont aussi importants que le discours.

Présentations à la française
extrait de Edward T. Hall : "Guide du comportement dans les affaires internationales", Seuil 1990.

Les présentations françaises sont, en général, plus élaborées, plus détaillées que les présentations allemandes ou américaines, plus sophistiquées même. Avec, quelquefois, une charge affective latente. Les Français tendent à développer un thème principal en l'enrichissant de digressions. (Pourquoi faire simple quand on peut faire compliqué?) Les données chiffrées abondent. Ce mode de présentation provoque souvent chez les étrangers plus de confusion que de compréhension.

CdV 9.8

Préparez une courte intervention en trois points sur un sujet de votre choix : "La télévision et la violence" ou un sujet plus large, "Les plantes transgéniques", "Les déchets nucléaires", "Service militaire ou armée de métier" ou bien un sujet déjà abordé : "Le télétravail", p. 67, "L'Europe sociale" ("Charte sociale", p. 68), ou "Comment améliorer l'ambiance au bureau" p. 50.

Faites votre présentation :

1. Indiquez votre plan :
"Je traiterai la question sous trois aspects différents..., / Je parlerai successivement de... puis de... et enfin de..."

2. Développez vos arguments, justifiez-les. N'ayez pas peur d'exagérer, simplifiez votre message.
Marquez bien le début d'un nouveau développement : "Tout d'abord... J'en viens maintenant au second point..." Provoquez la discussion.

3. Concluez : "En définitive... / pour ces raisons..." / "Pour conclure, je dirais que..."

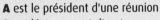

CdV 9.9

A est le président d'une réunion
B est l'intervenant, l'orateur
C, **D**... sont les auditeurs

A : Présentez l'orateur, dites quelques mots sur lui. Consultez l'unité 8, Ça se dit 1, p. 119.
B : Remerciez, faites un petit commentaire sur ce que le président vient de dire.
Introduisez votre sujet de façon originale : expérience personnelle ou anecdote ou question provocatrice.
Annoncez le plan de votre intervention. Développez en 3 minutes (3 minutes pour convaincre) puis concluez et lancez le débat.
A : Remerciez et complimentez l'orateur. Invitez les auditeurs à poser des questions.
C, **D :** Demandez la parole. Demandez des précisions. Contester les arguments de **B**.
B : Répondez. Défendez votre point de vue ou faites des concessions ou évitez de répondre aux contre-arguments.
A : Concluez le débat. Remerciez les participants. Clôturez la séance.

PETIT DICO

Quelques connecteurs

ordre : d'abord – ensuite – enfin
d'une part – d'autre part
premièrement – deuxièmement – finalement
addition : de plus / en outre / d'ailleurs
cause : puisque / car / comme / étant donné que / parce que / vu que / en raison de / du fait de...
conséquence : donc / ainsi / alors / c'est pourquoi / en conséquence / par conséquent / si bien que / c'est pourquoi / de ce fait / en effet / c'est-à-dire
concession : bien que / même si / quoique / cependant / mais / néanmoins / par contre / pourtant / certes ... mais / de toutes façons / en tout cas...
introduction : quant à / en ce qui a trait à / en ce qui concerne / pour ce qui est de / d'abord / en premier lieu / d'entrée de jeu...
opposition : alors que / tandis que / cependant / mais / néanmoins / par contre / pour autant / pourtant / or / ou en revanche / au contraire / d'autre part
restriction : à moins que / sauf si / toutefois
conclusion : enfin / en définitive / finalement / donc / pour toutes ces raisons...

Une délégation bien exigeante!

Réponse au fax à propos de la proposition de programme du voyage d'études "Les structures administratives et la décentralisation" (voir la page 128)

Cher Monsieur,

Nous avons bien reçu votre projet de programme et nous vous en remercions. Il nous paraît très satisfaisant ; nous aimerions, *toutefois*, vous demander quelques modifications, faire certaines propositions et obtenir des précisions.

Tout d'abord, nous souhaiterions repousser la date du voyage d'une semaine *car* plusieurs membres de notre délégation sont en vacances pendant la semaine proposée. *Par ailleurs*, nous voudrions arriver un vendredi après midi et commencer notre séjour par un week-end à Paris ; *ainsi*, nous aurions la possibilité de nous refamiliariser avec la langue et la culture française.

Le reste du programme nous convient ; il serait, *cependant*, souhaitable, *d'une part*, que les déplacements ne soient ni trop nombreux, ni trop fatigants et, *d'autre part*, que les participants puissent bénéficier d'une deuxième demi-journée de liberté *afin de* faire des achats ; *en revanche*, une ou deux soirées pourraient être consacrées à des rencontres supplémentaires – plus informelles, autour d'un verre – avec des homologues français ; *du reste* certains membres de notre délégation ont déjà des contacts à Orléans.

Comme les organismes que vous nous proposez de visiter nous sont totalement inconnus, nous aimerions recevoir des informations sur chacun d'eux *ainsi que* sur les villes où ils se trouvent. Voilà donc, conformément à ce que vous nous aviez demandé, les remarques suscitées par votre avant-programme. *Cependant*, pourriez-vous nous donner aussi quelques précisions sur l'hébergement, *notamment* sur le niveau de confort des hôtels ; *en effet*, lors d'un précédent voyage, certains membres de notre délégation ont été désagréablement surpris. Veuillez recevoir...

DISCOURS INDIRECT : CONCORDANCE DES TEMPS
avec le verbe présentateur au passé

Elle ajoute que les visiteurs prendront l'avion de 21 h 30.
Elle a ajouté que les visiteurs prendraient l'avion de 21 h 30.

> **NB**
> Au discours indirect, le verbe a généralement les terminaisons de l'imparfait / du conditionnel (-ais, -ait, -ait, -ions, -iez, -aient)

Au discours direct, le verbe est : →	Au discours indirect, le verbe sera :
1. au présent de l'indicatif	1. à l'imparfait
2. au passé composé	2. au plus-que-parfait
3. à l'imparfait	3. à l'imparfait
4. au plus-que-parfait	4. au plus-que-parfait
5. au futur simple	5. au conditionnel présent
6. au conditionnel présent	6. au conditionnel présent
7. au futur antérieur	7. au conditionnel passé

Le président-directeur-général dit : →	Le Président a dit...
"Vous devez consommer davantage !	que nous devions consommer davantage.
"Vous n'avez pas acheté suffisamment de produits nationaux."	que nous n'avions pas acheté suffisamment de produits nationaux.
"Avant, il n'y avait pas de chômage dans l'industrie automobile.	qu'avant il n'y avait pas de chômage dans l'industrie automobile.
"Avant 1990, nous avions déjà vendu plus de 500 000 voitures."	qu'avant 1990 ils avaient déjà vendu plus de 500 000 voitures.
"Vous serez les garants du nouvel essor."	que nous serions les garants du nouvel essor.
"Il faudrait avoir confiance en l'avenir !"	qu'il faudrait avoir confiance en l'avenir.
"Avant 2010, nous aurons reconquis le marché mondial."	qu'avant 2010, nous aurions reconquis le marché.

- Alors, qu'est-ce qu'il a dit, le président-directeur-général ?

Qu'est-ce qu'il faudrait faire ?

Clés
- **C'est tout simplement parce qu'il est grand temps de faire une place aux vélos.**
- **Il est nécessaire, d'abord, de baisser le prix des transports en commun.**
- **On pourrait faire venir des milliers d'autres étudiants.**
- **La solution, c'est certainement de développer les parcs relais.**
- **On ferait mieux de s'occuper de la circulation à Lyon.**

9.3.1. À Lyon.
Sabine : Je suis en train de penser à la discussion qu'on a eue tout à l'heure.
Astrid : Oui ?
Sabine : Es-tu au courant qu'il y a un plan de circulation dans la ville de Lyon ?
Astrid : Oui, j'en comprends pas la raison.
Sabine : Et bien, c'est parce que… il est grand temps de faire la place aux piétons et aux vélos dans la ville de Lyon. Et puis pour les voitures, il y a la rocade.
Astrid : Alors, je ne suis pas du tout de ton avis parce que je pense qu'avant de travailler sur la rocade, on ferait mieux de s'occuper de la circulation à Lyon. C'est qu'il faudrait vraiment faire quelque chose : c'est impossible de circuler à Lyon avec toutes ces rues en sens unique.
Sabine : C'est vrai, tu as raison. En fait, la solution, c'est certainement de développer les parcs relais à l'extrémité de la ville.
Astrid : Oui, mais il est nécessaire d'abord de baisser le prix des transports en commun et de les rendre beaucoup plus confortables.
Sabine : Tu as raison.

9.3.2. À Lyon.
Christophe : …Tes nouvelles entreprises internationales qui s'installent à Lyon trouvent du personnel qualifié à employer ici ?
Roland : Oui, car Lyon est une ville universitaire. Par exemple, on trouve dans le campus de la Doua de nombreuses universités, le Lycée international aussi, l'École d'architecture et même la faculté de médecine.
Christophe : Alors, je pense que c'est sans doute parce que Lyon est attaché à cette image internationale qu'on trouve encore de nouvelles écoles qui viennent s'installer ici, comme l'École nationale scientifique.
Roland : Et si on veut rivaliser avec d'autres pôles universitaires, on pourrait faire venir des milliers d'autres étudiants.
Christophe : Oui, alors il n'y aurait qu'à raser le stade de Gerland pour construire de nouveaux immeubles par exemple.
Roland : Tu rigoles ! Tu oublies que Lyon est en tête du championnat de football.

LES DIFFÉRENTS ASPECTS DE L'ÉVENTUEL

++ pour exprimer la certitude
- Je suis convaincu(e) | que la situation s'améliorera.
  persuadé(e) |
  certain(e) |
  sûr(e) |
- Il est certain, sûr, clair, évident que...
- Sans aucun doute la situation s'est améliorée.

+ la probabilité
- Il est probable que |
- Il semble que | la situation s'améliorera.
- La situation s'améliorera | probablement.
  | sans doute.
- Il y a de fortes chances pour que la situation s'améliore*.
  * subjonctif
- La situation | doit s'améliorer.
  | devrait s'améliorer.
- Maintenant, la situation a dû s'améliorer.

± la possibilité
- La situation s'améliorera peut-être.
- Peut-être que la situation s'améliorera.
- La situation peut s'améliorer.
- La situation pourrait s'améliorer.
- Il se peut |
- Il est possible |
- Il n'est pas impossible | que la situation s'améliore.

– le doute / l'improbabilité
- Je doute (fort) |
- Il est peu probable | que la situation s'améliore.
- Il y a peu de chances |

– – l'impossibilité
- Il n'est pas possible |
- Il est impossible | que la situation s'améliore*.
- Il n'y a aucune chance pour |
- La situation ne peut pas s'améliorer.

147

C d V 9.10

L'avenir du travail
D'abord, lisez les affirmations
et entourez le numéro qui correspond
le mieux à votre conception :
1. certain
2. probable
3. possible
4. improbable
5. impossible
Ensuite, discutez avec votre partenaire.

- Qu'est-ce que vous en pensez ?
- Quel est votre avis ?

- Il est probable que le télétravail se généralise, parce que beaucoup de gens préfèrent travailler à domicile. Il y a déjà beaucoup de gens qui travaillent de cette façon.

- Dans 10 ans, est-ce que le télétravail se généralisera ?

Dans l'avenir / Dans 10, 20 ou trente ans – est-ce que...

	1	2	3	4	5
1. le télétravail se généralisera					
2. on saura contrôler le climat					
3. il y aura des conflits entre les actifs et les retraités					
4. la protection sociale s'améliorera					
5. plus personne n'aura d'emploi fixe					
6. on fera des voyages virtuels					
7. la croissance économique continuera					
8. les ordinateurs feront tout le travail pour nous					
9. les frontières s'effaceront					
10. le rôle de notre pays dans la politique internationale sera renforcé					
11. tout le monde travaillera 3 heures par jour					
12. il n'y aura plus de pauvres et d'exclus					
13. les retraites baisseront					
14. les taux d'intérêt se maintiendront à un niveau bas					
15. les produits de l'agriculture biologique remplaceront les produits de l'agriculture intensive					
16. le chômage diminuera					
17. il y aura moins de pollution					
18. il y aura une seule langue officielle dans l'Union Européenne					
19. l'Union Européenne n'existera pas					
20. les travailleurs de plus de 30 ans seront exclus du marché du travail					

LE SUBJONCTIF

Vivent les vacances !
Eh bien, qu'il dise la vérité !

On utilise le subjonctif dans des souhaits et des ordres exprimés à la troisième personne. Consultez la page 167 pour la formation du subjonctif.

Le plus souvent on utilise le subjonctif dans des subordonnées commençant par **que**, quand il y a dans la principale une expression subjective qui exprime **la volonté, le sentiment, le doute.**

Comparez:

Je sais qu'il comprend.	indicatif, un fait
Je veux qu'il comprenne.	subjonctif
Je suis content qu'il comprenne.	subjonctif
Je doute qu'il comprenne.	subjonctif

Quelles expressions sont suivies du subjonctif ?

• la volonté
Je souhaite
J'aimerais (mieux) / je voudrais
Je veux / préfère
Je ne veux pas / n'accepte pas   ...qu'il soit là.
Il est nécessaire
Il faut / Il faudrait

> **NB** J'espère qu'il sera là. (indicatif)

• le sentiment
Je suis heureux / content
Je me réjouis
Quelle chance
Je regrette / Je suis désolé(e)   ...qu'il (ne) soit (pas) là.
Quel dommage
Je suis étonné(e) / surpris(e)
J'ai peur
Il vaut mieux
Il est normal

> **NB**
> Il est probable
> C'est sûr / vrai   ...qu'il est / sera là.
> Je crois / pense
> Pensez-vous qu'il est / soit là ?

• après certaines conjonctions :

avant que
jusqu'à ce que
pour que, afin que
à condition que   ...tu sois là
à moins que
bien que / quoique / quoi que
de façon que
de manière que
(de sorte que *quand il indique la façon*)
de peur que
de crainte que

• le doute

Je doute
Ce n'est pas sûr
Je ne crois pas / je ne pense pas   ...qu'il vienne.
Il se peut
Il est possible / impossible
Il est peu probable

> **NB**
>
> On utilise l'infinitif au lieu du subjonctif quand le sujet des verbes est le même :
>
> Je veux partir.
> J'ai peur de rester ici.
> J'aimerais pouvoir partir tôt.
> Je ne crois pas pouvoir venir.

• on cherche quelque chose /
quelqu'un qui corresponde à nos besoins ou attentes :
Je cherche un canapé qui soit à la fois élégant et confortable.
Connaissez-vous quelqu'un qui sache couramment le français ?

Cf : personne / chose connue :
Je connais quelqu'un qui sait couramment le français.

 CdV 9.11

Discutez avec votre partenaire sur les qualités du patron idéal – comment faudrait-il qu'il soit ?

Il faudrait...	...qu'il / qu'elle	soit
Il est / serait important...		ait
Il est nécessaire...		fasse
Il est indispensable...		puisse
Je voudrais...		sache
Je souhaite...		comprenne etc.
Il serait souhaitable...		
Il ne faudrait pas...		
Je n'accepterais pas...		
Il est inadmissible...		

Continuez ensuite en exprimant les qualités de la secrétaire idéale, du professeur idéal, ...

 CdV 9.12

A : Réagissez à la nouvelle que **B** vous annonce.
B : Vous annoncez une nouvelle à **A** ; vous pouvez utiliser les nouvelles de la page 80 ou bien en imaginer d'autres. Changez de rôle à chaque nouvelle.

Ça y'est, j'ai réussi mon examen !

Quelle chance que... !

Vous savez, Pierre et Marie se sont mariés.

Ah ! Je suis content(e) que... / heureux / heureuse que...

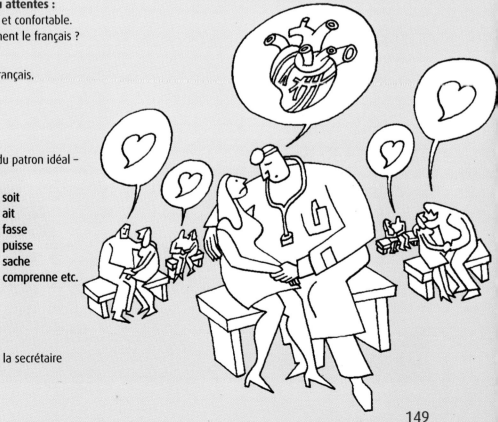

Votre avenir professionnel – spéculez !
- Est-il possible que vous télétravailliez un jour ?

1. avoir une augmentation considérable cette année
2. intervenir dans une conférence internationale
3. changer d'emploi
4. écrire un livre sur votre spécialité
5. vieillir dans votre emploi actuel
6. faire une découverte / invention importante
7. être au chômage un jour
8. se recycler
9. obtenir une promotion
10. savoir tout sur votre métier
11. trouver un meilleur poste
12. prendre une année de congés payés

Cherchez des personnes et des produits qui correspondent à vos besoins et souhaits. Votre partenaire vous aide à les trouver.

Je cherche
- une secrétaire qui...
- un ordinateur qui...
- une voiture qui...
- un politicien qui...
- un patron qui...
- un restaurant ...

Cela existe ?

EUROJARGON - TERMINOLOGIE ET EXPRESSIONS

1. adoption d'une législation en faveur de l'égalité des sexes
2. amélioration des services de base
3. aménagement du temps de travail
4. augmentation de la participation des femmes dans la politique
5. création des réseaux transeuropéens d'information
6. diminution des émissions de CO_2
7. développement des régions défavorisées
8. élaboration des programmes scolaires en commun
9. élargissement de l'UE
10. encouragement de la recherche scientifique
11. financement des actions en faveur de l'emploi
12. harmonisation des législations nationales
13. introduction des taxes écologiques
14. lutte contre l'exclusion
15. mise à jour de la législation communautaire
16. modernisation des réseaux de communication
17. octroi de compensations aux agriculteurs
18. prise de mesures en faveur des chômeurs
19. production de traductions simultanées dans 11 langues
20. promotion de la dimension européenne
21. protection de la nature
22. reconnaissance des diplômes
23. réduction du temps de travail
24. relance de l'économie
25. renforcement du rôle des institutions européennes
26. simplification du processus de décision
27. soutien aux entreprises nouvellement créées
28. utilisation des énergies renouvelables

C d V 9.15

Trouvez les verbes qui correspondent aux noms de la liste "Eurojargon". Consultez aussi p. 167.
Exemple : adoption – adopter

C d V 9.16

Posez des questions aux commissaires de l'Union Européenne en utilisant cette liste.

Monsieur le Commissaire, qu'est-ce que vous pensez de la modernisation des réseaux de communication ?

Eh bien, à mon avis il faut absolument les moderniser. C'est la meilleure façon de connecter les Européens entre eux.

C d V 9.17

A, vous êtes l'interviewer.
B, répondez.

1. Vous trouvez que vous vivez mieux actuellement qu'il y a cinq ans ?

2. Pensez-vous qu'à l'avenir votre pouvoir d'achat va aller en augmentant ?

3. Achetez-vous souvent à crédit ?

4. Si vous gagniez une grande somme d'argent, acheteriez-vous un terrain ou des actions ?

5. Avez-vous peur du chômage ?

6. À votre avis, la récession mondiale est-elle probable dans les cinq ans à venir ?

7. À votre avis, que devrait faire le gouvernement pour encourager la consommation ?

- Voila, j'ai fini. J'espère que je n'ai pas été trop long ?
- Non, pas du tout.
- Je vous remercie encore, Madame. Au revoir et bonne journée.

TÉLÉSONDAGES

Il faut consommer – mais les Français ont-ils confiance en l'avenir ?

ALLÔ !

- Allô ?

- Et vous me téléphonez pourquoi ?

- Bon d'accord – allez-y.

- Bonjour, Madame. Je suis Pierre Sondeur et je vous téléphone de la part de TÉLÉSONDAGES...

- Je voudrais vous poser quelques questions sur vos habitudes de consommation. Ça ne prendra que quelques minutes.

- Merci, Madame. Première question...

PROJETS À TRÈS COURT TERME

À la cafétéria de la Foire. Dominique, Vanessa et Kévin sont attablés. Dominique se lève...

Dominique : Bon je retourne au stand. Dis-moi, Vanessa, est-ce que tu peux venir me remplacer à 11 heures et demie, j'ai un rendez-vous… Et, il faudrait aussi organiser l'emploi du temps pour vendredi et samedi sur le stand.

Dimanche, Édouard et Anne resteront toute la journée, moi je viendrai seulement les libérer au moment du repas. Voyez donc pour vendredi et samedi. Voilà l'agenda, il y a les engagements d'Anne et les miens. Thomas peut toujours dépanner. Allez, à tout à l'heure.

Vanessa et Kévin : À tout à l'heure !

Vanessa : Voyons ça. Alors. Il faudrait qu'il y ait toujours un homme et une femme sur le stand. D'accord ?

Kévin : Pourquoi pas.

Vanessa : Comme Dominique a un rendez-vous le vendredi après-midi on va le mettre sur le stand le vendredi matin et puisqu'Anne est libre, ils seront tous les deux.

Kévin : Et nous on prend l'après-midi, c'est réglé.

Vanessa : On demandera à Thomas de rester de midi et demie à une heure et quart ; il n'y a pas beaucoup de monde à ce moment-là et je proposerai à M. Deschelot de venir faire un petit tour. Passons à samedi.

Kévin : Là, ça va être différent parce que Dominique est libre en matinée mais c'est Anne qui est prise, et l'après-midi, c'est le contraire, c'est lui qui a un rendez-vous.

Vanessa : Il va falloir demander à Thomas de venir l'après-midi avec Anne…

Kévin : Mais non, je ne vois pas pourquoi : moi je peux rester avec Anne, et toi, tu prends le matin avec Dominique. Thomas fait la mi-journée et le tour est joué.

Vanessa : Alors tu préfères être avec Anne, c'est ça ?

Kévin : Non pas spécialement. Mais si elle est occupée le matin, je ne vois pas d'autre solution que…

Vanessa : Il y a pourtant une autre solution…

Kévin : Ah bon ! Laquelle alors ?

Vanessa : Eh ben, je prends la matinée avec toi et, toi, tu prends l'après midi avec moi. Voilà.

Kévin : Mais attends, alors on travaille tous les deux toute la journée !

Vanessa : En effet !

Kévin : Euh… bon…

Vanessa : Ne me dis pas que tu regrettes de ne pas passer l'après-midi avec Anne.

Kévin : Mais non, mais non. Dis donc, Vanessa, tu ne serais pas un peu jalouse par hasard ?

Vanessa : Moi, un peu peut-être… Mais toi, l'autre jour, quand un client m'a offert des fleurs, tu n'étais pas un peu jaloux, non ?

Kévin : Un peu, beaucoup, passionnément… C'est à dire que j'avais eu la même idée, j'avais apporté un bouquet, exactement les mêmes fleurs… Avec mon petit bouquet, j'aurais eu l'air idiot, alors je les ai offertes à…

Vanessa : À qui ?

Kévin : …à ma mère.

Vanessa : Bon alors, donc c'est d'accord, on bosse tout le samedi, pas d'hésitation ?

Kévin : Aucune. J'accepte. Mais on va être crevé…

Vanessa : Tiens, à propos, pour te détendre un peu, je vais te passer un article que j'ai trouvé dans Marianne*…

Kévin : Et ça parle de quoi ?

Vanessa : Tu verras… Bon, passons aux choses sérieuses ; qu'est-ce qu'on fait dimanche ?

CdV 9.18 **Vrai ou faux, justifiez votre choix.**

1. Vanessa et Kévin doivent planifier la présence de chacun sur le stand.

2. Édouard et Anne ne veulent pas travailler le dimanche.

3. Tout le monde est toujours disponible.

4. Thomas doit rester pour réparer les machines.

5. Thomas sera présent sur le stand pendant les heures de repas.

6. La journée du samedi peut s'organiser comme celle du vendredi.

7. Vanessa ne tient pas à ce que Kévin reste avec Anne.

8. Vanessa propose à Kévin qu'ils travaillent tous les deux tout le samedi.

9. Kévin refuse car il pense qu'il sera trop fatigué.

10. Vanessa n'aime pas que Kévin offre des fleurs à sa mère.

11. Leur programme du dimanche est clair.

12. Vanessa a des projets qu'elle n'explique pas clairement à Kévin.

 FAMILIÈREMENT VÔTRE

- Moi j'trouve qu'il est extra.
- C'est un minable !
- C'est pas vrai. Il est sensass.
- Il a une de ces gueules !
- C'est mon mec à moi.
- J'parlais du clebs.
- T'es toujours aussi con !

extra : très intéressant, formidable
minable *m* : médiocre
sensass : sensationnel, remarquable
gueule *f* : tête
mec *m* : copain / homme
clebs *m* : chien
con : stupide / bête

* Voir page 157

DESSOUS-DE-CARTE

"Heureux !" par Fernand Raynaud

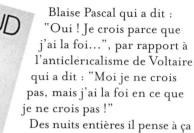

"Je suis le cantonnier des chemins vicinaux. Oh, je suis pas le cantonnier des autoroutes ni des autostrades, moi je suis le petit cantonnier ! Vous m'avez peut-être vu dans les hautes montagnes, dans mon fossé, appuyé sur ma faux…"

Quand il pleut je ne travaille pas ! Quand il y a de la neige, je scie du bois… Heureux ! Y'en a qui tiennent le haut du pavé, moi je tiens le bas du fossé…Heureux !

Je suis payé au mois, je paye pas de loyer parce que ma femme est la concierge de l'école… Heureux ! Quand j'ai fini ma journée vers les quatre heures et demie de l'après-midi…Y'en a, quand ils ont fini leur journée, ils prennent le métro ou ils attendent l'autobus…Moi, je rentre en sifflotant. C'est bien rare si dans mon panier, j'ai pas quelques champignons, des amandes sauvages, des noix ou bien des airelles. Les airelles sont des fruits très délicats qui poussent sous les sapins, sur la mousse, c'est très fin comme goût, c'est d'un bleu foncé très pur et d'un goût subtil…Vous, vous ne pouvez pas en manger à Paris parce que ça supporte pas le voyage, alors c'est bon pour les cantonniers… Heureux !

Y'a qu'un seul jour où je m'ennuie dans la vie, c'est lorsque je suis obligé d'aller à Paris, une fois par an, parce qu'on a une tante qui invite tous ces neveux et nous sommes tous réunis autour de la table familiale…

Mon premier cousin germain, il n'a pas eu de chance dans la vie. Il a échoué à tous ses examens, il est devenu chef d'entreprise, il a sept cents employés sous ses ordres… Quel est le mot qui revient toujours dans sa conversation ? Il a des tics quand il s'exprime, Y'a un mot qui revient tout le temps ? Ah oui ! Impôt… Nian, nian, nian… Impôt, impôt, impôt…

Qu'est-ce que ça veut dire impôt ?

J'en ai parlé à mon petit copain, c'est le patron du café "Au Joyeux Cor de chasse"… C'est à l'entrée du village, juste à l'orée du bois. Il m'a dit : "Un pot ? un pot ? P't'être qu'ils ne pensent qu'à boire à Paris ?" Alors, on a bu un pot !

Mon deuxième cousin germain, c'est le comique de la famille… Qu'est-ce qu'il me fait rire celui-là, quand il cause ! Mais j'ose pas rire devant lui, parce que c'est vexant… Vous savez ce que c'est, rire, quand quelqu'un cause, c'est vexant ! Il est professeur de philosophie, il passe sa vie à étudier ce que les autres pensent. Il passe des nuits entières… Qu'est-ce qu'il dit ? Ah ! Oui ! J'ai essayé de l'apprendre par cœur. Tellement ça m'a fait rire ! Il disserte sur le rapport qu'il y a entre la pensée de

Blaise Pascal qui a dit : "Oui ! Je crois parce que j'ai la foi…", par rapport à l'anticléricalisme de Voltaire qui a dit : "Moi je ne crois pas, mais j'ai la foi en ce que je ne crois pas !"

Des nuits entières il pense à ça et moi pendant ce temps-là, la nuit je dors… Heureux !

Il n'y a pas que des gens, des professeurs de philosophie dans la vie, y'a des gens qui ont des professions utiles…

Mon troisième cousin germain, c'est le docteur… Lui, il est chouette ! Il me sort toujours d'embarras. Quand mon regard rencontre le sien, nous nous comprenons, nous sommes toujours sur la même longueur d'ondes… Il est chouette le toubib ! L'autre fois, le philosophe m'a dit :

"Homme naïf, toi qui ne connais ni le grec ni le latin, prouve-le d'une façon concrète que tu es heureux ?"

Et le toubib a répondu pour moi alors que je rougissais : "Oh ! tu as déjà vu, toi, un cantonnier qui faisait la grève !"

Vocabulaire :

cantonnier *m* : personne qui travaille sur les routes
fossé *m* : partie profonde qui longe le bord d'un chemin, d'une route
faux *f* : instrument qui sert à couper l'herbe
tenir le haut du pavé : occuper la première place
tenir le bas du fossé : travailler dans le fond du fossé
airelles : en réalité, il s'agit de la myrtille, une variété d'airelles
échoué : raté / manqué
tic *m* : geste, mouvement répété involontairement
cousin *m* **germain** : qui a un grand-père / une grand-mère commun(e)
orée *f* **du bois** : au bord de la forêt
prendre un pot *m* : boire quelque chose
causer : parler
par cœur : en le mémorisant
disserter : développer une question oralement ou par écrit
avoir la foi *f* : croire en Dieu
anticléricalisme : opposition à l'église
chouette : sympa
sortir qqn d'embarras : sortir qqn d'une situation difficile
être sur la même longueur d'ondes : penser de la même manière
toubib *m* : docteur

C'EST ÇA LA FRANCE !

Un peuple, une langue et un béret : les Basques !

Tout le monde a entendu parler du Pays Basque espagnol, mais rares sont ceux qui savent qu'il existe aussi le Pays Basque français (l'Euskadi) que forment trois régions : La Soule, le Labourd et la Basse-Navarre.

On y parle la même langue que du côté espagnol : le Basque ou l'Euskara dont l'origine reste un mystère, et que ses habitants pratiquent avec beaucoup de fierté. Des journaux sont mêmes publiés dans cette langue étrange. L'un des plus populaires s'appelle "l'Egunkaria".

Pendant les fêtes, les hommes portent le foulard rouge, une chemise blanche et le béret basque.

Ils pratiquent un sport bizarre et très populaire où les gens parient de l'argent : la pelote basque. Il s'agit de jouer face à un mur, chaque camp frappant alternativement la balle après un seul rebond au sol. On joue soit à main nue, soit avec une raquette de bois, la pala, soit avec une sorte de gant en cuir ou en osier tressé appelé le chistera.

Parmi la trentaine de disciplines existantes, les plus connues sont : la main nue, le chistera, le joko garbi, la cesta punta, le rebot, la pala et la paleta. De nombreux joueurs basques de haut niveau se sont expatriés aux Etats-Unis où ce sport est aussi pratiqué. Les Basques sont aussi reconnus pour avoir une force physique et mentale exceptionnelles. On l'appelle simplement : la force basque.

C'EST ÇA LA FRANCE !

Rugby à 13 ou rugby à 15 : le ballon reste ovale !

Le samedi 7 février 1998, le nouveau grand stade parisien, le Stade de France, accueillait 80 000 spectateurs pour le premier match du tournoi des cinqs nations regroupant l'Angleterre, le pays de Galles, l'Écosse, l'Irlande et la France.

Face à face, La France et l'Angleterre.

Il ne s'agissait pas de football mais de rugby à quinze. Ce sport est très populaire en Grande-Bretagne et il l'est aussi en France principalement dans le sud-ouest. Il compte pas moins de 1700 clubs pour un effectif de 215 000 joueurs. Il se pratique à quinze avec un ballon ovale. Les joueurs n'ont aucune protection bien que ce soit un sport viril.

Dans cette même région l'on pratique aussi un sport équivalent : le jeu à treize.

C'EST ÇA LA FRANCE !

Des oreilles ou une cocarde : pour la gloire !

Dans le sud de la France, un animal qui n'est pas vraiment le meilleur ami de l'homme, le taureau, est à l'honneur dans de nombreuses manifestations sportives.

Les corridas avec mise à mort du taureau attirent les foules pendant la belle saison dans les arènes construites par les Romains entre les Pyrénées à l'ouest et la ville de Fréjus sur la Côte d'Azur à l'est. Ces évènements tauromachiques, où des toreros espagnols mais aussi français combattent des taureaux venus des meilleurs élevages hispaniques, sont retransmis en direct à la télévision. La Feria de Nîmes, est une grande fête collective où ces bêtes à cornes sont rois.

Dans ces mêmes arènes, un autre sport tauromachique fait trembler les foules. Il s'agit pour les sportifs de sauter les pieds joints par dessus le taureau.

Dans certaines communes en liesse, des taureaux portant une cocarde entre les cornes sont lâchés dans les rues bondées de monde. Le jeu consiste à attraper le petit ruban de tissu. Malheureusement chaque année de graves accidents sont à déplorer. Le même type de course se pratique aussi dans les arènes.

C'EST ÇA LA FRANCE !

L'Église et l'État : un divorce de longue date

Bien que la France soit traditionnellement un pays catholique "fille aînée de l'Église", depuis les humanistes du XVIe siècle son autorité a toujours été contestée et n'a cessé de décliner. À la Révolution française, tous les biens de l'Église furent confisqués. En 1789 l'État cessait d'être catholique. Le Concordat de 1804 le déclarait seulement "chrétien". C'est en 1905, par la loi de séparation des Églises et de l'État, que l'État français devient laïc. Sans salarier aucun culte, il garantit à tous les citoyens la liberté de croyance et de pratique. La laïcité est un concept spécifiquement français qui se définit par la neutralité de l'État en matière religieuse. Dans les écoles publiques, l'enseignement du catéchisme est interdit. Pour exister l'Église a dû créer tout un réseau d'institutions, ainsi elle possède son propre enseignement, sa presse, ses éditeurs... et ses mouvements de jeunesse et d'adultes, groupés au sein de l'Action catholique.

La laïcité de la France se retrouve concrètement dans le rôle de l'administration civile. Cela signifie par exemple qu'un mariage, un divorce, un décès ou une naissance ne sont reconnus officiels que s'ils sont déclarés à l'état civil. D'autre part, dans les formulaires administratifs, la question de l'appartenance à l'église ne figure jamais et l'État ne collecte aucune taxe pour celle-ci.

C'EST ÇA LA FRANCE !

Champagne et TGV : "the French Touch" !

Pour nos amis étrangers, les Français seraient toujours en grève. Ils passeraient plus de temps à râler, à faire la sieste ou à boire un canon de rouge au bar du coin qu'à travailler, en tout cas, ils ne se fatigueraient pas trop au boulot. L'absentéisme battrait des records. Ils produiraient du vin, des parfums, des vêtements et pas beaucoup plus. Cette réputation ne doit cependant pas faire oublier que le pays de l'art de vivre est la quatrième puissance industrielle, le quatrième exportateur de biens et le troisième de services.

Ses réalisations technologiques se retrouvent dans des domaines aussi variés que l'industrie spatiale, aéronautique, automobile, ferroviaire, textile, pharmaceutique, chimique, informatique, électroménagère, électronique, nucléaire, agro-alimentaire, de la télécommunication...

...C'est ça la France, le pays des contrastes et des paradoxes, du conservatisme et du modernisme. Avec les trains à grande vitesse, la carte à puce, la fusée Ariane, l'avion Airbus, le Minitel, le Concorde et bien d'autres réalisations, la France entre dans le troisième millénaire sans complexe, un verre de champagne dans une main et un portable dans l'autre.

C d V 9.19

Associez ces mots entre eux :

1. Rugby	**a.** Laïcité
2. Basque	**b.** Taureau
3. France	**c.** Ballon ovale
4. Corrida	**d.** Airbus
5. Chistera	**e.** Pelote basque
6. Fusée	**f.** Vin
7. Canon de rouge	**g.** Ariane
8. Avion	**h.** Béret

C d V 9.20

Citez une ou deux régions caractérisques de votre pays. Expliquez-en les spécificités.

Cadres français : COMMENT LES ÉTRANGERS VOUS VOIENT

Pause-repas à rallonge, hiérarchie pesante, réunions désordonnées... Nos voisins semblent bien sévères. Mais ils apprécient notre bonne humeur.

Un certain rapport au temps

"Lorsque je suis arrivée en France, j'ai été très surprise de voir des collègues traverser tout Paris pour aller déjeuner avec un copain !" D'origine suédoise, Marie Baillot-Sommar s'étonne encore de l'emploi du temps des cadres français. Incorrigibles "Frenchies", qui à l'heure de la mondialisation n'hésitent pas à s'accorder deux heures pour déjeuner, alors qu'aux États-Unis, en Allemagne, en Grande-Bretagne on se contente d'un plateau-repas à la cantine, voire d'un sandwich dans son bureau !

"En France, le déjeuner reste un moment privilégié auquel on consacre un temps important", note un Britannique, directeur international d'une grande marque de vins et spiritueux français.

Ces anecdotes mille fois entendues sont révélatrices d'un particularisme bien hexagonal : le rapport au temps. "En France, les cadres n' ont pas la même perception du temps que leurs homologues étrangers. Dans la culture anglo-saxonne, "le temps c'est de l'argent", les Français, eux, prennent "leur temps" explique le Canadien Marc Raynaud, directeur associé du cabinet InterCultural Management Associates (ICM).

Toute l'organisation de la journée de travail à la française s'en ressent : les Français arrivent relativement tard au bureau - 9 heures en général, voire 9 h 30 à Paris – en Allemagne, les managers sont à leur poste dès 7 h 30 ou 8 heures. La journée de travail se prolonge plus tard le soir. "À Paris il est rare de quitter son bureau avant 19 ou 20 heures alors qu'à Stockholm les cadres partent vers 17 ou 18 heures. Ainsi peuvent-ils aller chercher leurs enfants à la crèche ou faire du sport. En revanche, en France, c'est un peu à qui partira le dernier. La plupart se disent : on ne sait jamais, si mon supérieur hiérarchique passe, il vaut mieux qu'il me voie !" ironise Marie Baillot-Sommar.

"Les managers français passent sans doute plus d'heures au travail que les Suédois, mais ils consacrent aussi beaucoup de temps à discuter dans des réunions sans ordre du jour précis, qui se prolongent parfois à deux ou trois dans les couloirs", résume Bodil Sonesson, Suédoise de 30 ans en poste à Paris depuis deux ans.

"Les réunions sont très mal organisées. Même si on convient de se retrouver à 10 heures personne n'est à l'heure. En outre, la prise de parole n'est pas structurée, si bien qu'on ne sait jamais à quelle heure ça va se terminer", constate la Britannique Helen Winter responsable de l'évaluation des déodorants chez Givaudan-Roure. Les critiques pleuvent : ordre du jour trop flou, parfois inexistant, absence de compte rendu, voire de prise de décision...

Pour expliquer ces différences de comportement l'Américaine Irene Rodgers de ICM renvoie aux habitudes culturelles des uns et des autres "Les Américains sont monochroniques : s'il y a cinq sujets au menu d'une réunion, ils les examinent un par un et prennent une décision point par point. Les Français, au contraire, sont polychroniques, c'est à dire qu'ils auront tendance à débattre du premier thème sans trancher, avant de passer au deuxième puis au troisième. Et c'est en discutant du troisième problème qu'ils trouveront finalement une solution au premier. Forcément, pour un Américain, ce mode de fonctionnement est déstabilisant : il a l'impression de tourner en rond."

Un formalisme excessif

Les étrangers sont surpris par le formalisme des relations entre collègues de travail.

"Quand vous demandez à un Américain "Comment vous appelez-vous ?" il vous donne son prénom, et, c'est simple, tout le monde se dit "you". Ici les cadres sont toujours entre le "tu" et le "vous" que ce soit dans les conversations avec leurs collègues ou avec leurs subordonnés !" fait remarquer Irene Rodgers.

Autre sujet d'étonnement : le poids de la hiérarchie, l'importance accordée au sacro-saint organigramme. Résultat : chacun travaille dans son coin et pense d'abord à sa carrière.

Autre particularisme français, le culte du diplôme. "En Suède, les entreprises ne jugent pas les cadres en fonction de l'école supérieure qu'ils ont faite comme c'est le cas en France" observe Bodil Sonesson. Julie Friedman, native de Hollywood reste surprise face au système des grandes écoles : "Ce qui me frappe ici, c'est de voir que les recruteurs continuent d'évaluer les cadres, même lorsqu'ils atteignent la cinquantaine, sur la base de diplômes qu'il ont passés à 20 ou 25 ans ! Ce serait inimaginable aux États-Unis."

Enfin, tous les étrangers constatent que les managers français cultivent le goût du secret dès qu'il est question d'argent. On ne dit pas combien on gagne même entre collègues...

Pas très tendres pour les "Frenchies", la plupart des cadres étrangers dit apprécier particulièrement la "bonne humeur" qui règne dans les entreprises françaises. "Même s'ils sont travailleurs, les Français savent mettre de l'ambiance au bureau...", assure un Britannique. "Ce que j'aime dans les relations professionnelles avec les Français, c'est qu'ils ont le sens de la nuance, à la différence des Américains qui sont toujours dans l'excès", ajoute Julie Friedman.

Ne sont-ils pas un peu durs envers leurs collègues français ? Réponse de ce cadre anglo-saxon : "Nous sommes négatifs parce que nous adoptons très vite la mentalité 'grognon', 'râleur' des Français eux-mêmes, qui sont les premiers à critiquer leur propre pays." Un signe d'intégration réussie, donc...

(d'après Adrien INDEVILLERS, "L'express", 25.2.99)

Dans cet article, on souligne les différences de comportements entre cadres français et étrangers par rapport à la hiérarchie, l'information, la conception du "temps", les relations sociales dans le travail...

1. Faites une liste de ces "différences" et comparez-la à l'échelle de "POUR MIEUX SE COMPRENDRE" p. 68

2. Partagez-vous l'opinion des différents cadres étrangers cités dans cet article ?
Avez-vous eu des expériences semblables ? différentes ?

LE FLIRT EST BON POUR LA SANTÉ

Selon Eila Kaarresalo-Kasari, grande experte finlandaise de la chose, un flirt innocent avec un inconnu ou un collègue de travail est bon pour la santé et transforme l'existence. "Flirter, c'est comme jouer du piano, il faut un entraînement quotidien pour apprendre", explique-t-elle et chacun devrait donc avoir au moins une personne avec laquelle jouer à de petits jeux tels qu'effleurer la jambe d'un collègue sous un bureau ou sourire à un inconnu. "Cela a un effet stimulant pour le reste de la journée et, pratiqué régulièrement, cela peut aider à l'ambiance sur le lieu de travail", ajoute la spécialiste. Mais le plus important, précise-t-elle, reste de savoir s'arrêter à temps afin que les gens n'interprètent pas de travers cette attitude. On allait le dire !
(Source : MARIANNE, 14–20 septembre 1998)

" ... un flirt innocent... avec un collègue de travail est bon pour la santé et transforme l'existence."
D'accord ou pas d'accord avec cette affirmation de "spécialiste experte" ? D'une façon générale, quelle est votre opinion sur cet article ?

157

CARTE-MÉMOIRE

L'ALPHABET FRANÇAIS

En épelant un mot, vous pouvez, pour éviter la confusion, employer ces noms propres, recommandés par la poste.

comme...

A	[a]	Anatole
B	[be]	Berthe
C	[se]	Célestin
D	[de]	Désirée
E	[ə]	Eugène
F	[ɛf]	François
G	[ʒe]	Gaston
H	[aʃ]	Henri
I	[i]	Irma
J	[ʒi]	Joseph
K	[ka]	Kléber
L	[ɛl]	Louis
M	[ɛm]	Marcel
N	[ɛn]	Nicolas
O	[o]	Oscar
P	[pe]	Pierre
Q	[ky]	Quintal
R	[ɛr]	Raoul
S	[ɛs]	Suzanne
T	[te]	Thérèse
U	[y]	Ursule
V	[ve]	Victor
W	[dubləve]	William
X	[iks]	Xavier
Y	[igrɛk]	Yvonne
Z	[zɛd]	Zoé

D'autres lettres (allemandes, scandinaves) :

en épelant

Ü, ü	[y] tréma
Ä, ä	[a] tréma
Ö, ö	[o] tréma
Å, å	[a] avec un petit rond dessus

D'autres :

K	[ka] majuscule
k	[ka] minuscule
´	l'accent aigu
`	l'accent grave
^	l'accent circonflexe
¨	le tréma
'	l'apostrophe
.	le point
,	la virgule
;	le point-virgule
:	les deux points
?	le point d'interrogation
!	le point d'exclamation
…	les points de suspension
( )	les parenthèses
" "	les guillemets
-	le trait d'union
–	le tiret
/	la barre oblique
\	la barre oblique inversée
~	tilde
*	l'astérisque (un)
@	arobase, at

> **NB**
>
> Henri de Besançon – Dites: "Henri de minuscule plus loin Besançon"
>
> | | |
> |---|---|
> | kk | deux [ka] |
> | ll | deux [ɛl] |
> | Ç, ç | c-cédille |

C d V CM 1

- Vous pourriez épeler votre nom, s'il vous plaît ?
- Ça s'écrit comment ?
- Comment écrivez-vous votre nom ?

Demandez à votre partenaire d'épeler
- son nom
- son prénom / ses prénoms
- son adresse
- le nom de son organisme / établissement
- l'adresse de son organisme / son entreprise
Prenez note lettre par lettre de ce qu'il vous épelle !

C d V CM 2

Épelez 5 noms de personnes françaises et étrangères (connaissances, collègues, clients – même vedettes ou personnages connus) à votre partenaire qui en prend note. Ensuite lui aussi à son tour vous épelle 5 noms et prénoms. Si vous travaillez seul, écrivez les noms de votre choix et épelez-les à haute voix.

SIGLES ET ABRÉVIATIONS

Les sigles sont très importants du point de vue de la compréhension. Le journal télévisé, les professionnels et même la langue parlée les emploient de plus en plus, sans doute parce que cela permet d'économiser du temps et de l'espace.
De nombreuses variations existent dans l'utilisation des points.
Nous avons choisi de ne pas mettre de points lorsque le sigle se prononce comme un mot.

À quel domaine appartiennent les sigles suivants :

1. TGV, SNCF, RER, RATP   **a.** travail

2. OMC, OTAN, ONU   **b.** partis politiques

3. CGT, SMIC, ANPE   **c.** entreprises

4. CNRS, INSEE   **d.** établissements d'éducation supérieure

5. ENA, HEC   **e.** transports en commun

6. PS, PC, FN   **f.** organisations européennes

7. SARL, SA, PME   **g.** instituts de recherche

8. FEDER, UE, BEI   **h.** organisations internationales

Pendant une discussion vous entendez un sigle que vous ne connaissez pas. Demandez à votre interlocuteur de vous l'expliquer. Choisissez à tour de rôle un sigle ou une abréviation sur la liste au hasard :

Exemple:
A : Excusez-moi – le FEOGA qu'est-ce que c'est ? / qu'est-ce que ça veut dire ?
B : ... C'est le Fonds européen d'orientation et de garantie agricole... / Ça veut dire...
A : Ah oui. Merci bien.

Si vous travaillez seul, cachez les explications des sigles avec une feuille de papier et en insistant sur les sigles que vous avez soulignés, jouez les rôles de A et B, c'est-à-dire, posez-vous des questions et répondez-y.

A.C.P.	les pays d'Afrique, des Caraïbes et du Pacifique
A.F.P.	L'Agence France-Presse
A.N.P.E.	l'Agence Nationale Pour l'Emploi
A.S.E.	l'Agence Spatiale Européenne
AGETAC	l'Accord Général sur les Tarifs douaniers *m*
ASSEDIC	l'ASSociation pour l'Emploi dans l'Industrie et le Commerce
B.D.	la Bande Dessinée
B.D.F.	La Banque De France
B.E.I.	la Banque Européenne d'Investissement
B.E.P.	Brevet d'Études Professionnelles *m*

B.N.P.	la Banque Nationale de Paris
B.P.	Boîte Postale *f*
B.T.S.	le Brevet de Technicien Supérieur *m*
C.A.	le Chiffre d'Affaires
C.A.	le Conseil d'Administration
C.C.	le Corps Consulaire
C.C.C.	le Conseil Consultatif des Consommateurs
C.C.I.	la Chambre de Commerce et d'Industrie
C.C.P.	le Centre des Chèques Postaux ou Compte chèque Postal
C.D.D.	Contrat à Durée Déterminée *m*
C.D.I.	le Contrat à Durée Indéterminée
C.E.	la Communauté Européenne
C.E.	le Comité d'Entreprise
C.E.C.A.	la Communauté Européenne du Charbon et de l'Acier
C.E.E.	la Communauté Économique Européenne
C.E.E.A.	la Communauté Européenne de l'Énergie Atomique (l'EURATOM)
C.F.C.E.	le Centre Français du Commerce Extérieur
C.G.C.	la Confédération Générale des Cadres
C.G.T.	la Confédération Générale du Travail
C.H.U.	Centre Hospitalier Universitaire *m*
C.J.C.E.	la Cour de Justice des Communautés Européennes
C.N.R.S.	le Centre National de la Recherche Scientifique
C.S.C.E	la Conférence sur la Sécurité et la Coopération en Europe
C.V.	Curriculum Vitae *m*
CAF	Coût, Assurance, Fret
CEDEFOP	le Centre Européen pour le Développement de la Formation Professionnelle
CEDEX	le Courrier d'Entreprise à Distribution Exceptionnelle
CERN	le Centre Européen pour la Recherche Nucléaire
CES	la Confédération Européenne des Syndicats
CES	le Comité Économique et Social
cf.	confer *(Lat.)* comparer
CNES	le Centre National d'Études Spatiales
COFACE	la Compagnie Française d'Assurance pour le Commerce Extérieur
CREST	le Comité pour la Recherche Scientifique et Technique
D.L.	la Démocratie Libérale
D.U.T.	Diplôme Universitaire de Technologie *m*
DAB	Distributeur Automatique de Billets *m*
DOM	Département d'Outre-Mer *m*
DOM-TOM	les Départements et territoires d'Outre-Mer
E.E.E.	l'Espace Économique Européen
E.U.R.L.	Entreprise Unipersonnelle à Responsabilité Limitée *f*
ENA	l'École Nationale d'Administration
ERASMUS	le Programme pour stimuler la mobilité des étudiants et des enseignants
ESPRIT	le Programme de stratégie et de développement dans les technologies de l'information
ESSEC	l'École Supérieure de Sciences Économiques et Commerciales
EUREKA	l'Agence européenne pour la coopération et la recherche
F.E.I.	le Fonds Européen d'Investissement

F.M.I.	le Fonds Monétaire International
F.N.	Le Front National
F.O.	Force Ouvrière *f*
F.S.E.	le Fonds Social Européen
FAB	Franco à Bord
FED	le Fonds Européen de Développement
FEDER	le Fonds Européen de Développement Régional
FEOGA	le Fonds Européen d'Orientation et de Garantie Agricole
G.I.E.	Groupement d'Intérêt Économique *m*
GAB	Guichet Automatique de Banque *m*
GATT	l'Accord général sur les tarifs et le commerce
H.E.C.	l'école des Hautes Études Commerciales
H.L.M.	Habitation à loyer modéré *f/m*
H.T.	Hors taxes
I.M.E.	l'Institut Monétaire Européen
I.R.P.P.	l'Impôt sur le Revenu des Personnes Physiques
I.U.T.	Institut Universitaire de Technologie *m*
INSEE	l'Institut Nationale de la Statistique et des Études Économiques
IRIS	le Réseau européen de programmes et de formation pour les femmes
J.O.	le Journal Officiel
M.C.M.	les Montants Compensatoires Monétaires
M.N.	Le Mouvement National
N/Réf.	Notre Référence
O.C.D.E.	l'Organisation de Coopération et de Développement Économique
O.M.C.	l'Organisation Mondiale du Commerce
O.M.S.	l'Organisation Mondiale de la Santé
O.P.A.	Offre Publique d'Achat *f*
O.P.E.	Offre Publique d'Échange *f*
O.S.	Opérateur Spécialisé *m*
ONU	l'Organisation des Nations Unies
OPEP	l'Organisation des Pays Exportateurs de Pétrole
OTAN	l'Organisation du Traité de l'Atlantique-Nord
P.C.	Ordinateur *m*
P.C.	le Parti Communiste
P.D.G.	Président Directeur Général *m*
P.E.	le Parlement Européen
P.J.	Pièce Jointe *f*
P.M.A.	les Pays les Moins Avancés
P.M.E.	Petites et Moyennes Entreprises *f/pl*
P.M.I.	Petites et Moyennes Industries *f/pl*
P.M.U.	le Pari Mutuel Urbain (tiercé)
P.N.B.	le Produit National Brut
P.S.	Le Parti Socialiste
P.S.	Post Scriptum *m*
P.V.	Prix de Vente *m*
P.V.	Procès Verbal *m*
PAC	la Politique Agricole Commune
PACS	le Pacte Civil de Solidarité
PESC	la Politique Étrangère et de Sécurité Commune
PETRA	le Programme d'action pour la formation professionnelle

	des jeunes et la préparation des jeunes à la vie active
PIB	le Produit Intérieur Brut
R.A.T.P.	la Régie Autonome des Transports Parisiens
R.C.	le Registre du Commerce
R.E.R.	le Réseau Express Régional
R.M.I.	le Revenu Minimum d'Insertion
R.N.	le Revenu National
R.P.R.	Le Rassemblement Pour la République
R.S.V.P.	Répondez S'il Vous Plaît
RIB	Relevé d'Identité Bancaire *m*
RIP	Relevé d'Identité Postal *m*
S.A.	Société Anonyme *f*
S.C.	le Service Compris
S.D.F	Sans Domicile Fixe *m*
S.E.B.C.	le Système Européen de Banques Centrales
S.M.E.	le Système Monétaire Européen
S.N.C.	Société en Nom Collectif *f*
S.N.C.F.	La Société Nationale des Chemins de Fer Français
S.V.P.	S'il Vous Plaît
SAMU	le Service d'Assistance Médical d'Urgence
SARL	Société à Responsabilité Limitée *f*
SERNAM	SERvice National de Messageries (le colis arrive par la SERNAM)
SICAV	Société d'Investissements à Capital Variable *f* (je possède une SICAV)
SICOB	le Salon des Industries du Commerce et de l'Organisation du Bureau
SIDA	le Syndrome d'Immuno-Déficience Acquise
SMIC	le Salaire Minimum Interprofessionnel de Croissance
T.C.I.	les Termes Commerciaux Internationaux
T.G.V.	le Train à Grande Vitesse
T.S.C.	la Taxe et le Service Compris
T.T.C.	Toutes Taxes Comprises
T.V.A.	la Taxe à / sur la Valeur Ajoutée
TOM	Territoire d'Outre-Mer *m*
U.D.F.	L'Union Démocratique Française
U.E.	l'Union Européenne
U.E.M.	l'Union Économique et Monétaire
U.E.O.	l'Union de l'Europe Occidentale
U.N.I.C.E.	l'Union des Conférences de l'industrie et des Employeurs d'Europe
URSSAF	l'Union pour le Recouvrement des Cotisations de Sécurité Sociale et des Allocations Familiales
V.P.C.	la Vente par Correspondance
V.R.P.	Voyageurs, Représentants, Placiers *m*
V/Réf.	Votre Référence
VIP	Personnalité très Importante *f* (Very Important Person)
ZAC	Zone d'Aménagement Concerté *f*
ZEP	Zone d'Éducation Prioritaire *f*
ZI	Zone Industrielle *f*
ZUP	Zone à Urbaniser en Priorité *f*

LES NUMÉROS

Les nombres cardinaux

0 zéro
1 un (un café, une bière)
2 deux
3 trois
4 quatre
5 cinq
6 six
7 sept
8 huit
9 neuf
10 dix
11 onze
12 douze
13 treize
14 quatorze
15 quinze
16 seize
17 dix-sept
18 dix-huit
19 dix-neuf
20 vingt
21 vingt et un
22 vingt-deux
30 trente
31 trente et un
32 trente-deux
40 quarante
50 cinquante
60 soixante
70 soixante-dix
71 soixante et onze
72 soixante-douze

80 quatre-vingts
81 quatre-vingt-un
82 quatre-vingt-deux
90 quatre-vingt-dix
91 quatre-vingt-onze
92 quatre-vingt-douze
100 cent
101 cent un
102 cent deux
153 cent cinquante-trois
200 deux cents
201 deux cent un
298 deux cent quatre-vingt-dix-huit
202 deux cent deux
300 trois cents
1000 mille
1001 mille un
1060 mille soixante
2000 deux mille
3000 trois mille
10 000 dix mille
20 000 vingt mille
100 000 cent mille
200 000 deux cent mille
1 000 000 un million
2 000 000 deux millions
...
10 000 000 dix millions
100 000 000 cent millions
1 000 000 000 un milliard
1 000 000 000 000 un billion

Les nombres ordinaux

(le) premier, (la) première
(le) deuxième, (la) deuxième ; (le) second, (la) seconde
(le/la) troisième ..
(le/la) quatrième
(le/la) cinquième
(le/la) sixième
(le/la) septième
(le/la) huitième
(le/la) neuvième
(le/la) dixième
(le/la) onzième
(le/la) douzième
(le/la) dix-neuvième
(le/la) vingtième
(le/la) vingt et unième
(le/la) vingt-deuxième
(le/la) trentième
(le/la) centième
(le/la) cent unième
(le/la) millième

Abréviations: 1er, 1ère, 2e, 2nd, 3e ..

> **NB**
>
> **1.** adverbes :
> premièrement (= primo)
> deuxièmement (= secundo)
> troisièmement (= tertio)
>
> **2.** Pour les dates on dit
> le deux, trois, vingt-cinq...
> mais : le premier janvier, mars...

> **NB**
>
> **1.** mille devient généralement mil dans les dates :
> 1956 : mil neuf cent cinquante-six
>
> **2.** pour les dates historiques :
> 1789 : dix-sept cent quatre-vingt-neuf
>
> **3.** virgule devant les décimales :
> 1, 5 millions : un virgule cinq millions / un million et demi /
> un million cinq cents mille
>
> **4.** pourcentages :
> 53 % : cinquante-trois pour cent
>
> **5.** un million / un milliard / un billion sont des noms :
> un million d'habitants
> deux milliards de dollars
> (mais : cent habitants, deux mille dollars ...)
>
> **6.** en Belgique et en Suisse, on dit:
> 70 septante
> 71 septante-un
> 72 septante-deux
> 90 nonante
> De plus, en Suisse, on emploie huitante et quatre-vingts.
>
> **7.** dix / six se prononce :
> six / dix [sis / dis]
> dix personnes [diperson]
> six étudiants [sizetydiã]
>
> **8.** En lisant un chiffre, pour vous faire comprendre mieux,
> notez l'importance de l'intonation et des pauses:
>
> 5 555 555 cinq millions // cinq cent cinquante-cinq mille //
>
> cinq cent cinquante-cinq

Exprimer des quantités

1. avec exactitude :
précisément / exactement / juste

2. avec approximation:
environ / à peu près / dans les...
un peu plus de...
près de... / pas loin de... / presque...
plus ou moins...
une grande partie de...
la plupart de...

environ 10 – une dizaine
environ 100 – une centaine

3. par des fractions

1/2 la moitié (un demi / une demie)

2/5 deux cinquième / 2 sur 5

1/3 un tiers (un sur trois)
un bon tiers ≠ près d'un tiers

1/4 un quart

1/5 un cinquième

1/10   un dixième

Une personne sur trois porte des lunettes.
Deux délégués sur cinq sont pour.

4. par des pourcentages %

50 %   cinquante pour cent
un pourcentage élevé
un faible pourcentage

NB
Attention à l'oral : ne pas
confondre un demi (50 %)
et un et demi (150 %)

 C d V CM 5

On ne connaît pas toujours les chiffres exacts ou bien il est sans
intérêt d'être précis, alors on donne un ordre de grandeur, une
idée générale, on fait une approximation :

A : "Combien coûte une bonne bouteille de vin français dans
votre pays ?"
B : Répondez à **A** en faisant une approximation :

Comparaison
par rapport à...
comparé à...
légèrement / nettement
- supérieur(e) à ... >
- inférieur(e) à ... <
- équivalent à ... =

- **Environ** 10 euros
- **Un peu plus de** 10 euros ...
- Une diz**aine** d'euros / de couronnes...
- Je crois que c'est **dans les** 10 euros / couronnes...
- Je ne saurais pas dire exactement, mais **plus ou moins** 10 euros.
- Ça dépend. Une bouteille de... coûte à **peu près** 20 euros, mais...
- Ça peut varier entre ... et .... couronnes.

1. Dans votre pays, combien coûte un studio dans la capitale ?
2. C'est combien, un vol aller-retour pour Paris ?
3. C'est combien, une petite voiture japonaise ?
4. Il y a combien d'habitants dans la capitale ?
5. Quel est le salaire moyen dans la fonction publique?
6. Ça coûte combien, une nuit dans le meilleur hôtel de la ville ?
7. Ça revient à combien, un dîner dans le meilleur restaurant ?
8. C'est combien, le taxi pour aller d'ici au centre-ville ?
9. Vous avez une dette publique importante ?
10. C'est combien, une consultation chez un médecin ?

Préparez d'autres questions pour connaître le niveau des prix, ou
données chiffrées, sur le pays de votre interlocuteur !

C d V CM 6

Mille et une questions sur votre pays !

A : Chez vous, quelle proportion / quel pourcentage de la
population a le baccalauréat ?
B : Une très large majorité, plus des deux tiers, en pourcentage :
presque 70 %.

Répondez à ces questions sur votre pays en utilisant des
pourcentages, des proportions, des approximations... ou les
données exactes si vous les connaissez.

Dans votre pays, est-ce que ...
1. beaucoup de personnes ont une formation supérieure ?
2. beaucoup de gens parlent deux langues étrangères ou plus ?
3. beaucoup de foyers sont équipés d'ordinateur individuel ?
4. beaucoup de femmes travaillent en dehors de la maison ?
5. beaucoup de travailleurs sont syndiqués ?
6. beaucoup de gens ont un contrat de travail à durée
     déterminée (un C.D.D.) ?
7. beaucoup de gens sont en préretraite ?
8. beaucoup de personnes sont au chômage ?
9. beaucoup de gens sont propriétaires de leur résidence principale ?
10. beaucoup de gens ont une résidence secondaire ?
11. beaucoup de gens possèdent une voiture ?
12. beaucoup de personnes ont un téléphone portable ?
13. les gens partent en vacances en août ?
14. les gens partent en vacances à l'étranger ?
15. les gens sont favorables à l'Union Européenne ?

Préparez d'autres questions de ce type (une dizaine), et posez-
les en changeant de partenaire de temps en temps.

Abréviations et symboles

Dimension		Volume		Masse		Monnaie	
Grandeur	Superficie						
mm millimètre	ca centiare	ml millilitre		mg milligramme		FRF	franc français
cm centimètre	a are	cl centilitre		cg centigramme		c	centime
dm décimètre	ha hectare	dl décilitre		dg décigramme		EUR €	euro
m mètre	km² kilomètre carré	l litre		g gramme		c	cent
dam décamètre		dal décalitre		dag décagramme		ATS	schilling autrichien
hm hectomètre		hl hectolitre		hg hectogramme		BEF	franc belge
km kilomètre		cm³ centimètre cube		kg kilogramme		CAD	dollar canadien
		m³ mètre cube		q quintal		CHF	franc suisse
				t tonne *f*		CZK	couronne tchèque
				(250 g demi-livre *f*)		DEM	mark allemand
				(500 g livre *f*)		DKK	couronne danoise
						EEK	couronne estonienne
						ESP	peseta espagnole
						FIM	mark finlandais
						GBP	livre sterling
						HUF	forint hongrois
						IEL	livre irlandaise
						ITL	lire italienne
						JPY	yen japonais
						LUF	franc luxembourgeois
						MTL	livre maltaise
						NLG	florin néerlandais
						NOK	couronne norvégienne
						PLN	zloty polonais
						PTE	escudo portugais
						SEK	couronne suédoise
						USD	dollar américain

Temps		Vitesse		Puissance	
ms	millième de seconde	km/h	kilomètre à l'heure	W	watt
s	seconde *f*	(100 km/h	à 100 à l'heure)	kW	kilowatt
min / mn	minute *f*				
h	heure *f*				
j	jour				

Quelques verbes pour exprimer un changement quantitatif

➚
augmenter	de dix pour cent
s'accroître	
doubler	
tripler	

↔
rester inchangé(e) / stable (plutôt positif)

➘
diminuer	de dix pour cent
baisser	
chuter	

C d V CM 7

Que deviennent ces verbes au passé composé ?

1. (augmenter) La production de cette usine _____ de 10 pour cent.

2. (s'accroître) Les pouvoirs du Parlement européen_____ depuis la réforme.

3. (doubler) La consommation de notre nouvelle bière SuperBirra _____ presque _____ parmi les jeunes, en deux mois.

4. (rester inchangée) La situation économique _____ malgré les prévisons optimistes.

5. (rester stable) La demande de nos produits _____ malgré la récession.

6. (diminuer) Certaines taxes _____ considérablement, ce qui va certainement pousser les gens à la consommation.

7. (chuter) Les importations _____ à cause de la crise politique et économique du pays.

 C d V CM 8

Posez des questions à votre partenaire. Comparez avec la situation d'il y a 5–10 ans. Sans doute, vous ne connaissez pas toujours la réponse, mais cela n'est pas grave si au moins vous faites de votre mieux pour fournir les informations à votre interlocuteur.

A: - Le PNB de votre pays a augmenté ? Il est supérieur à celui de l'année... ?

B: - Mais non. Il a diminué considérablement par rapport à 19..., de 15 pour cent environ.

- Je ne saurais pas répondre à votre question. Je crois qu'il a augmenté. Mais je peux vous chercher les chiffres exacts / je vais me renseigner.

1. le P.N.B.
2. le prix de la nourriture
3. les loyers / les prix des appartements
4. la représentation des femmes au Parlement
5. le niveau de vie
6. le coût de la vie
7. le taux de naissance / de chômage / d'inflation / d'investissements / de croissance / les taux d'intérêt
8. les charges sociales de l'employeur
9. le volume des exportations / des importations
10. le budget annuel de votre ministère / le chiffre d'affaires de votre maison / entreprise
11. les allocations-chômage / les allocations familiales
12. les retraites
13. le chômage
14. les salaires
15. l'impôt sur le revenu
16. la dette publique

Quelques verbes pour exprimer un changement qualitatif

La qualité a monté / a baissé.
Le niveau est resté à peu près comme avant.

se dégrader   s'améliorer
se détériorer
être plus mauvais(e)   être meilleur(e) / mieux (qu'avant)

 C d V CM 9

Posez des questions à votre partenaire. Comparez avec la situation d'il y a 5–10 ans.

- Est-ce que le niveau d'éducation s'est amélioré depuis cinq ans ?

1. le niveau d'éducation
2. la qualité de l'enseignement
3. les banlieues
4. la qualité de la vie
5. les soins médicaux
6. le climat politique
7. la connaissance de l'informatique
8. la condition de la femme
9. l'environnement
10. l'offre culturelle
11. les conditions de travail
12. les conditions d'emploi
13. la protection sociale

Des gestes qui parlent...

Nous nous sommes engagés à le faire : nous le ferons.

COMMUNICATION

NUMÉROS DE TÉLÉPHONE

- Quel est votre numéro de téléphone ?
- C'est le (2) 24 67 89.

Les numéros de téléphone se disent par groupes de deux.
Dans le cas d'un nombre impair de numéros, on regroupe les trois derniers chiffres.
Donnez le code de l'opérateur en entier.

C d V CM 10

Posez-vous ces questions et répondez-y.

Quel est votre numéro de téléphone personnel / à domicile ?
Quel est votre numéro de portable ?
- C'est le ....
Quel est votre numéro de téléphone professionnel / au bureau ?
C'est un numéro direct ?
Quel est votre numéro de travail ?
Quel est le numéro de votre poste ?
Quel est l'indicatif de votre pays ?
Quel est l'indicatif régional ?

LA LETTRE COMMERCIALE / ADMINISTRATIVE

La présentation

Sur l'enveloppe, écrivez Monsieur... / Madame...
sans abréviation.

CAMÉLÉOPHONE SARL [1]
13, rue Lafaillite, Paris

V/réf CD [2]
N/réf C 2002   M. Jean DUPE [3]
                                                 6, Rue des Innocents
Objet: envoi d'un Caméléophone [4]   75016 Paris

P.J. [5]

                                                 Paris, le 12 mai [6]

Monsieur, [7]

[8]

Nous vous remercions de votre commande du 10 mai et nous avons le plaisir de vous envoyer notre nouveau Caméléophone.

Comme vous le verrez bien, il correspond à toutes vos attentes. Nous sommes sûrs que vous serez satisfait !

[9]

Veuillez agréer, Monsieur, l'assurance de nos meilleurs sentiments.

                                                 Pierre Caméléon [10]
                                                 Directeur export

P.J. 5)

C d V CM 11

Lisez les numéros de téléphone à votre partenaire qui prend note. Changez de rôle.

 1. 56 57 99 10
 2. 51 17 58 93
 3. 23 74 28 89 / 317
 4. (516) 3 42 22 47
 5. (358) 9 79 51 23
 6. 44 14 38 45
 7. (12) 72 20 80 90
 8. 92 18 15 30
 9. (49) 7 11 31 64
10. (071) 5 60 22 77
11. (9500) 87 40 73
12. 33 53 19 78
13. (091) 67 50 641
14. 34 98 44 26
15. 990-34-1-69 01 372
16. (1) 38 46 723

[1] Si le nom et l'adresse de l'expéditeur ne sont pas préimprimés, on les écrit en haut à gauche.
[2] Votre référence / Notre référence :
Les références peuvent correspondre aux initiales de la secrétaire et du rédacteur, et / ou au nombre de lettres reçues / envoyées.
[3] Nom et adresse du destinataire
[4] L'objet de la lettre : demande d'emploi, envoi d'un catalogue...
[5] Pièces jointes : indiquer le nombre, ou la nature, ex. 2 : certificat de travail, liste des prix... P.J. peut également être écrit en bas à gauche.
[6] Lieu et date
[7] Formule d'appel : Monsieur, / Madame, ou Messieurs si vous ne connaissez pas le nom du destinataire.
Dans une lettre administrative on peut ajouter le titre ou la fonction : "Monsieur le Directeur", "Madame l'Inspecteur"... N'écrivez "Cher Monsieur," que si vous connaissez bien la personne.
[8] Le texte : ne laissez pas d'espaces au début de la ligne.
[9] Formule finale : répétez dans la formule finale la même formule d'appel qu'au début (Monsieur, Madame, ...).
[10] Signature avec le nom et, éventuellement, la fonction de l'expéditeur, toujours à droite de la lettre

Quelques formules

On commence la lettre...
Je vous écris pour vous demander... / pour confirmer ma commande...
N'ayant pas reçu votre catalogue, nous..., / je...
En réponse à votre lettre du 15 juin...
(Comme) suite à notre conversation téléphonique / à votre annonce / lettre...
Votre lettre du... a reçu toute notre /mon attention.
Par votre lettre du... vous me demandiez...
Nous accusons réception de...

On exprime le plaisir / on annonce une bonne nouvelle...
Nous avons le plaisir de vous informer que...
Je suis heureux de pouvoir...

On regrette quelque chose...
Nous regrettons de vous faire savoir que...
Il nous est malheureusement impossible de...

On commande quelque chose / on demande l'envoi de quelque chose...
Veuillez me faire parvenir / m'adresser / m'envoyer...
Je vous prie de...
Nous vous prions de nous envoyer...

On remercie quelqu'un...
Je vous remercie beaucoup de...

On est mécontent...
Nous sommes surpris de...
Je m'étonne de n'avoir pas reçu...

D'autres formules :
Veuillez trouver ci-joint...
Je vous adresse sous pli séparé...
Veuillez transmettre mon meilleur souvenir à...
Dans l'attente d'une prompte réponse... / d'une réponse favorable...

Quelques formules finales :
(neutre :)
Je vous prie d'agréer...
Veuillez agréer, Messieurs / Monsieur Madame / Mademoiselle
...mes / nos salutations distinguées
...mes / nos meilleures salutations
/ l'assurance de mes / nos meilleurs sentiments.

(de femme à homme) l'assurance de mes salutations distinguées
(d'homme à femme) mes respectueuses salutations

LE FAX ET LE MESSAGE ÉLECTRONIQUE

un fax	un courrier électronique
une télécopie	un message électronique
	un courriel - un mél
	un "e-mail"

Le fax remplace de plus en plus souvent la lettre. Mais attention, seuls la lettre et le télex servent de preuve auprès d'un tribunal lors d'un litige.

Souvent, le fax ou le message électronique prennent une forme plus simple que la lettre :
Par ex. "Prière de répondre..." au lieu de "Je vous prie de répondre."

En tête du fax, indiquez le nom de la personne à qui il est adressé / qui prend charge de l'affaire :

À l'attention de Mme Dufort

La formule finale peut être aussi simple que :
Merci (si on demande quelque chose)
Salutations (si on ne demande rien)

Cependant, le fax peut prendre la forme d'une lettre et avoir les mêmes – longues – formules d'appel et de salutation.

J'ai bien reçu votre lettre du... et nous avons donné suite à votre demande.
Nous allons vous contacter dès qu'il y aura du nouveau.

Les coordonnées :

FLEXOGRAPHE

Michel Poupet
Consultant

185, rue de la Roquette
75011 Paris
tél. 01 45 83 98 54
télécopie : 01 45 83 98 55
mél : poupet@inutile.fr

PETIT DICO

Lecture de documents :
un courrier
une lettre
une dépêche
un message
un courrier interne
une lettre interne
une note d'information / de service / de synthèse
un rapports (de synthèse)
un compte rendu
un procès verbal
une fiche d'information / de renseignement
une enquête
un questionnaire
un dossier
un contrat
un planning / un calendrier de projet
un tableau de service
un bulletin, une revue, un périodique, un journal
un document publicitaire

- documents administratifs ou législatifs :
un texte de loi, un décret, un règlement, un arrêté, une ordonnance
- une directive
- un protocole d'accord, une charte, une convention

une correspondance diplomatique
une note officielle / collective / identique / verbale
un mémorandum
un manifeste
une note pro-memoria / aide-mémoire
une lettre officielle

COMMENT FORMER LE SUBJONCTIF

D'une façon générale, on part de la 3ème personne du pluriel au présent de l'indicatif. En supprimant la terminaison -ent, on obtient le radical pour les personnes suivantes:

aimer I	finir II	vendre III
[ils aim/ent]	[ils finiss/ent]	[ils vend/ent]
(que) j' aime	(que) je finisse	(que) je vende
(que) tu aimes	(que) tu finisses	(que) tu vendes
(qu')il / elle / on aime	(qu')il /elle / on finisse	(qu')il /elle/on vende
....	....	....
(qu')ils / elles aiment	(qu')ils / elles finissent	(qu')ils / elles vendent

Les terminaisons sont **-e, -es, -e, -ent** (muettes)

Le subjonctif pour nous et vous = l'imparfait
(formé à base de la première personne au présent de l'indicatif)

(que) nous aimions	(que) nous finissions	(que) nous vendions
(que) vous aimiez	(que) vous finissiez	(que) vous vendiez

Verbes impersonnels:
pleuvoir → (qu') **il pleuve**
neiger → (qu') **il neige**

NOMINALISATION DE QUELQUES VERBES

terminaisons en -ation, -tion, -sion, -xion, -ion (toujours *f*)
augmenter → augmentation
connecter → connection
convoquer → convocation
éditer → édition
élire → élection
inscrire → inscription
louer → location
nommer → nomination

terminaison en -ment (toujours *m*)
s'engager → engagement
payer → paiement
remercier → remerciement

terminaison en -age
décoller → décollage
atterrir → atterrissage *m*
chômer → chômage *m*

terminaison en -ade (toujours *f*)
glisser → glissade

participe passé au féminin (toujours *f*)
mettre au point → mise au point
prendre une décision → prise de décision

absence de terminaison
débattre → débat *m*
rencontrer → rencontre *f*
s'entretenir → entretien *m*

résultat d'une action, terminaison en -ure (toujours *f*)
lire → lecture
ouvrir → ouverture
signer → signature

cas particuliers
partir → départ *m*
revenir → retour *m*

C d V CM 12

Écrivez les subjonctifs des verbes suivants :
connaître – écrire – dire – conduire

Attention aux verbes qui ont un radical différent à la 3ème et 1ère personne du pluriel au présent de l'indicatif. P. ex. :
boire → nous buvons, (vous buvez), ils **boivent**.
Cela se réflète dans le subjonctif :
(que) je boive
(que) tu boives
(qu')il / elle / on boive
(que) nous buvions
(que) vous buviez
(qu')ils / elles boivent

C d V CM 13

Écrivez les subjonctifs des verbes suivants :
croire – voir – devoir (apercevoir, recevoir) – mourir – tenir,
(appartenir) – apprendre, (comprendre, surprendre)

Le subjonctif de quelques verbes irréguliers :

faire
(que) je fasse
(que) tu fasses
(qu')il / elle / on fasse
(que) nous fassions
(que) vous fassiez
(qu')ils / elles fassent

pouvoir
(que) je puisse
(que) tu puisses
(qu')il / elle / on puisse
(que) nous puissions
(que) vous puissiez
(qu')ils / elles puissent

savoir
(que) je sache
(que) tu saches
(qu')il / elle / on sache
(que) nous sachions
(que) vous sachiez
(qu')ils / elles sachent
cf. l'impératif sache... sachons... sachez... !

aller
(que) j'aille
(que) tu ailles
(qu')il / elle / on aille
(que) nous allions
(que) vous alliez
(qu')ils / elles aillent

vouloir
(que) je veuille
(que) tu veuilles
(qu')il / elle / on veuille
(que) nous voulions
(que) vous vouliez
(qu')ils / elles veuillent

Le verbe impersonnel **falloir** (il faut): (qu') il faille

être
(que) je sois
(que) tu sois
(qu')il / elle / on soit
(que) nous soyons
(que) vous soyez
(qu')ils / elles soient
Cf. l'impératif : Sois... soyons... soyez... !

avoir
(que) j'aie
(que) tu aies
(qu')il / elle / on ait
(que) nous ayons
(que) vous ayez
(qu')ils / elles aient
Cf. l'impératif : Aie... Ayons... Ayez... !

prendre
(que) je prenne
(que) tu prennes
(qu')il / elle / on prenne
(que) nous prenions
(que) vous preniez
(qu')ils / elles prennent

venir
(que) je vienne
(que) tu viennes
(qu') il / elle / on vienne
(que) nous venions
(que) vous veniez
(qu')ils / elles viennent

lire
(que) je lise
(que) tu lises
(qu')il / elle / on lise
(que) nous lisions
(que) vous lisiez
(qu')ils / elles lisent

mettre
(que) je mette
(que) tu mettes
(qu')il / elle / on mette
(que) nous mettions
(que) vous mettiez
(qu') ils / elles mettent

valoir
(que) je vaille
(que) tu vailles
(qu')il / elle / on vaille
(que) nous valions
(que) vous valiez
(qu)ils / elles vaillent

pleuvoir
(qu')il pleuve

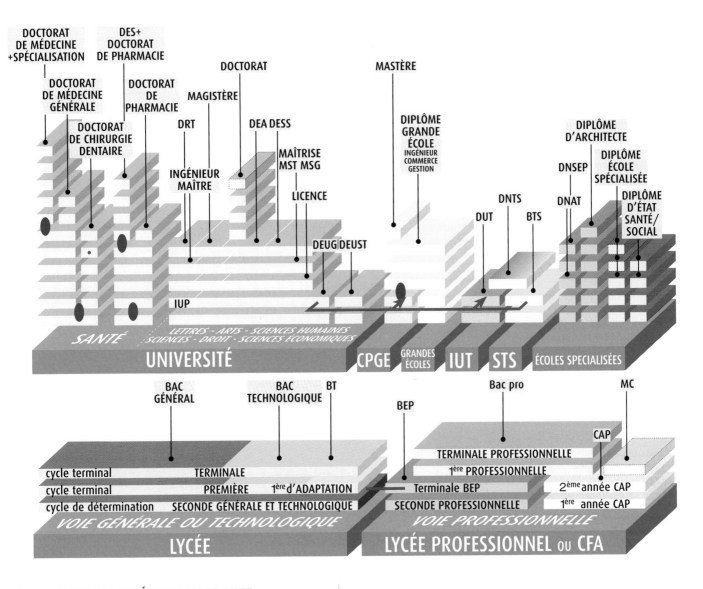

L'ENSEIGNEMENT SUPÉRIEUR EN FRANCE

Diplômes

Bac pro — Baccalauréat professionnel
BEP — Brevet d'études professionnelles
BT — Brevet de technicien
BTS — Brevet de technicien supérieur
CAP — Certificat d'aptitude professionnelle
DEA — Diplôme d'études approfondies
DES — Diplôme d'études spécialisées (pharmacie)
DESS — Diplôme d'études supérieures spécialisées
DEUG — Diplôme d'études universitaires générales
DEUST — Diplôme d'études universitaires scientifiques et techniques
DNAT — Diplôme national d'arts et techniques
DNSEP — Diplôme national supérieur d'expression plastiques
DUT — Diplôme universitaire de technologie
DNTS — Diplôme national de technologie spécialisée
DRT — Diplôme de recherche technologique
MC — Mention complémentaire après CAP, BEP, BT, Bac pro
MSG — Maîtrise de sciences de gestion
MST — Maîtrise de sciences et techniques

Sections

CPGE — Classe Préparatoire aux Grandes Écoles
STS — Section de Techniciens Supérieurs

Établissements

IUT — Institut Universitaire de Technologie
CFA — Centre de Formation d'Apprentis

 Concours

Les flèches rouges indiquent les changements de filières.
Il existe par ailleurs d'autres passerelles.

 **C d V CM 14**

Les équivalences des diplômes sont parfois difficiles à établir.
Selon vous, quels seraient les diplômes plus ou moins
équivalents dans votre système d'éducation ?

PROFESSIONS, MÉTIERS

(masculins, sauf si autrement indiqué)

agent immobilier
assistant(e) social(e)
attaché(e) commercial(e) export
avocat(e)
caissier, -ère
chargé(e) d'études / de mission
chef, 'le patron'
chef d'entreprise / des ventes / des achats / de la production /
du personnel / de service / de la sécurité / de bureau / de
projet / d'atelier / de cuisine / de rayon / d'orchestre
/ de département
chercheur, -euse
coiffeur, -euse
commerçant(e)
comptable *m/f*
conseiller, -ère administratif (-ve) / industriel(le) /
commercial(e) / municipal(e)
contremaître
correspondancier, correspondancière
correspondant(e) (d'un journal)
cuisinier, cuisinière
décorateur, -trice d'intérieur
délégué(e)
dentiste *m/f*
député(e)
dessinateur, -trice de mode
directeur général / adjoint / des ventes
économiste ; diplômé(e) H.E.C.
écrivain
éditeur, -trice
employé(e) (de banque)
enseignant(e)
entrepreneur, petit entrepreneur
expert(e) ; expert-conseil
facturier, -ère
fonctionnaire *m/f* chargé d'études / de mission
formateur, -trice
free-lance ; indépendant(e)
gérant(e)
guide *m/f*
homme / femme d'affaires
hôtesse *f* de l'air / d'accueil
infirmier, -ère
ingénieur de recherche
ingénieur diplômé / en chef
inspecteur (général)
instituteur, institutrice
interprète *m/f*
juriste *m/f*
licencié(e) en droit
licencié(e) en sciences politiques
magasinier, -ère
marchand(e)
mathématicien(ne)

médecin (généraliste / spécialiste)
metteur-en-scène
ministre *m/f*
ouvrier, ouvrière qualifié(e) / spécialisé(e)
peintre (artiste / en bâtiment)
pharmacien(ne)
physicien(ne)
pilote, aviateur, commandant de bord
pompier
président(e)
professeur
psychologue *m/f*
rapporteur, -trice
réceptionniste *m/f*
recteur (*m*), principal(e), proviseur *m*
rédacteur, -trice
responsable *m/f* de formation
scientifique *m/f*
secrétaire *m/f* d'un groupe de travail / de direction
sous-chef de département / de service
sous-directeur, -trice
stagiaire *m/f*
standardiste *m/f*
steward
technicien(ne)
traducteur, -trice
vendeur, -euse
vétérinaire *m/f*

Chef :
comptable
d'équipe
de chaîne
de fabrication
de ligne
de magasin
de production
de produits
de région
de secteur
de service informatique
de zone export
des ventes régional
du département marketing
du personnel
du service achats
du service après-vente
du service comptabilité générale
du service marketing
du service qualité
de projet

Responsable *m/f* :
achats
achats logistique
administratif du personnel et de la paie
approvisionnements
après-vente

commercial
d'agence
de chaîne
de dépôt
de formation
de la gestion clientèle
de la publicité
de production
des relations extérieures
des ventes
de projet
développement réseau
des relations humaines
des équipes de vente
du bureau d'études
du contrôle de gestion (usine)
du marketing
du personnel
du service expédition
produits
informatique
trésorerie

Directeur, -trice :

achats
administratif
après-vente
commercial
de la comptabilité
de la qualité
de production
des ventes
du marketing
financier
informatique
marketing et ventes
ressources humaines
technico-commercial
administratif

collègue *m/f*
collaborateur, -trice
stagiaire *m/f*
client(e)
patron(ne)
subalterne *m/f*
supérieur(e)
subordonné(e)
contremaître *m/f*

sous-préfet
sous-directeur, -trice
rédacteur(-trice) en chef
secrétaire général(e)

QUELQUES PAYS, NATIONALITÉS, LANGUES

Pays | Habitants | langue(s) officielle(s)

L'Algérie : un Algérien, une Algérienne – l'arabe
L'Allemagne : un Allemand, une Allemande – l'allemand
L'Argentine : un Argentin, une Argentine – l'espagnol
L'Autriche : un Autrichien, une Autrichienne – l'allemand (officiellement)
La Belgique : un / une Belge – le français, le flamand, l'allemand
Le Brésil : un Brésilien, une Brésilienne – le portugais
La Bulgarie : un / une Bulgare – le bulgare
Le Canada : un Canadien, une Canadienne – le français, l'anglais
Le Chili : un Chilien, une Chilienne – l'espagnol
La Chine : un Chinois, une Chinoise – le mandarin...
La Corée : un Coréen, une Coréenne – le coréen
Le Danemark : un Danois, une Danoise – le danois
L'Espagne : un Espagnol, une Espagnole – l'espagnol
L'Estonie : un Estonien, une Estonienne – l'estonien
Les États-Unis : un Américain (du Nord), une Américaine – l'anglais
La Finlande : un Finlandais, une Finlandaise – le finnois, le suédois
La France : un Français, une Française – le français
La Grande-Bretagne / Le Royaume-Uni (de Grande-Bretagne et d'Irlande du Nord) : un / une Britannique – l'anglais
La Grèce : un Grec, une Grecque – le grec
La Hongrie : un Hongrois, une Hongroise – le hongrois
L'Irlande : un Irlandais, une Irlandaise – l'irlandais, l'anglais
L'Islande : un Islandais, une Islandaise – l'islandais
L'Italie : un Italien, une Italienne – l'italien
L'Inde : un Indien, une Indienne – l'hindi, l'anglais
L'Iran : un Iranien, une Iranienne – le persan
Israël : un Israélien, une Israélienne – l'hébreu, l'arabe
Le Japon : un Japonais, une Japonaise – le japonais
Le Liban : un Libanais, une Libanaise – l'arabe
La Lettonie : un Letton, une Lettonne – le letton
La Lituanie : un Lituanien, une Lituanienne – le lituanien
Le Luxembourg : un Luxembourgeois, une Luxembourgeoise – le français, l'allemand
Le Nigeria : un Nigérian, une Nigériane – l'anglais
Le Niger : un Nigérien, une Nigérienne – le français
Malte : un Maltais, une Maltaise – le maltais, l'anglais
La Norvège : un Norvégien, une Norvégienne – le norvégien
Les Pays-Bas : un Néerlandais, une Néerlandaise – le néerlandais
La Pologne : un Polonais, une Polonaise – le polonais
Le Portugal : un Portugais, une Portugaise – le portugais
La République Tchèque : un / une Tchèque – le tchèque
La Roumanie : un Roumain, une Roumaine – le roumain
La Russie : un / une Russe – le russe
Le Sénégal : un Sénégalais, une Sénégalaise – le français
La Suède : un Suédois, une Suédoise – le suédois
La Suisse : un Suisse, une Suissesse – l'allemand, le français, l'italien, le romanche
La Turquie : un Turc, une Turque – le turc
Le Vietnam : un Vietnamien, une Vietnamienne – le vietnamien

CARTES SUR TABLE

UNITÉ 1

1.

A:
Je m'appelle Henri Martin.
Je suis Français.
Je travaille chez ABS.
Je suis venu en voiture.
J' emmène mon visiteur à
l'hôtel du Chat blanc.

B:
Je m'appelle Charles Échanson.
Je suis Argentin.
J'ai fait un excellent voyage.
J'ai deux valises et un sac.
J'aimerais bien prendre un café.
Je parle bien français.
Je viens en France pour la première fois.

3. 1e, 2h, 3b, 4c, 5d, 6j, 7g, 8a, 9i, 10f.

4. phrases possibles :
- Vous parlez très bien notre langue.
- Vous avez beaucoup de bagages ?
- Voulez-vous que je porte votre valise ou votre sac ?
- Est-ce que vous voulez boire ou manger quelque chose ?
- Vous êtes déja venu à Bordeaux ?
- Je vous emmène à votre hôtel.
- Je viens vous chercher demain à 8 heures à votre hôtel, ça vous convient ?

7. les réponses sont enregistrées sur la bande

9. "Salut ! Demain je suis à Marseille toute la journée. Je pars à 7 heures et je reviens, le soir à 9 heures. De midi et demie à 2 heures, je déjeune avec Catherine. Le matin de 8 h 30 à 11 h 30, je suis à la foire. À 3 heures, j'ai rendez-vous avec M. Martin et de 4 h à 6 h, j'ai une réunion à la Chambre de commerce. Après, il y a une petite réception, et je prends le train à 19 h 30."

12. 1. F, 2. V, 3. F, 4. elle a oublié, elle vérifie, 5. F, 6. F, 7. F : ils vont discuter de ce qu'ils vont faire, 8. F : c'est déjà fait, 9. F, 10. F, 11. V, 12. F, 13. V, 14. F : elle n'aura pas le temps, 15. V, 16. F

14.
A : 1. V, 2. F, 3. F, 4. V, 5. ça dépend : si on la connaît bien, on l'embrasse, sinon, on est très respectueux
B : 1. V, 2. F, 3. F

UNITÉ 2

4.
1.- Nous n'avons pas été présentés, je crois – Jean-Jacques Lasseine de l'Agence Multivoyage de Genève.
2. - Ah vous travaillez au Ministère du tourisme ! Vous venez souvent en Suisse ?
3. - Et vous restez longtemps ?
4. - C'est très rapide !
5. - J'espère vous revoir. Voici ma carte avec mes coordonnées.
6. - À bientôt, j'espère. Au revoir !

6. a, part, participer à, a, joue, a, assiste à, fait, va / a rendez-vous, accueille, fait

12. 1. V, 2. V, 3. V, 4. F, 5. F ; 6 : a. F, b. V, c. F, d. F

13.
1. Montez au 2ème étage, c'est la 2ème porte à droite.
2. C'est au 1er étage, tout de suite à gauche, la première porte à gauche.
3. C'est au 2ème étage, au fond et à droite. Mais demandez à sa secrétaire, elle est juste en face.
4. C'est au 1er étage, à droite, c'est la 1ère porte.

17. 1. F, 2. F, 3. F, 4. F, 5. V, 6. F – mais il va au magasin au lieu d'aller aux bureaux, 7. V, 8. V, 9. V, 10. F, 11. F, 12. F : pas au moment où ils se rencontrent, 13. F, 14. V, 15. F, 16. V

19. A4, B3, C7, D1, E6, F8, G2, H5, I10, J9

UNITÉ 3

1. Fiche signalétique
Nom de l'entreprise : IMAGINEX
Date de création : 1993
Fondateur : Benoît CHESNAY
Directeur : Benoît CHESNAY
Statut juridique : SARL
Siège social : Versailles
Implantation : France (l'an prochain Suède et Norvège)
Secteurs d'activités : le multimédia
Personnel, effectif : 54
Chiffre d'affaires : 30 MF

5.
1. F, 2. F, 3. F, 4. V, 5. V

6.
Deuxième étage :
1. Salles de réunion
2. Assistante
3. Directeur général
4. Responsable de la communication
5. Responsables commerciaux

Premier étage :
1. Documentation et archives
2. Studio de musique
3. Graphistes
4. Programmeurs
5. Scénaristes et réalisateurs

Rez-de-chaussée :
1. Accueil
2. Recherche-développement
3. Salle de projection
4. Patio

7.
1. Direction générale
2. Pierre Paul Martin-Lesueur
3. Direction de la Production
4. Marcél Quéau
5. Méthodes
6. Planification
7. Direction Commerciale
8. Ventes
9. Patrick Neuville
10. Hélène Embrun
11. Nathalie Plon
12. Yvette Aubert
13. Comptabilité
14. Sarah Dabadi

13. 1. F, 2. F, 3. F, 4. V, 5. F, 6. F, 7. V – ou alors c'est une fausse excuse, 8. F, 9. F, 10. F, 11. V, 12. V – au moins surprise, 13. F – c'est Vanessa qui propose, 14. F

17.
4. Que signifie "l'art de bien vivre" ?
C'est la manière de vivre un idéal esthétique. Par exemple : Combiner harmonieusement le travail avec les loisirs, bien manger et bien boire, s'amuser en travaillant, prendre le temps de vivre. C'est aussi vivre dans un environnement agréable, avec autour de soi de jolies choses à regarder, et entouré de gens sympathiques.

172

UNITÉ 4

2.
1. il y a 2. depuis 3. dès 4. jusqu'en 5. au début 6. pendant 7. à la fin
8. à partir 9. dans 10. après 11. dès que

3. Réponses possibles :
a : bleu de travail, salopette, jean, grosses chaussures, bonnet – s'il travaille dans un dépôt non chauffé, gants...
b : tailleur (jupe et veste de même tissu), veston, chemisier et pantalon assortis, chaussures à talons...
c : veston avec pantalon assorti, costume sobre, cravate, en chemise et cravate dans les pays chauds
d : survêtement, basket, tennis. Pendant la belle saison : short, culotte de sport, maillot, tee-shirt....

4. 3, 8, 10, 2, 6, 7, 9, 4, 5, 1

5.
À éviter : a, b, d, e, g, l, k, m, o, q, r, s, t

9.
A : 1. V, 2. F, 3. V, 4. ça dépend, 5. V
B : 1. F, 2. V, 3. F, 4. F, 5. F – c'est une façon de dire qu'on lui demande l'impossible

10.
a2B, b7A, c12A, d4B, e4B, f8A, g8A, h1B, i10A, j2B, k5B, l13A, m2B, n1B, o9A, p3B, q9A, r6B, s10A, t11A, u10A, v5B, w10A, x3B, y11A, z2A/z9A

16.
RADIOBOUCHON FM : "Emploi"

Présentateur : Vous êtes bien sur RADIOBOUCHON FM, la radio qui vous fait gagner du temps dans les bouchons et les embouteillages. Il est bientôt 11 heures, dans quelques instants notre bulletin d'information, mais avant, notre chronique "Emploi".
--- Alors aujourd'hui, du côté des offres d'emplois, c'est le secteur de l'informatique qui est à l'honneur ; je vous propose d'écouter le reportage de Fabienne Deleuze.
Fabienne Deleuze : Réaliser des programmes informatiques, des logiciels pour améliorer les performances des entreprises, c'est l'activité principale de la société Orditrans et Orditrans recrute. J'ai à côté de moi M. Olivier Delporte, directeur des relations humaines d'Orditrans.
Olivier Delporte : Tout à fait, nos besoins en personnel sont très importants, nous cherchons actuellement 80 personnes pour des postes très différents : des postes d'ingénieurs commerciaux, d'ingénieurs développement et également d'ingénieurs avant-vente...
Fabienne Deleuze : Ingénieur avant-vente, c'est une fonction mal connue, mais essentielle pour ce type d'entreprise ?
Olivier Delporte : Oui, quand on s'est mis d'accord avec le client sur ses besoins il faut montrer que les solutions que nous proposons sont bonnes. C'est ce que va faire l'ingénieur avant-vente : il va sur le site du client installer les programmes informatiques pour prouver que ce que l'on propose correspond bien aux besoins. Ça peut durer entre une semaine et un mois et demi selon les produits, et selon l'importance du projet...
Fabienne Deleuze : Résumons, l'ingénieur avant-vente c'est non seulement un excellent technicien mais aussi quelqu'un capable de dialoguer, d'expliquer, parfois même de rassurer le client. À noter, pour ce poste il faut être titulaire du permis de conduire et parler couramment anglais.
Olivier Delporte : Et quant aux salaires, ils se situent dans une fourchette de 400 000 à 600 000 francs par an.
Fabienne Deleuze : Je crois que vous savez à peu près tout, il me reste simplement à vous donner les coordonnées de cette entreprise. Elle est basée dans le département du Rhône, c'est donc le 69, et l'adresse est :

21, rue Claire, à Villeurbane, c'est dans la banlieue lyonnaise. Téléphone : 04 65 34 71 38. Vous pouvez également vous connecter sur Internet pour adresser votre curriculum vitae et votre lettre de motivation.
Présentateur : Merci Fabienne, donc pas de chômage dans le secteur de l'informatique. Et maintenant les nouvelles de 11 heures.

17.
1. C'est la réalisation de programmes informatiques pour améliorer les performances des entreprises.
2. C'est M. Olivier Delporte, le directeur des relations humaines d'Orditrans.
3. Orditrans cherche actuellement 80 personnes pour des postes très différents ; des postes d'ingénieurs commerciaux, d'ingénieurs développement et également d'ingénieurs avant-vente...
4. L'ingénieur avant-vente va sur le site du client installer des programmes informatiques pour montrer que les solutions proposées sont bonnes, qu'elles correspondent bien aux besoins...
5. L'ingénieur avant-vente c'est un excellent technicien, mais aussi quelqu'un capable de dialoguer, d'expliquer, parfois même, de rassurer le client.
6. Orditrans propose un salaire annuel compris entre 400 000 et 600 000 francs.
7. Orditrans est située à Villeurbane, dans la banlieue lyonnaise, c'est à dire dans le département du Rhône.

19. 1. exercer 2. un revenu 3. amélioration 4. la protection 5. la liberté 6. formation 7. égalité 8. participation 9. sécurité 10. protection 11. rémunération 12. intégration

20. 1. F, 2. V, 3. F, 4. V, 5. F, 6. V, 7. F, 8. F, 9. F, 10. F, 11. F, 12. F, 13. V.

23. 1K, 2J, 3H, 4D, 5G, 6B, 7A, 8F, 9I, 10D, 11C, 12E

27. 1E, 2F, 3H, 4G, 5C, 6I, 7D, 8B, 9A

UNITÉ 5

3.
Entrées : 1A , 2E, 3G, 4C, 5B, 6F, 7D
Plats : 1D, 2F, 3G, 4E, 5C, 6B, 7A, 8H
Desserts : 1F, 2E, 3A, 4B, 5D, 6C

6.
RADIOBOUCHON FM
Nous sommes le quatrième jeudi de novembre et à cette date, on voit et on entend partout : "Le beaujolais nouveau est arrivé !" "Le beaujolais nouveau est arrivé !", c'est un peu comme "Joyeux Noël !", "Bonne année !" ou "Joyeuses Pâques !".
On se retrouve entre amis dans un bar à vins, dans un "bouchon" pour le déguster, ce beaujolais primeur. Et surtout pour en parler parce qu'un vin ça se regarde, ça se sent, ça se goûte mais aussi ça se "dit".
Il y a le langage du vin, avec son vocabulaire spécialisé mais ce jour-là c'est de la poésie !
- Alors, comment il est cette année ?
- Comment dire ? Je dirai que cette année c'est le vin aux, cinq F : flamme, fruité, floral, frais.
Flamme pour sa couleur. Regardez cette robe : c'est brillant, c'est franc, c'est vivant...
Fruité et Floral parce qu'il a un bouquet très riche : framboise-abricot... plutôt framboise-pruneau, oui pruneau, avec aussi un arôme de violette très fin. C'est un plaisir pour le nez.
Frais parce qu'il est jeune mais avec déjà du caractère, léger mais pas plat, pas du tout.
Mais ça fait quatre F, ça ! C'est quoi le cinquième ?
Le cinquième, le cinquième... c'est Fin, Fraternel, Formidable, Fantastique, Français... par exemple.
- À votre bonne santé !

8.

- Ah, vous travaillez à RÉSULTA. Vous connaissez Madame Braun ? Elle travaille dans la même boîte que vous, je crois ?
- Oui, elle travaille au service du personnel. Vous la connaissez depuis longtemps ?
- Depuis une dizaine d'années... On a travaillé tous les deux à Bruxelles.
- Ah oui ? Comment trouvez-vous Bruxelles ? Il reste encore quelque chose du vieux Bruxelles ?
- Ah, vous savez, il y a encore des quartiers charmants Art-Nouveau. Moi, j'ai bien aimé la ville.
- Tant mieux ... Mmm – ce rosé est très agréable, n'est-ce pas ?
- Absolument. Ça me fait penser à mon pays ... Vous connaissez la Provence ?
- Ah, vous venez de Provence ? C'est une belle région. Je connais Nîmes, Arles, Aix ... J'ai aussi visité le moulin de Daudet.
- Vous avez lu "Les Lettres de mon Moulin ?"
- Bien sûr, plusieurs fois. J'aime bien les classiques. À propos, vous avez lu le dernier roman de Michel Hernu ?
- À vrai dire, je n'ai pas eu le temps ... ça vaut la peine, à votre avis ?
- Justement, j'ai été très déçu... et pourtant, les critiques ont été très bonnes.
- C'est comme le dernier film de Bertin. Absolument nul.

11.
1. F – c'est une plaisanterie, une exagération, **2.** F, **3.** F, **4.** F, **5.** V, **6.** V – il ne veut pas en parler car il y a des affaires de corruption

15.
1 : 3, 4, 1, 5, 2
2 : 4, 1, 5, 3, 2*
3 : 3, 5, 2, 6, 4, 1

17.
1. Avec plaisir, jeudi soir je suis libre. Mais vous avez dit 7 heures ? Attendez, je regarde dans mon agenda. Aïe, je finis à 19 heures 30 jeudi...
2. Alors tu as changé d'appartement ! Eh bien merci de nous avoir invités. Alors à lundi, vers 8 heures... Mais j'y pense, je n'ai pas ta nouvelle adresse...
3. Eh bien d'accord. Vous remercierez M. Cossu-Lepal de son invitation. Mais dites-moi, c'est une soirée habillée ?
4. Bon, je vais lui laisser un message sur son bureau, il vous donnera sa réponse dès son retour. Vous pouvez me redonner toutes les précisions sur ce cocktail... ?
5. Ça, c'est une très bonne idée, ça me fera plaisir de revoir tous les anciens collègues. Mais à quel restaurant tu disais ? Je ne connais pas...

18. 1. V, 2. F – elle s'excuse d'être en avance, 3. F, 4. F, 5. V, 6. F, 7. F, 8. V, 9. V, 10. F, 11. V – si, ils contiennent de la viande, 12. V, 13. V, 14. V – mais tout le monde mangera la même chose.

UNITÉ 6

2.
1. Télévision pour aveugles. Une grande quantité de tiges métalliques mues électroniquement sortent du cadre pour former une image perceptible aux non-voyants.
2. Cadran solaire de poignet. Évite, sur la plage, d'abîmer sa "vraie" montre.

5. 1e, 2j, 3a, 4c, 5g, 6d, 7h, 8f, 9i, 10b

6. Le "sketch" d'Alphonse Allais : **Le monsieur et le quincaillier****
Le monsieur : Bonjour Monsieur.
Le quincaillier : Bonjour, Monsieur.
Le monsieur : Je désire acquérir un de ces appareils qu'on adapte aux portes et qui font qu'elles se ferment d'elles-mêmes.
Le quincaillier : Je vois ce que vous voulez, Monsieur. C'est un appareil pour la fermeture automatique des portes.
Le monsieur : Parfaitement. Je désirerais un système pas trop cher.
Le quincaillier : Oui, Monsieur, un appareil bon marché pour la fermeture automatique des portes.
Le monsieur : Et pas trop compliqué surtout.
Le quincaillier : C'est-à-dire que vous désirez un appareil simple et peu coûteux pour la fermeture automatique des portes.
Le monsieur : Exactement. Et puis, pas un de ces appareils qui ferment les portes si brusquement...
Le quincaillier : ...Qu'on dirait un coup de canon ! Je vois ce qu'il vous faut : un appareil simple, peu coûteux, pas trop brutal, pour la fermeture automatique des portes.
Le monsieur : Tout juste. Mais pas non plus de ces appareils qui ferment les portes si lentement...
Le quincaillier : ...Qu'on croirait mourir ! L'article que vous désirez, en somme, c'est un appareil simple, peu coûteux, ni trop lent, ni trop brutal, pour la fermeture automatique des portes.
Le monsieur : Vous m'avez compris tout à fait. Ah ! Et que mon appareil n'exige pas, comme certains systèmes que je connais, la force d'un taureau pour ouvrir la porte.
Le quincaillier : Bien entendu. Résumons-nous. Ce que vous voulez, c'est un appareil simple, peu coûteux, ni trop lent, ni trop brutal, d'un maniement aisé, pour la fermeture automatique des portes.
(Le dialogue continue encore durant quelques minutes.)
Le monsieur : Eh bien, montrez-moi un modèle.
Le quincaillier : Je regrette, Monsieur, mais je ne vends aucun système pour la fermeture automatique des portes.

8. Réponses possibles :
- Je voudrais louer une voiture.
- Je serais intéressé par une petite voiture, automatique...
- Je la prendrais aujourd'hui-même et pour deux semaines. Mais, ça coûte combien ?
- Tout est compris ?
- Et je peux faire combien de kilomètres à ce tarif ?
- Je peux régler avec une carte de crédit ?
- Et je peux laisser la voiture dans une autre agence de votre réseau ?
- Très bien. Je la prends / ça va...
- Voilà mon permis et ma carte de crédit...
- Voilà. Et où est la voiture ?
- Merci, je vous suis...

13. 1. F – elle y est déjà passée, 2. V, 3. V – elle en a l'impression, 4. F, 5. V, 6. F, 7. V, 8. F, 9. V, 10. F, 11. F, 12. F, 13. V.

18.
informatique, atelier multimédia, challenge, PC, Net, carte à puce, Internet, courrier électronique, sites, cybersalon, stations, internautes, moniteurs, naviguer, Web

UNITÉ 7

1.
1. ...Je dois vous dire que la réunion de la commission d'urbanisme se tiendra en salle 241 au deuxième étage.
2. ...Nous sommes obligés de changer l'heure de la conférence de M. Bourdrac. Elle aura lieu à 19 h 30 au lieu de 19 h.
3. Je voudrais signaler que Eurocall tiendra son congrès annuel du 15 au 18 septembre, à Besançon.
4. Cette année le congrès d'Eurocall sera consacré aux Technologies de l'information et de la communication. Si vous voulez intervenir, faites vos propositions de communication avant le 28 février.
5. Chaque cédérom coûte 75 E, mais si vous prenez les trois, nous vous les faisons pour 200 E. C'est à dire une réduction de plus de 10 %
6. à l'hôtel:
Je peux vous donner la chambre 48 jusqu'au 15; mais à partir du 16, elle est réservée, alors je vous propose la 56...
7. à la gare :
"Le train Bali de 18 h 04 à destination de Brétigny est annulé. Prochain train à 18 h 24, voie A."

2.
1. Aujourd'hui la CGT a annoncé une grève pour le 23 septembre, pour protester contre les licenciements de trois employés de la SNCF.
2. L'INSEE a publié les résultats d'un sondage réalisé début mai. Selon ce sondage, la plupart des Parisiens sont contents du niveau des services offerts par la RATP.
3. En métropole et dans les DOM-TOM, presque tous les hauts fonctionnaires sont d'anciens élèves de l'ENA.
4. Dans son discours le ministre de l'emploi a souligné le rôle des PME comme employeurs.
5. L'OMS a annoncé aujourd'hui de nouveaux progrès dans la lutte contre le SIDA.
6. L'ANPE informe ses usagers que, contrairement aux rumeurs, le SMIC s'applique dans le cas des CDD.
7. De nombreux SDF et RMIstes ont protesté dans les rues de Paris réclamant des logements sociaux, des HLM.
8. Le TGV Paris-Lyon de 9 h 30 n'a pas pu partir aujourd'hui à cause d'un incident technique.
9. Les chercheurs du CNRS réclament de nouveaux crédits pour la recherche.

3. à 8 h 30 ; un petit dossier de présentation ; un buffet ; un petit cadeau-souvenir ; l'hôtel de la gare.

4. 3, 4, 2, 5, 1

6.
1. Vous pouvez jeter un coup d'oeil sur mes valises pendant que je vais acheter un journal...
2. ... Ah oui, il a changé de bureau. Maintenant il est au cinquième étage, tout de suite à gauche, en sortant de l'ascenseur, porte 58.
3. Nous descendons au prochain arrêt, est-ce que vous pourriez nous aider avec le fauteuil roulant ?
4. Je te prête les miennes. Tiens ! C'est la grosse clé, avec un plastique rouge pour la reconnaître.
5. Pardon, vous pourriez me dire comment marche la consigne automatique ?
6. Pardon, ça ne vous dérangerait pas de changer de place... ?
7. D'accord, je le garde 5 minutes. Il a l'air gentil, il ne mord pas au moins ?
8. Ce n'est pas difficile ! Vous prenez la télécommande, vous appuyez sur la touche "showview" puis vous tapez le numéro du programme que vous voulez enregistrer et après vous appuyez sur la touche "transmission". Vous comprenez ?
9. Zoé va arriver dans cinq minutes, tu pourrais lui donner ça ? Moi, il faut que j'y aille...
10. Mais oui, je vais vous les changer tout de suite...

11. Faites le zéro, attendez la tonalité et composez le numéro de votre correspondant.
12. Ne t'inquiète pas, attends-moi là. Je vais le chercher; cinq étages à mon âge, ce n'est rien !

14. 1. V, 2. V, 3. F, 4. F, 5. F, 6. F., 7. V, 8. V, 9. F, 10. F, 11. V, 12. V, 13. F, 14. F, 15. V, 16. V.

15.
A : 1. F, 2. V, 3. V, 4. V
B : 1. F, 2. F, 3. V, 4. plutôt faux

UNITÉ 8

2. réponses possibles
1. D'abord, combien de temps va durer cette conférence ? Et pouvez-vous m'en préciser les dates ?
- Elle va durer 3 jours, du mardi 6 octobre au jeudi 8 octobre.
2. Ah ! Et qui va ouvrir la conférence ?
- C'est Madame Laurence MORAIS, Secrétaire d'État chargée des Petites et Moyennes Entreprises qui va ouvrir ces rencontres.
3. On m'a dit qu'il y aurait une table ronde pendant ces Rencontres. Ce sera quand ? Sur quel sujet ? Et avec quels intervenants ?
- Mais oui, il y aura une table ronde, mardi à 14 h 00, sur les "Nécessité et opportunités des NTIC pour les PME". Elle sera présidée par M. Jean-Pierre LE GARREC de Intercom Europe et il y aura 3 intervenants: Mme Rachel MISKOVITCH de la Faculté Polytechnique de Mons, M. Dominique GRANGER de Éthelmédia une entreprise lyonnaise très originale et M. Benoît CHESNAY de Imaginex.
4. Est-ce que vous pouvez me confirmer qu'il y aura des démonstrations de matériel et, le cas échéant, où et quand ?
- Oui, il y en aura le mardi à 16 heures 30 dans l'auditorium 1.
5. Et une visite, il est prévu une visite ?
- Oui, une visite est prévue le jeudi à 10 heures 30 à INFOCITÉ un centre de recherches et de développement des TIC.
6. Pour les ateliers, quand est-ce qu'on va les présenter et quand est-ce qu'ils auront lieu ?
- Ils seront présentés le mercredi matin à 11 heures 45 et ils auront lieu l'après-midi de 14 heures 30 à 16 heures 30.
7. Il y en aura beaucoup ? - Quatre.
8. L'atelier qui parle d'Intranet, ce sera où ? - Ce sera en salle C6 ; c'est l'atelier N°3.
9. Est-ce qu'il y aura une synthèse de ces ateliers ?
- Bien sûr, le lendemain, c'est à dire le jeudi, à 9 heures.
10. J'ai entendu dire que Mme Sheila Blot de Télétel sera présente; je la connais bien. Quand est-ce qu'elle sera là et qu'est-ce qu'elle fera ?
- Elle sera là le jeudi à 15 heures 45 ; elle interviendra dans une conférence débat sur les technologies au service de la mercatique et du développement commercial.
11. Et c'est bien Françoise de Cosset qui va animer les débats, n'est-ce pas ?
- Ah non, malheureusement elle ne pourra pas venir ; c'est M. NGUYEN qui la remplacera.
12. Il n'y a rien de prévu avec la presse, n'est-ce pas ?
- Si, si. On a prévu une rencontre avec la presse le jeudi à 14 heures 30 en salle B3.
13. Qui clôture les Rencontres ?
- C'est M. René TRODOUET, le Président du Conseil régional.
14. Vous voulez encore savoir quelque chose ?

4.

1. Chers collègues,

Je suis très heureux de vous présenter notre nouvelle collaboratrice, Mademoiselle Céline Burdin, qui arrive tout droit d'Allemagne où elle vient de passer trois ans dans un grand groupe suisse au poste de responsable des équipes de vente. Chez nous, elle sera chargée de diriger le service des ressources humaines en remplacement d'Aline qui, comme vous le savez, nous a quitté à notre plus grand regret vers une région où le soleil n'est pas aussi avare qu'ici, et je l'envie.

Vous me connaissez, je n'aime pas les grands discours. Mais avant de laisser la parole à Mademoiselle Burdin qui en dira plus sur elle-même, je voudrais terminer en lui souhaitant la bienvenue et beaucoup de succès dans son travail.

2. Chers amis canadiens,

J'ai l'agréable mission de vous souhaiter la bienvenue au nom du directeur général et de tout le personnel de l'entreprise.

Je sais que vous venez de faire un long voyage, et que vous n'avez qu'une envie, vous reposer. C'est pour cela que je ne serai pas long.

Comme vous le savez nous donnons une très grande importance à votre visite dans la mesure où elle devrait permettre à nos sociétés respectives d'accroître substantiellement nos échanges commerciaux. Mais en attendant de passer aux choses sérieuses, je vous invite à vous diriger vers le buffet où boissons et amuse-gueule nous réclament.

6.

Chers collègues, chers participants,

Il y a 25 ans déjà, lorsque nous avions inauguré le premier salon de l'Agro-alimentaire, personne ne se doutait qu'il deviendrait un jour le plus grand rassemblement mondial dans ce domaine.

Et si nous avons pris des cheveux blancs, lui au contraire n'a cessé de rajeunir.

Je suis fier de vous annoncer que cette année, avant même d'ouvrir les portes du salon, nous avons déjà battu tous les records précédents puisque nous accueillons 1 735 exposants venus de 85 pays différents, et nous attendons la visite de plus de 400 000 visiteurs dont 150 000 professionnels.

Pour nous tous, ce n'est pas une surprise puisque la gastronomie française est connue et célébrée dans le monde entier. Le dynamisme de nos agriculteurs et de nos industriels ont fait de la France le premier exportateur mondial de produits agricoles. Ce salon est donc la vitrine de notre savoir-faire...

8. 11-6-3-1-9-7-10-2-12-4-13-5-8.

11. Chère Éliane,

J'ai bien reçu votre fax du 19.11. Malheureusement, je ne pourrai pas participer à la réunion du 28.11. car je suis prise jusqu'à 16 h 30. Prévenez M. Lestrain de cet empêchement. Merci.   Marie

15.

1. F, 2. V, 3. F, 4. V, 5. F, 6. V, 7. pas assez selon celui qui parle.

19.

1. F, 2. V, 3. V, 4. F, 5. V, 6. F, 7. F, 8. V, 9. F, 10. F, 11. F, 12. V, 13. F.

UNITÉ 9

5. réponses possibles :

1. Ce que je propose c'est qu'on baisse les impôts pour inciter les gens à consommer...
→ Il propose de baisser les impôts pour inciter les gens à consommer.

2. Ce que je regrette c'est qu'on encourage les femmes à rester à la maison...
→ Il regrette qu'on encourage les femmes à rester à la maison.

3. Moi, ce que je pense, c'est qu'il faut miser sur la formation professionnelle...
→ Lui, il pense qu'il faut miser sur la formation.

4. Ce qui me paraît important, c'est que les charges sociales des employeurs soient allégées...
→ Il lui paraît important que les charges sociales des employeurs soient allégées.

5. Ce qui serait raisonnable, c'est qu'on mène une politique de rigueur : coupes dans le budget de l'État, licenciements de fonctionnaires...
→ Il trouverait raisonnable qu'on mène une politique de rigueur : coupes dans le budget de l'État, licenciements de fonctionnaires.

6. Ce qui est urgent, c'est d'augmenter sensiblement les salaires...
→ Pour lui, il est urgent d'augmenter sensiblement les salaires.

7. Ce qui serait catastrophique, c'est qu'on renvoie les immigrés chez eux...
→ Il pense qu'il serait catastrophique de renvoyer les immigrés chez eux.

8. Ce que je voudrais que vous compreniez, c'est qu'il faut qu'on subventionne les entreprises qui emploient des chômeurs de longue durée...
→ Il veut faire admettre qu'il faut qu'on subventionne les entreprises qui emploient des chômeurs de longue durée.

14. Je cherche
- une secrétaire qui maîtrise six langues
- un ordinateur qui soit efficace et simple à utiliser
- une voiture qui ne pollue pas
- un politicien qui ait une vision originale
- un patron qui soit juste
- un restaurant où on serve des plats énormes à prix modique

15.

adopter, améliorer, aménager, augmenter, créer, diminuer, développer, élaborer, élargir, encourager, financer, harmoniser, introduire, lutter, mettre, moderniser, octroyer, prendre, produire, promouvoir, protéger, reconnaître, réduire, relancer, renforcer, simplifier, soutenir, utiliser

18. 1. V, 2. F, 3. F, 4. F, 5. V, 6. F, 7. V, 8. V, 9. F, 10. F (?), 11. V – pour Vanessa peut-être, 12. V.

19. 1c, 2h, 3a, 4b, 5e, 6g, 7f, 8d

CARTE-MÉMOIRE

3. 1e, 2h, 3a, 4g, 5d, 6b, 7c, 8f

7.

1. a augmenté 2. se sont accrus 3. a presque doublé
4. est restée inchangée 5. est restée stable 6. ont diminué 7. ont chuté